高职高专经济管理类规划教材

U0692435

管理学 （第三版）

Management

主　编　孙玮林
副主编　郑健壮 王其中 周英豪 郭伟伟

ZHEJIANG UNIVERSITY PRESS
浙江大学出版社

管理学 （第二版）

Management

FOREWORD 前言

　　管理是一门科学性与艺术性有机结合的实用性很强的学问。管理活动是一种普遍存在的社会现象,社会进步为管理提出新问题,在解决这些新问题的同时管理将得到相应的发展,也会起到更加重要的作用。现代计算机技术、网络技术、信息技术的发展为信息处理、计划决策、组织沟通提供了先进手段,为组织走向扁平化、虚拟化提供了条件。到了知识经济时代的今天,组织的规模可能变大、结构会变的复杂起来,还有可能出现虚拟化的组织,组织所处的环境更加千变万化,自然的,对于管理提出了更高的要求,管理思想、管理手段等的变革必然使其发挥更为重要的作用。

　　教材是体现教学内容和教学方式的载体,是教学改革成果的结晶,也是教育教学改革的一个重要方面。对《管理学》2004 年 8 月的第一版进行改编,对于提高教学质量,深化课程内容体系改革,推动高职教育的发展具有重要意义。本次编写对部分章节增加了案例、知识链接和即问即答题目等内容,并对书本中的小部分内容进行了调整,力求达到"工学结合"的教学要求,培养经济管理专业能力,特别是生产、管理、服务与建设一线的职业能力。本书编写由孙玮琳老师、吴哲老师和颜丽霞老师负责,由于时间仓促,书中尚许多不妥当之处,敬请读者不吝赐教,以便于再次修订,使之日臻完善。

编　者

2010 年 4 月

目录

C ontents

第 1 章

管理、管理者

>>> >

■ 认识管理
■ 认识管理者
■ 管理工作的对象和适用范围

学习目标

知识目标：了解管理的产生和管理的广泛适用性，了解管理的性质与职能；理解决策、计划、组织、领导和控制职能的基本意义；掌握管理、管理者和职业管理者的含义。

技能目标：正确认识系统观和管理的灵活性，掌握管理者应具备的技能。

能力目标：应用技术技能、人际技能和概念技能对实际生活中发生的案例进行分析。

导入语

随着公司的发展出现成本失控问题，ABC 航空公司总裁请来了一位才华出众的年轻助理，这是一位获得执照的公共会计师，在向他介绍了公司成本上升这一问题之后，请他帮助解决这问题。

这位新助理把一些高明的工程师、财务分析专家和一名国内一所最有名望的工商管理学院的应届毕业生组合成一个班子。在摆出了公司的问题之后，他布置他们去调查成本问题和公司的业务、维修、工程和销售各部门的管理方法问题。经多次研究之后，该总裁助理发现了各部门中效率低的许多根源，于是他提出了许多改革经营做法的创见。此外他还把他的参谋们所发现的效率低的详情和拟予纠正的措施做出提要，向总裁提交了许多报告。这些报告连同大量的详细的证据材料，说明他的建议会给公司节约数百万美元。正当这些成本节约方案实施中，负责经营、维修、工程和销售的几位副总裁群起围攻了总裁，并坚持要撤掉那位助理。

为什么这位助理工作做得这样好，却引起副总裁们这么大的怨恨？什么地方错了？

假设这位助理和他的参谋们的调查结果是准确的，那么总裁、这位助理、各位副总裁以及其他人应当怎样做才能使这些调查结果有助于解决问题？

从这个案例看，问题似乎在于不同层次的管理者分析问题的角度不同。不同层次的管理者要明白管理者的职责是什么，组织的目标是什么，应该如何开展管理工作。

关键词

组织　管理　管理者　管理技能

1.1　认识管理

1.1.1　为什么需要管理

　　人类懂得管理的作用,掌握管理的本领,享受管理的好处,可以说由来已久。人类社会自从开始群居群猎时起,就知道"合群"抵御危险,征服自然。这种"合群"的目的无非是为了集结个人的力量,以发挥集体的更大的作用。"合群"实际上是人类社会普遍存在的"组织"现象。可以说,有人类就有组织。所谓组织,是指由两个或两个以上的个人为了实现共同的目标组合而成的有机整体。组织是一群人的集合,但是组织的成员必须按照一定的方式相互合作,共同努力去实现既定的组织目标。这样,组织才能形成一种整体的力量,以完成单独个人力量的简单总和所不能完成的各项活动,实现不同于个人目标的组织总体目标。

　　组织需要合作、协作或协调,这样管理就应运而生了。管理是伴随着组织的出现而产生的,是协作劳动的必然产物。只要人们需通过集体的努力去实现个人无法达到的目标,管理就成为必要。管理是协调各人努力所必不可少的因素。

　　人类对于管理的需要是随着社会经济的发展和组织规模的不断壮大而日益明显的。如果说简单的组织需要简单的管理,因而管理的重要性还不显得十分突出的话,那么时至今日,社会和经济已获得高度发展,组织的规模越来越大,组织面临的环境越来越不确定,业务作业活动越来越现代化,在这样的时代中,管理就越来越成为影响组织生死存亡和社会经济发展的关键因素。世界上有许多著名的管理学家和经济学家都非常强调管理的重要性。如有人把管理看做工业化的催化剂和经济发展的原动力,同土地、劳动和资本并列成为社会的"四种经济资源",或者同人力、物力、财力和信息一起构成组织的"五大生产要素"。还有的人则把管理、技术和人才的关系比喻为"两个轮子一根轴"。不管具体说法如何,管理的一个重要作用,就是能使现有的资源获得最为有效的利用。日本是一个自然资源匮乏的国家,但由于极度重视管理,并在管理方面进行不断创新,从而使自己从资源贫乏国发展为世界经济强国。良好的管理可以使一国的经济获得飞速发展,不良的管理只会造成资源利用上的极大浪费。现在有一种看法,认为发展中国家之所以经济不发达,根本原因就是因为管理,其中的道理已不言自明。

▷【实例 1-1】

　　双汇集团和春都集团是我国两大肉类加工企业,同是国务院确定的全国 520 家重点企业、同是中国名牌、同是地处中原的企业,双汇集团迅速崛起,而春都集团遭遇了严重的滑坡。

　　1993 年,春都集团工业总产值、利税分别达到 11.599 亿元、1082 亿元,而双汇集团仅为 8.57 亿元和 7045 万元。无论从哪个方面都处于劣势的双汇集团,为什么在短短几年内成为同行业的排头兵,而春都集团却在市场竞争中败下阵来呢?这引起社会各界的广泛关注。

双汇集团注重决策管理,而春都集团却多次失误。同是企业扩张,双汇集团紧紧围绕肉类加工主业上的项目扩大规模,使企业迅速形成了以肉类加工为主,养殖、屠宰、包装、彩印等紧密联系的产业群体,1999 年实现 5 亿元利税。而春都集团在发展中盲目贪大求快,收购和兼并了洛阳的一些企业,企业背上了巨大的包袱,而花巨资投资的 10 多个大型项目,也由于缺少资金无法启动。

在资金运作上,双汇集团对项目精心运作,最大限度地压缩银行存款,施行产品一律现款现货制度,而春都集团 12 亿元的贷款中,一半多的资金都被项目占用。此外春都集团在成本管理、人事管理、营销管理、质量管理等方面与双汇集团的差距更大。

春都集团的总裁面对现状时说:"现在看来,春都在发展中确实是轻视了管理。"而双汇集团总裁也不避讳,他说:"管理是企业的生命,双汇就是赢在管理上。"

⇨【即问即答 1-1】

管理产生的原因是什么?

通过双汇和春都的案例,你认为管理对企业的经营业绩有何影响?

1.1.2　管理的定义

什么是管理?不同的管理学家有不同的说法。

科学管理之父泰罗曾经给管理下过这样的定义:管理就是"确切地知道你要别人去干什么,并使他用最好的方法去干"。泰罗认为,管理就是指挥他人能用最好的工作方法去工作,泰罗在其名著《科学管理原则》中讨论和研究:

第一,员工如何能寻找和掌握最好的工作方法以提高效率?

第二,管理者如何能激励员工努力地工作以获得最大的工作业绩?

诺贝尔经济学奖获得者西蒙教授认为"管理即制定决策"。在西蒙教授看来,管理者所做的一切工作归根结底是面对现实与未来、面对环境与员工及时不断地作出各种决策,使组织的一切可以不断运行下去,直到取得满意的结果,实现满意的目标要求。

但真正对管理的定义有重大影响的是法国人亨利·法约尔。

法约尔认为,管理是所有的人类组织都有的一种活动,这种活动由五项要素组成:计划、组织、指挥、协调和控制。

计划包括预测未来和拟定一个行动计划;指挥包括维持组织中人员的活动;协调就是把所有的活动和工作结合起来,使之统一并和谐;控制则注意所有的事情都按照已定的计划和指挥来完成。当你在从事计划、组织、指挥、协调和控制工作时,你便是在进行管理,管理等同于计划、组织、指挥、协调和控制。

以 P·罗宾斯为代表的管理学家提出了管理概念的最现代观点:管理是指同别人一起,或通过别人使活动完成得更有效的过程。这里,过程的含义表示管理者发挥的职能或从事的主要活动。这些职能可以概括地称为计划、组织、领导和控制。

⇨【链 接 1-1】

管理大师德鲁克对管理的定义:

　　管理就是界定企业的使命,并激励和组织人力资源去实现这个使命。界定使命是企业家的任务,而激励和组织人力资源是领导力的范畴,二者的结合就是管理。

▷ 【即问即答 1-2】

　　根据德鲁克对管理的定义,谈谈你对管理的理解?

1.1.3　管理的职能

　　按照最普及的管理学教科书(例如 P·罗宾斯、孔茨的管理学教科书)的观点,管理的职能包括四个方面的内容:计划、组织、领导和控制。

　　1. 计划

　　计划是对未来的行动或活动以及未来资源供给与使用的筹划。计划指导着一个组织系统循序渐进地去实现组织的目标,而计划的目的就是要使组织适应变化中的环境,并使组织占据更有利的环境地位,甚至进入一个完全不同的环境。

　　2. 组织

　　组织有两个含义:一是将组织内各种资源按照配比及程序要求有序地进行安排;另一是指一群人按照一定的规划为了实现一定的目的组成一个团体或实体。作为一种行为活动的组织自然是指前一种含义。

　　3. 领导

　　每一个组织都是由人组成的,管理的任务是指导和协调组织中的人,这就是领导职能。当管理者激励下属、指导他们的活动、选择最有效的沟通渠道、解决组织成员中的冲突时,他就是在进行领导。

　　4. 控制

　　为了保证组织活动按照既定的计划进行,管理必须监控组织的绩效,必须将实际的表现与预先设定的目标进行比较。如果出现了任何显著的偏差,管理的任务就是使组织回到正确的轨道上来。这种监控、比较和纠正的活动就是控制职能的含义。

　　随着管理者在组织中的晋升,他们从事更多的计划工作和更少的直接监督工作。所有的管理者,无论他处于哪个层次上,都要制定决策,履行计划、组织、领导和控制职能,只是他们花在每项职能上的时间不同。例如,最高管理层要考虑整个组织的设计,而基层管理者集中于工作小组和个人的工作设计。

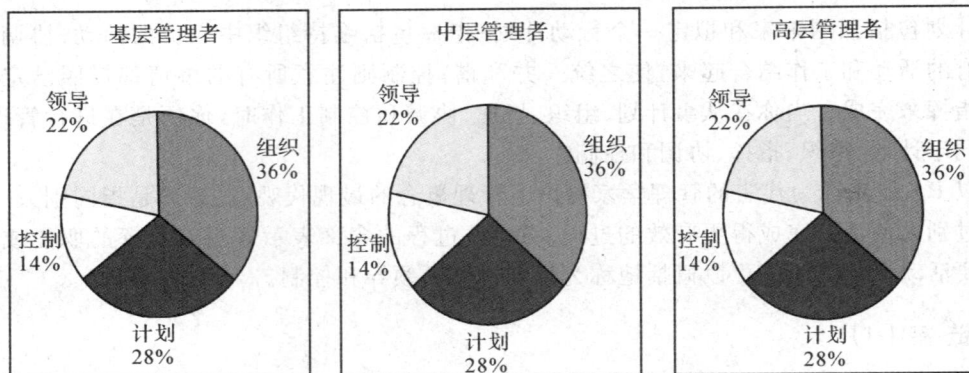

⟶ 【即问即答 1-3】

　　什么是管理的职能？

　　不同管理层次的管理者在管理职能上有何区别？

1.1.4　管理的目标

　　严格地说，管理并不存在自己独立的目标。管理不过是组织中的一个"器官"，是为服务于组织而存在的。不是为了管理而管理，而应该是为了实现组织的目标而进行管理。因此，管理的目标是与组织的目标联结在一起的。概括地说，管理就是要促使组织有效地利用资源而达成组织的目标。具体地，可以从以下三个角度来全面地衡量管理促进组织目标实现的情况。

　　1. 组织的产出目标

　　一个组织要开展活动，必须具有人、财、物和信息资源。组织所获得的这些人力资源、金融资源、物资资源和信息资源，就构成了组织的"投入"，对资源或投入的运用，就可以产出组织的成果，通称为组织的"产出"。其具体表现可以是医院中治愈的病人，学校中培养出来的人才，制造业企业中生产的产品，以及服务业企业中提供的各项服务，等等。不同类型的组织，其成果的具体表现形式可能各不相同，但从一般的规范角度看，任何成果都可以从以下几个方面加以考察和衡量。

　　(1)产量与期限。产量是从生产多少产品或者提供多少服务项目角度来反映产出水平的。生产的产品数量可以实物指标，也可以货币指标来衡量。至于提供的服务数量，在实物指标上表现为处理了多少维修任务，接待了多少客户，答复了多少个电话等，这些在价值指标上的表现就是完成了多少营业额。另外，任何产出都必须在规定的时间里完成才有意义。交货有个期限要求，对组织中各部门、各个人的工作也必须规定每天、每星期、每个月或每年需要完成多少数量的任务。离开了时间的规定，任何数量标准都将失去意义。

　　(2)品种与质量。无论是产品，还是服务项目，都必须按照顾客对其需求的类别和特性来提供。电冰箱如果不能制冷，其质量自然是不合格的，而电冰箱的款式、颜色要是不符合顾客的预期，也难以适销对路。因此，质量和品种是对产出的更内在、更本质的规定。对质量的测定，可以通过产品的次品率、退货率，服务中的差错率，以及顾客的投诉等来反映。

　　(3)成本花费。企业要将资源转化为成果，最理想的要求是使产出的产量和质量控制在既定的成本花费之内。这种控制通常是建立在一个单位的经费预算上。典型的经费预算是直接依据所产出成果的产量和质量来规定该项活动的成本花费标准的。

　　以上是从产出目标角度对组织将资源转化为成果的活动过程水平的一种衡量。其总的要求是，管理工作要确保组织在活动过程中能按质、按量、按期、低成本地提供适销对路的产品或服务。

　　2. 组织的效率效果

　　组织的绩效目标是对组织所取得的成果与所运用的资源之间转化关系的一种更全面的衡量。组织的绩效高低，表现在效率与效果两大方面。

　　所谓效率，是指投入与产出的比值。例如，设备利用率、工时利用率、劳动生产率、资金周转率以及单位产品成本等，这些是对组织效率性的具体衡量。由于组织所拥有的资源通常是稀缺、有价的,所以管理者必须关心这些资源的有效利用。对于给定的资源投入,如果你能获得更多的成果产出,那么你就有了较高的效率。与此相似,对于较少的资源投入,你要是能获得同样的甚至更多的成果产出,你便有了高效率。

但是,管理者仅仅关心组织的效率是不够的,管理工作的完整任务必须是使组织在高效率基础上实现正确的活动目标,这也是要达成组织活动的效果。当管理者实现了组织的目标,我们就说他们是有效果的。

效果的具体衡量指标有销售收入、利润额、销售利润率、产值利润率、成本利润率、资金利润率等。利润就是销售收入与所销产品或服务的总成本的差值。利润是经市场检验的衡量效果的一项客观的指标。

效率与效果是两个有联系但并不相同的概念。如果某个人不顾效率,他很容易达到有效果,精工(seiko)集团如果不考虑人力和材料输入成本的话,它还能生产出更精确和更吸引人的钟表。为什么一些美国联邦政府机构经常受到公众的抨击,按道理说他们是有效果的,但他们的效率太低,也就是说,他们的工作是做了,但是成本太高。从以上的案例我们可以看出:效率涉及的只是活动的方式,它与资源的利用相关,因而只有高低之分而无好坏之别。效果则涉及活动的目标和结果,不仅具有高低之分,而且可以在好和坏两个方向上表现出明显的差距。如果说高效率是追求"正确地做事",好效果则是保证"做正确的事"。在效果为好的情况下,高效率无疑会使组织的有效性增大,但从本质上说,效率性和有效性之间并没有必然的联系。有时,一个企业的效率可能比较高,但如果所生产的产品没有销路,或者说不能满足顾客的需要,这样效率越高反而会导致有效性越差,因为此时产品生产得越多,库存积压也就越多,从而企业赔钱也越多。所以,一个有效的管理者,应该一方面既能指出应当怎么做才能使组织保持高的效率,另一方面又能指出应当做什么才能取得好的效果,这样组织才具有最大的有效性。

3. 组织的终极目标

根据组织的性质不同,组织的终极目标可以有不同的表现形式。有一些组织以追求利润和资本保值增值为主要终极目标,这样的组织被称为营利性组织;另一些组织则以满足社会利益和履行社会责任为主要终极目标,这样的组织被称为非营利性组织。与营利性组织终极目标的实现程度可以通过市场检验的较为客观的绩效指标来衡量不同,对于非营利性组织来说,其终极目标的实现情况往往须依赖一些定性的和相对主观的指标加以衡量。但不论组织所要实现的终极目标有何差别,管理工作的使命任务基本上是一样的,即都要使组织以尽量少的资源而尽可能多地完成预期的合乎要求的目标。只有这样,才能称得上是有效的管理。

▷【即问即答 1-4】

如何理解管理的目标与组织的目标?

组织可能是有效率,但是却无效果吗?

1.2　认识管理者

1.2.1　管理者

在现代社会中,存在着形形色色的各种组织,政府、社会团体、企业、事业单位等等都是组织。为了生活、社交和个人的发展,每一个人都或多或少地参加某些组织;而且即使我们并没有加入一些组织,那些组织也还会以各种方式影响我们的生活。现代文明就是建立在这些有组织的人类活动之上的,它们时刻影响和控制着我们的生活。各种组织自己并不会运转,它们需要管理者加以管理。

任何组织都是由一群人组成的,根据其在组织中地位和作用不同,组织成员可以简单地划分为两类:作业者和管理者。

作业者是指在组织中直接从事具体的业务作业,且对他人的工作不承担监督职责的人。如工厂里的工人、商店里的营业员等等。他们的任务就是做好组织所分配的具体的业务作业。

管理者是在组织中从事管理工作的人。如公司里的经理,学校里的系主任、校长等,他们虽然有时也做一些具体的事务性工作,但是主要职责是指挥下属工作。因此,管理者区别于作业者的一个显著特点就是有下属向其汇报工作。

🖙【链 接 1-2】

德鲁克语录:

管理者就必须卓有成效。

To be effective, is the job of the executive.

🖙【即问即答 1-5】

管理者与作业者区别的显著特点是什么?

从以下故事中可以看出管理者的哪些特点?（答案:这故事告诉我们,真正的领导人,不一定自己能力有多强,只要懂信任,懂放权,懂珍惜,就能团结比自己更强的力量,从而提升自己的身价。）

小故事:

一个人去买鹦鹉,看到一只鹦鹉前标着:此鹦鹉会两门语言,售价二百元。另一只鹦鹉前则标道:此鹦鹉会四门语言,售价四百元。该买哪只呢? 两只都毛色光鲜,非常灵活可爱。这人转啊转,拿不定主意。结果突然发现一只老掉了牙的鹦鹉,毛色暗淡散乱,标价八百元。这人赶紧将店主叫来:这只鹦鹉是不是会说八门语言? 店主说:不。这人奇怪了:那为什么又老又丑,又没有能力,会值这个价呢? 店主回答:因为另外两只鹦鹉叫这只鹦鹉老板。

1.2.2　管理者的分类与职责

我们可以从组织的横切面和纵切面来分辨各种类型的管理者。首先从横切面上的组

织层次划分来看,组织中的管理者有如下三类:

(1)基层管理人员,亦称第一线管理者,他们处于作业人员之上的组织层次中,负责管理作业人员及其工作。在制造工厂中,基层管理者可能被称为领班、工头或者工段长;在运动队中,这项任务是由教练担任的;而学校中则由教研室主任来担任。

(2)中层管理人员,他们是直接负责或者协助管理基层管理人员及其工作的人,通常享有部门或办事处主任、科室主管、项目经理、地区经理、产品事业部经理或分公司经理等头衔。这些人主要负责日常管理工作,在组织中起承上启下的作用。

(3)高层管理人员,他们处于组织的最高层,主要负责组织的战略管理,并在对外交往中以代表组织的身份出面。这些高层管理者的头衔有如公司董事会主席、首席执行官、总裁或总经理及其他高级资深经理人员,以及高校的校长、副校长和其他处在或接近组织最高层位置的管理人员。

⊳【链 接 1-3】

　　德鲁克语录:
　　一个重视贡献的人,为成果负责的人,不管他职位多卑微,他仍属于"高层管理者"。
　　The man who focuses on contribution and who takes responsibility for results, no matter how junior, is in most literal sense of the phrase, "top management".

管理者所处的具体组织层次不一样,他们的头衔也各式各样,但他们的工作具有一个共同的特征,即都是同别人一起并通过别人使组织活动得以更有效地完成,因此,管理者在相当程度上也就是领导他人的人。

作业者与管理者尤其是基层管理者之间,他们的界限区分有时并不是那么截然分明。比如,在鼓励民主式管理或参与式管理的组织中,作业者可能也是自己工作甚或他人工作的管理者。而在不少情况下,管理者也可能担任某些作业职责,如保险索赔监督员除了负责管理保险索赔部门办事人员的工作以外,还可能承担一部分办理保险索赔的业务工作,有的医院的院长可能要亲自动手做一些危急病人的难度较大的外科手术等等。但身为管理人员,应该记住,他们的主要工作应是促进他人做好工作而不是事必躬亲地去做工作,哪怕是自己擅长的工作也要尽量委托他人去干,自己则要将主要精力集中在"管理"这些人及其工作上,并对这些人的工作好坏负有最终的责任。正是在促成他人努力工作并对他人工作结果负责这一意义上,管理人员与作业人员的工作具有天壤之别。

作为管理者,不论他在组织哪一层次承担管理职责,其工作的性质和内容应该基本上是一样的,都包括计划、组织、领导和控制几个方面。不同层次管理者工作上的差别,不是职能本身不同,而在于各项管理职能履行的程度和重点不同。高层管理人员花在计划、组织和控制职能上的时间要比基层管理人员的多些,而基层管理人员领导职能上的时间要比高层管理人员的多些。即便是就同一管理职能来说,不同层次管理者所从事的具体管理工作的内涵也并不完全相同。例如,就计划工作而言,高层管理人员关心的是组织整体的长期的战略规划,中期管理人员偏重的是中期、内部的管理性计划,基层管理人员则更侧重于短期的业务和作业计划。

高层管理者应该与中低层管理者的工作有重要的区别。日本松下电器公司的创始人松下幸之助有一段名言:当你仅有 100 人时,你必须站在第一线,即使你叫喊甚至打他们,他们也听你的。但如果发展到 1000 人,你就不可能留在第一线,而是身居其中。当企业增至 10000 名职工时,你就必须退居到后面,并对职工们表示敬意和谢意。这说明,一个企业扩大后,管理的复杂性随之增大,管理方面的职能分工相应深化,逐渐分化为制定大政方针的战略管理者和负责具体事务的日常管理者。

其次,从组织的纵切面角度来看,管理人员可以分为综合管理人员和专业管理人员。

(1)综合管理人员,指的是负责管理整个组织或组织中某个分部的全部活动的管理者。对于小型组织(如一个小厂)来说,可能只有一个综合管理者,那就是总经理。他要统管该组织中包括生产、营销、人事、财务等在内的全部活动。而对于大型组织(如跨国公司)来说,可能会按产品类别设立几个产品分部,或按地区设立若干地区分部,此时,该公司的综合管理人员就包括公司总经理和每个产品或地区分部的总经理,每个分部经理都要统管该分部包括生产、营销、人事、财务等在内的全部活动,因此也是综合管理人员。

(2)专业管理人员,就是仅仅负责组织中某一类活动或业务的专业管理的管理者。根据这些管理者所管理的专业领域性质的不同,可以具体划分为生产部门管理者、营销部门管理者、人事部门管理者、财务部门管理者以及研究开发部门管理者。这些部门的管理者,可以泛称为生产经理、营销经理、人事经理、财务经理和研究开发经理等。对于现代组织来说,随着其规模的不断扩大和环境的日益复杂多变,管理工作的专业分工也变得日益重要。可以认为,专业管理人员是从组织纵切面细分的角度对管理者的分类。不同专业领域的管理者,他们在履行管理职能中可能会产生具体工作内容侧重点上的差别。例如,同样开展计划工作,营销部门做的是产品定价、推销方式、销售渠道等的计划安排,财务部门做的则是筹资规划和收支预算,他们在各自的目标及其实现途径的规定上都表现出很不相同的特点。

☞【即问即答 1-6】

对管理者进行分类有何意义?

1.2.3 管理者的技能要求

每一管理者都在自己的组织中从事某一方面的管理工作,都要力争使自己主管的工作达到一定的标准和要求。管理是否有效,在很大程度上取决于管理者是否真正具备了作为一个管理者应该具备的管理技能。这些管理技能主要包括:

1. 技术技能

技术技能是指从事自己管理范围内的工作所需的技术和方法。如果是生产车间主任,就要熟悉各种机械的性能、使用方法、操作程序,各种材料的用途、加工工序,各种成品或半成品的指标要求等。如果是办公室管理人员,就要熟悉组织中有关的规章、制度及相关法规,熟悉公文收发程序、公文种类及写作要求等。如果是财务科长,就要熟悉相应的财务制度、记账方法、预算和决算的编制方法等。技术技能对基层管理者来说尤为重要,因为,他们大部分时间都是从事训练下属人员或回答下属人员有关具体工作方面的问题,因而必须知道如何去做自己下属人员所做的各种工作。具备技术技能,才能更好地指导下属工作,更好地培养下属,由此才能成为受下级成员尊重的有效管理者。对中上层管理者来说,掌握技术技能的必要性可稍少些。

2. 人际技能

人际技能是指与组织中上下左右的人交往的能力,包括联络、处理和协调组织内外人际关系的能力,激励和诱导组织内工作人员的积极性和创造性的能力,正确地指导和指挥组织成员开展工作的能力。人际技能要求管理者了解别人的信念、思考方式、感情、个性以及每个人对自己、对工作、对集体的态度,并且认识到别人的信念、态度、观点与自己的不一样是很正常的,承认和接受不同的观点和信念,这样才能与别人更好地交换意见。其次,要求管理者能够敏锐地察觉别人的需要和动机,并判断组织成员的可能行为及其可能后果,以便采取一定措施,使组织成员的个人目标与组织目标最大限度地一致起来。再次,要求管理者掌握评价奖励员工的一些技术和方法,最大限度地调动员工的积极性和创造性。许多研究表明,人际技能是一种重要技能,对各层管理者都具有同等重要的意义。在同等条件下,人际技能可以极为有效地帮助管理者在管理工作中取得更大的成效。

3. 概念技能

概念技能是指对事物的洞察、分析、判断、抽象和概括的能力。管理者应该看到组织的全貌和整体,了解组织与外部环境是怎样互动的,了解组织内部是怎样相互作用的,能预见组织在社区中所起的社会的、政治的和经济的作用,知道自己所管部门或科室在组织中地位和作用,抓住问题的起因和实质,预测问题发展下去会产生什么影响,需要采取什么措施解决问题,这种措施实施以后会出现什么后果。形势判断能力是概念技能的又一表现。管理者通过对内部和外部形势的分析判断,预见形势将朝什么方向发展,是对我有利,还是对我不利,以便充分利用好形势发展组织的事业,同时采取措施对付不利形势,使组织获利最多或损失最少。各种研究表明,出色概念技能,可使管理者作出更佳的决策。概念技能对高层管理者来说尤为重要。

上述三种管理技能是各层管理者都需要掌握的,区别仅在于各层管理者所需掌握的三种管理技能的比例有所不同。

□➔【即问即答 1-7】

组织中不同层次的管理者分别有何技能要求?

1.2.4 职业管理者的形成

管理工作是否谁都能干?管理者是否需要像医生、律师或会计师一样成为职业工作者?尽管理论界目前对管理职业的认证还没有完全统一的看法,但从应用方面看,管理在现代社会中的地位已经迫使人们对从事这项工作的人的"专家"资格形成了比较确定的认识。历史上,美国西部铁路公司在 19 世纪中叶发生的两辆客车迎头相撞事故,促使该公司最早采用了由"支薪经理"来代替所有者行使管理职能的崭新的管理制度。从那时起,专职经理日益在管理上发挥着越来越重要的作用。不过,在所有者和管理者刚开始实现分工的年代里,管理工作还主要是由懂业务技术的"硬专家"来担任。随着社会的发展,仅由精通一门技术的专家来管理已不适应新形势的要求,所以逐渐演化为由工商管理学院培养出来的管理人才来实施管理。这类新的管理专家所具有的管理技能已经大大超出技术技能的范围,所以被称作"软专家"。

西方国家在 19 世纪中期以前,经济组织中所有权与经营权并未分离,管理职能没有完全独立出来,因此没有职业化的管理层(或称经理阶层、企业家阶层)。后来随着企业规模的扩大,管理工作的难度加大,使得有"财"无"才"的资本家感到力不从心,从而开始聘请有专门经营管理知识和技能、靠领取薪资作为主要收入来源的管理人才来代行管理之职。据调查,美国 500 家大公司的高级经理人员中有 71.8% 是工商管理专业毕业的,毕业生于工程技术和其他学科专业的仅占 28.2%。法国 A 类公务员(业务类中属于领导职位的公务员)百分之百是法国国家行政学院的毕业生。各国的军事指挥官也越来越多地为军校毕业出来的。看来各行各业中管理工作的专业化(这里指专门化),并逐步形成职业化的管理人才队伍,这已是客观形势之所趋。

⤷【链接 1-4】

华为总裁在高级副总裁以上干部以公司治理为题的命题作文考试前的讲话:

……

我想强调一下什么是职业管理者的责任和使命。

一个职业管理者的社会责任(狭义)与历史使命,就是为了完成组织目标而奋斗。以组织目标的完成为责任,缩短实现组织目标的时间,节约实现组织目标的资源,就是一个管理者的职业素养与成就,权力不是要别人服从您,而是要您告诉他如何干。因此,围绕组织目标的有效实现,个人所处的位置,承担的使命,应如何理解。……一个职业管理者他的职业就是实现组织目标,因此,实现组织目标不是他的个人成就欲所驱使,而是他的社会责任(狭义)无时不在地给他压力。

1.3 管理工作的对象和适用范围

1.3.1 管理工作的对象

以企业为例,管理工作的对象实际上包括了如下三大方面:

1. 对工人和作业工作进行管理。可以说管理最初就是产生于对工人及其工作的管理。但随着组织规模的扩大,这类管理工作逐渐交给了基层管理人员来完成,上层管理者则主要按"例外原则"介入对工人及其工作的管理中来。

2. 对管理人员及其工作进行管理。在任何组织中,管理既是对人的管理,也是通过人的管理。那些负责管理他人的管理者,他们本身也应该受到某种程度和某种方式的管理。也即,管理者同时也应是被管理者。因此,管理工作的第二项任务,便是管理管理者及其工作。无论是基层、中层还是高层管理人员,他们都必须置于某种力量的管理之下,否则,他们的行为就有可能出现偏差。在很大程度上,许多企业目前发生的经理人员行为不受约束的现象,就是因为对这些经理人员的管理机制不健全。

3. 对整个企业/组织进行管理。这就是对一个企业的生产经营活动进行全面的管理。对于非企业的单位来说,与这项对整个企业的管理(称之为企业管理)任务相似的,我们将对于整个组织的管理称为组织管理,也即针对一般组织而进行的管理。

▷【即问即答 1-8】

你认为需要对管理者进行管理吗？为什么？

1.3.2　管理的应用范围与权变管理原则

任何组织都有其特定的组织目标和特定的资源调配利用问题，因此，也就都有管理问题。管理普遍适用于任何类型的组织，包括各种营利性组织和非营利性组织。

从营利性组织来看，不管其规模大小、结构类型、行业性质是多么的不同，都需要对它们进行有针对性的有效管理。所以，客观上存在着国际性企业（跨国公司）的管理、小型企业（如个体企业）的管理、工业企业（如汽车厂、纺织厂等）的管理、商业企业（如零售商店、外贸公司）和交通运输企业（如航空公司、出租汽车公司等）的管理，以及商业银行和保险公司、通信广播公司、财务公司、咨询公司和其他各种服务性单位（如餐馆、洗衣店）等等的管理。

再从非营利性组织来看，不仅政府、军队、公安等组织需要管理，大、中、小学和职业学校需要管理，医院、诊所和医疗保险单位需要管理，研究所、报社、博物馆、画廊以及大众性广播、邮电和交通服务单位需要管理，而且各种基金会、联合会、俱乐部以及政治党派、学术团体和宗教组织等也都需要管理。管理遍布人类社会的方方面面，可以说时时处处都有管理活动在开展。

从管理基本职能及其开展的过程和管理原理与方法来看，各种不同类型组织的管理会具有相似性、共通性。从这方面来说，管理的适用范围是广泛的。但另一方面，由于不同类型组织在使命目标和业务作业活动内容上存有差别，对它们的管理也就必然表现出个性、差异性和特殊性。所以，管理工作必须在管理理论、原理和方法的指导下，结合具体情况因地制宜地开展。

现实中的管理并不存在普遍适用的某种固定的模式或方式，不能将某一场合下使用成功的管理模式简单地照搬到另一种场合下。而能否识别管理工作所面临的特定情境，并开发或选用合适的管理模式，这是权变管理原则的客观要求，也是衡量管理者在分析和处理问题过程中的灵活性和创造性的重要方面。

权变管理原则告诫管理者，有效地解决管理问题不仅需要掌握多种的管理模式或管理方式方法，还必须清楚各种模式和方法究竟要在什么样的条件下使用才会取得最好的效果。任何管理模式和方法都不可能是普遍最佳的，而只可能是最合适、最适用的。适合的，才会是有效的。因此，管理者不但要注重学习和开发管理的新模式、新方法，还应该通过实践和自身的体会领悟各种模式或方法适用的场合，以便能将管理的学问变成其卓越的管理业绩。

1.3.3　管理工作的科学性与艺术性

管理工作究竟是一门科学，还是一门艺术，这是多年来理论界和实业界都在争论的问题。目前形成的一种普遍看法认为，管理不仅具有科学性，也具有艺术性，作为科学的管理工作和作为艺术的管理工作是应当而且可能得到统一的。

管理工作的科学性表现在，管理经过一个世纪以来的研究、探索和总结，已经逐渐形成了一套比较完整的、反映管理过程客观规律的理论知识体系,为指导管理实践提供了根本的原理、原则和方法。这种指导管理实践的科学,称为管理学。管理学之于管理人员,就犹如医学之于医生。没有系统化的医学知识的指导,这样的医生会跟巫医毫无两样;同样,缺乏系统化的管理学知识的指导,这样的管理人员也不可能成为一个有效的管理者。管理科学可以给不同能力的管理者提供一视同仁的帮助和指导。

但是,就像阅读过有关游泳的书籍,并不意味着你就一定会游泳一样,掌握了大量的管理理论、原理或知识,并不能表明你就是一个出色的管理人员,并不能保证你的管理活动就是有效的、成功的。理论并不是万能的,管理者如果只凭书本知识来开展管理,无视实践经验的积累,无视对理论知识灵活运用能力的培养,那么其管理工作注定要失败。从这种意义上说,管理不仅是一种知识,更是一种实践;不仅是一门科学,更是一门艺术。管理工作就像其他各种技艺一样,都要利用经过整理的基本知识,并根据实际情况加以创造性的、灵活的运用,这样才能取得预期的成效。一句话,管理工作应该是科学性与艺术性的有机统一体。

➭【即问即答 1-9】

　　管理学学了就能用吗?

➭【本章小结】

　　管理是伴随着组织的产生而产生,并随着组织规模的扩大而日益显示出重要性。所谓组织,是由两个或两个以上的个人为了实现共同的目标组合而成的有机整体。为了使组织更好地达成既定目标,需要开展有效的管理工作。管理是指同别人一起,或通过别人使活动完成得更有效的过程。管理的职能包括四个方面的内容:计划、组织、领导和控制。可以从组织的产出目标、组织的效率效果、组织的终极目标三个角度来全面地衡量管理促进组织目标实现的情况。组织中的管理者有三类:基层管理人员、中层管理人员、高层管理人员。按所管辖领域的范围分为:综合管理人员和专业管理人员。管理者应该具备的管理技能主要包括:技术技能、人际技能和概念技能。三种管理技能是各层管理者都共同需要掌握的,区别仅在于各层管理者所需掌握的三种管理技能的比例有所不同。管理工作普遍适用于任何类型的组织,包括各种营利性组织和非营利性组织。因此,管理的适用范围是广泛的。现实中并不存在普遍适用的某种固定的管理模式或方式,管理工作必须在管理理论、原理和方法的指导下,结合具体情况因地制宜地开展。

➭【习　题】

一、简答题

1. 管理的实质是什么? 高等学院的管理与企业的管理有何相同和不同之处?

2. 对成功的管理者是怎样认识的? 成功的管理者是否是组织中提升最快的人?

3. 你认为管理是一门科学,还是一门艺术? 哪些管理活动表现出更强的艺术性? 管理的科学性在各项职能活动中有何具体体现?

4. 就管理作业人员、管理管理人员和管理整个组织这三项不同的任务而言,因为管理的具体对象不同,你认为这些管理工作在管理职能方面有何不同的表现?

5. 效率与效果有何联系与不同? 管理工作的绩效与企业经营绩效有什么联系与区别?

二、案例分析

国民捷运公司

唐纳德·伯尔(Donald Burr)是国民捷运公司的董事长和创始人,他在试图建立一个更具人情味的机构方面受到了赞扬。但是,随着这家公司的发展,他的领导作风起了变化。过去,国民捷运公司的管理人员具备一种独特的管理风格,严厉督促,但又给雇员很多自由,要求所有雇员完成多样工作。例如,要求飞机驾驶员帮助搬运行李。即使高层领导人员也要逐个岗位去学习主要业务。全职雇员必须购买公司的股票,但给予很大的折扣。

公司本来强调雇员参与管理,但是这一做法在公司经历了第一次亏损和业务规模扩大后,似乎变了,这家公司收购了"边疆航空公司"后,从1980年到1985年的很短时间里,成为第5家最大的航空公司。然而,随着公司的发展扩大,国民捷运公司也改变了它的特征,从一家家庭式的组织,变成更加传统式企业。提出批评的人说,向公司提出不受欢迎的问题也是冒险的。原任常务执行董事洛里·杜博斯(Lori Dubose)出乎意料地被解雇了,她是国民捷运公司终身就业制的创始人之一。现在她认为,向伯尔提出挑战性的问题是冒险的,因此,她这样做可能是错了。另一位董事,哈罗德·帕蒂(Harold Parety)不喜欢被人指手画脚地告知不论工作忙闲,必须从上午6点到下午9点坐班,因此,他辞去职务,创办了自己的航空公司(总统航空公司),并采用了很多国民捷运公司的管理办法。

问　题

1. 伯尔不顾该公司不成文的铁饭碗政策,解雇一位领导人员,你对此有何看法?
2. 公司不论其规模或者盈利能力,是否都应该采用同样的管理方式?

三、讨论题

1. 上小学的孩子偷拿了爸爸妈妈的钱,爸爸妈妈该怎么办?
2. 一位教授被下放到农村,村长派他砍猪草,可这位教授只吃过猪肉没喂过猪,村长该怎么办? 教授该怎么办?
3. 在学术上有杰出成就的科技人员,为什么在管理岗位上常常不称职?
4. 确定并描述一位伟大的管理者,什么使他/她与众不同?
5. 指出一个伟大的组织,你认为它的管理如何?
6. 指出一个无效的组织,如何通过管理改善它?
7. 描述你应用管理职能管理你日常生活的情况。讲讲你所具有的技术、决策和人际技能在学校和工作中的重要性。

四、实训题

目的

● 更好地理解什么行为导致有效管理?
● 对你个人认为的影响管理者成功最关键的行为排列顺序。

指示

● 下面是管理者可能从事的一些行为。根据其对管理者有效绩效的重要性排序。将1填在最重要的项目前面,将 2 填在其次的,10 为最不重要的。

　　● 将你的排序带到班级,准备阐明你的结果和原因。如果你能想出可能导致更多管理有效性的行为,也写在下面。

有 效 管 理 者 工 作 表

　　——沟通和解释政策以使组织成员理解

　　——制定恰当明确的决策

　　——给下属分配最合适的工作

　　——鼓励助手提出主意和计划

　　——通过员工间竞争激励下属

　　——寻求改进管理能力的方法

　　——全力支持和执行公司政策

　　——有机会就参加社区活动

　　——外表整洁

　　——对涉及公司财产和基金的所有事务诚实

第 2 章

管理理论的演进 　　　　≫ ≫ ≫　　　≫

- ■ 管理理论形成的历史背景
- ■ 管理理论的多样化时期
- ■ 趋向统一的管理理论
- ■ 现代管理理论的特点和主要观点

学习目标

知识目标：了解中外管理思想和管理理论的发展，丰富管理思想，拓宽管理视野；理解古典管理理论与现代管理理论的基本内容。

技能目标：掌握古典管理理论，能用现代管理理论阐述管理的基本原理。

能力目标：应用所学的基本理论分析社会组织、特别是企业组织中发生的典型事例。

导入语

埃及的齐阿普斯金字塔，由230万块巨石砌成，平均每块石方约重两吨半。必须有人设计出金字塔结构，寻找到采石场，并将石块切割好运至建筑工地。一座金字塔需要十多万人二十年时间才能建成，是谁告知工人该做什么？是谁确保工地有足够的石料？问题的答案就是管理。

管理理论形成有其特定历史背景，综观管理理论的发展，主要有弗雷德里克·泰罗的"科学管理"思想；亨利·法约尔的五大管理职能和十四项原则；马克斯·韦伯提出的理想的行政体系理论；梅奥在霍桑试验中得出的结论以及意义；巴纳德为代表的早期行为科学理论。

现代管理理论。

关键词

思想　管理　发展　生产效率　合作　权变　激励

2.1　管理理论形成的历史背景

作为社会实践的管理活动与人类社会与生俱来。世界奇迹的埃及金字塔、巴比伦古城、中国的万里长城等,都是古代劳动人民勤劳智慧的结晶,也是历史上伟大的管理实践。作为一门学科,现代经营管理理论的形成始于 19 世纪末 20 世纪初。

2.1.1　早期管理活动和管理思想

在某些人的监督下将人们的努力组织起来,这些监督者负责计划、组织、领导和控制,这些活动已存在了几千年,埃及的金字塔和中国的长城表明,几千年前,人们就能够完成规模浩大的、有成千上万人参加的大型工程。

【实例 2-1】

公元前五千年,孟菲斯人因霍特普受命给长老胡发修造坟墓,即是举世皆知的大金字塔。它占地十三英亩,原高四百八十英尺,用二百三十万块重达两吨半的石块砌成。被尊为"世界工程师鼻祖"的因霍特普亲自设计图纸,组织千万奴隶夜以继日地施工用了整整二十年才竣工。最令人感到迷惑不解的是:它的东西方向线和南北方向线仅偏离六分弧度,而底部只差七英寸就是一个正方形——工程完成的质量之高,若无严格管理加以控制,简直难以想象。

罗马天主教会早在第一次工业革命以前,就采取按地理区域划分基层组织,并在此基础上又采用有高度效率的职能分工,成功地解决了大规模活动的组织问题。

在《圣经》旧约全书的《出埃及记》中就体现了管理的公权原则、授权原则和例外管理等管理思想。

在古巴比伦王国于公元前 2000 年左右颁布的汉谟拉比法典中,有许多条款都涉及了控制借贷、最低工资、会计和收据等经济管理思想。

我国古代的《周礼》、《墨子》、《孙子兵法》等书籍中都体现了不少管理思想。秦始皇确立的中央集权体制,不仅当时具有强大的生命力,而且对我国延续 2000 年的封建社会制度也有重大影响。汉高祖刘邦总结其取得天下的原因,关键是在管理中遵循了用人之长原则。我国宋真宗时期,丁渭提出的"一举三得"方案,解决了就地取土、水利运输和清理废墟三个问题。

上述例子表明,组织及其相应的管理活动上千年以前就早已存在。然而,管理却是在几百年前尤其是近一个世纪前才得以系统性的研究,形成一般知识体系,逐步发展为正式学科。

2.1.2　亚当·斯密的劳动分工观点

亚当·斯密在 1776 年发表的《国富论》一书中提出了劳动分工将使组织及社会受益的观点。

所谓劳动分工,即将工作分解成一些单一的和重复性的作业。亚当·斯密以生产大头针的工人为例,10 个工人每人从事一项专门的工作,每天能生产 48000 根针,但是如果每个工人独立完成大头针的制针工作,10 名工人最快也不过制作 200 根针。

斯密得出结论,劳动分工之所以能够提高生产率,是因为它提高了每个工人的技巧和熟练程度,节约了由于变换工作浪费的时间,以及有利于机器的发明和应用。今天广泛普及的工作专业化(如服务业中的教学和医疗,以及汽车厂的装配线等),无疑是由斯密在 200 多年前就提出的劳动分工所产生的经济效益。

2.1.3　产业革命与管理

在 20 世纪以前,对管理最重要的影响还是产业革命,它开始于 18 世纪的英国,在美国国内战争结束后又传到了美国。机械力迅速取代了人力,并且使在工厂中制造商品更加经济。例如,在产业革命之前,毛毯都是由人们在家中制作的,工人要剪羊毛、纺毛线、染毛线,在家中的手工织机上织成毛毯,然后将织好的毛毯卖给走乡串户的商人,由他们再卖到地区性的集市或市场上。而机械力的引入加上劳动分工,使得在大型的高效率的工厂中采用动力驱动设备进行生产成为可能。在有 100 个工人的毛毯厂中,有些工人专门纺线,有些专门染色,另一些工人专门织毯,这样的工厂能制造大量的毛毯,而成本比原来低得多。但是,在这种工厂中需要管理技能,管理者需要预测需求,保证手头有足够的羊毛用于纺线,向每个工人分派任务,指挥每天的生产活动,协调各种活动,保证机器正常运转和保证产品的质量,以及为产品寻找市场,等等。当在每个家庭中制作毛毯时,人们很少关心效率,但是,突然工厂中雇用了 100 个工人,并且要按期付他们工资,如何使工人满负荷工作就变得非常重要了。于是,计划、组织、领导和控制就成为必不可少的了。

机械力的出现,大量生产,随着迅速扩展的铁路系统而来的运输成本的降低,以及几乎没有任何政府法令的限制,这一切促进了大公司的发展。约翰·D. 洛克菲勒建立了垄断性的标准石油公司,安德鲁·卡内基控制了钢铁工业的 2/3,类似的企业家们建立了其他大型企业,这些企业需要正规化的管理。同时,对于规范的管理理论的需求也应运而生。然而,直到 20 世纪初叶,建立正式管理理论的尝试才迈出了决定性的第一步。

⇨【即问即答 2-1】

阐述在组织中实行劳动分工的优点?

2.2　管理理论的多样化时期

20 世纪的前半期是一个管理思想的多样化时期。科学管理从如何改进作业人员生产率的角度看待管理;一般行政管理者关心的是整个组织的管理和如何使之更有效;一批管理研究人员强调人力资源或管理的"人的方面";而另一批人则专注于开发应用数量方法。

在本节中,我们将描述这四种方法对管理的贡献。要记住的是每一种方法都与同一个对象有关,他们之间的差异反映出研究者不同的背景和兴趣。正如盲人摸象这则寓言所比喻的:第一个人摸到大象的躯干就说它像堵墙;第二个人摸到大象的鼻子就说它像条蛇;第三个人摸到大象的腿就说它像大树;第四个人摸到大象的尾巴就说大象像条绳子。每一个盲人触到的都是同一头大象,而他们对大象的认识取决于他们各自所站的位置。类似的,下面的每一种观点都是正确的,并且都为我们理解管理作出了重要贡献,但是,每一种观点都有它的局限性。

2.2.1　科学管理理论

科学管理理论的倡导者是美国人弗雷德里克·泰罗,他1911年出版的著作《科学管理原理》标志着系统的管理理论的诞生。该书阐述了科学管理理论,它的内容很快被世界范围的管理者们普遍接受。泰罗的理论和研究活动,确立了他作为科学管理之父的地位。

⇨【链接 2-1】

　　弗雷德里克·温斯洛·泰罗,出生于美国费城一个富有的律师家庭,中学毕业后考上哈佛大学法律系,但不幸因眼疾而被迫辍学,1875年,他进入一家小机械厂当徒工,1878年转入费城米德瓦尔钢铁厂当机械工人,他在该厂一直干到1897年,在此期间,由于工作努力,表现突出,很快先后被提升为车间管理员、小组长、工长、技师、制图主任和总工程师,并在业余学习的基础上获得了机械工程学士学位。在米德瓦尔钢铁厂的实践中,他感到当时的企业管理当局不懂得用科学方法来进行管理,不懂得工作程序、劳动节奏和疲劳因素对劳动生产率的影响。而工人则缺少训练,没有正确的操作方法和适用的工具。这都大大影响了劳动生产率的提高。为了改进管理,他在米德瓦尔钢铁厂进行各种试验。

　　1898—1901年间,又受雇于伯利恒钢铁公司继续从事管理方面的研究。后来,他取得了一种高速工具钢的专利。1901年后,他更以大部分时间从事咨询、写作和演讲等工作,来宣传他的一套管理理论——"科学管理",即通常所称的"泰罗制",为科学管理理论在美国和国外的传播作出了贡献。

　　泰罗的研究工作,是在他担任米德瓦尔钢铁厂的工长时开始的。他的特殊经历,使他有可能在工厂的生产第一线系统地研究劳动组织与生产管理问题。在他亲自体验并发现生产效率不高是由于工人们"故意偷懒"的问题后,便决心着手解决它。从1881年开始,他进行了一项"金属切削试验",由此研究出每个金属切削工人工作日的合适工作量。经过两年的初步试验之后,给工人制定了一套工作量标准。他自己认为,米德瓦尔的试验是工时研究的开端。

　　1898年,泰罗受雇于伯利恒钢铁公司期间,进行了著名的"搬运生铁块试验"和"铁锹试验"。搬运生铁块试验,是在这家公司的五座高炉的产品搬运班组大约75名工人中进行的。由于这一研究,改进了操作方法,训练了工人,其结果使生铁块的搬运量提高3倍。铁锹试验首先是系统地研究铲上的负载应为多大问题;其次研究各种材料能够达到标准负载的锹的形状、规格问题,与此同时还研究了各种原料装锹的最好方法的问题。此外还对每一套动作的精确时间作了研究,从而得出了一个"一流工人"每天应该完成的工作量。这一研究的结果是非常出色的,堆料场的劳动力从400～600人减少为140人,平均每人每天的操作量从16吨提高到59吨,每个工人的日工资从1.15美元提高到1.88美元。泰罗在米德瓦尔开始进行的金属切削试验延续了26年之久,进行的各项试验达3万次以上,80万磅的钢铁被试验用的工具削成切屑,总共耗费约15万美元。试验结果发现了能大大提高金属切削机工产量的高速工具钢,并取得了各种机床适当的转速和进刀量以及切削用量标准等资料。

　　综上所述,这些试验集中于"动作"、"工时"的研究;工具、机器、材料和工作环境等标准化研究,并根据这些成果制定了每日比较科学的工作定额和为完成这些定额的标准化工具。

　　泰罗一生致力于"科学管理",但他的做法和主张并非一开始就被人们所接受,而是日益引起社会舆论的种种议论。于是,美国国会于1912年举行对泰罗制和其他工场管理制的听证会,泰罗在听证会上作了精彩的证词,向公众宣传科学管理的原理及其具体的方法、技术,引起了极大的反响。

泰罗的科学管理理论的要点有以下八个方面:

1.科学管理的中心问题是提高劳动生产率

泰罗在《科学管理原理》一书中充分强调提高劳动生产率的重要性和可能性。他通过科学观察、记录和分析,进行工时和动作研究,在实现工时的合理有效利用的基础上,制定合理的日工作量,这就是所谓的工作定额原理。

2.为了提高劳动生产率

必须挑选和培训"第一流的工人。"所谓第一流的工人,是指那些在体力及智力上能够适应做将要承担的工作,并愿意尽其最大努力工作的工人。泰罗认为只要工作合适,每个人都能成为第一流的工人。而培训工人成为"第一流的工人"是企业管理当局的责任。

3.要使工人掌握标准化的操作方法,使用标准化的工具、机器和材料,并使作业环境标准化

泰罗认为通过标准化,可以消除各种不合理的因素,将各种最好的因素有效地结合起来,形成一种最好的方法,以便充分提高劳动生产率。这便是所谓的标准化原理。

4.实行有差别的计件工资制

为了鼓励工人达到或超额完成定额,在制定和执行有科学依据的定额(或标准)基础上,对达到定额者以正常工资率付酬,超过定额以高工资率付酬,未达到定额者以低工资率付酬。借此来调动工人的积极性,从而促使工人提高劳动生产率。

5.工人和雇主双方都必须来一次"精神革命"

泰罗试图在工人和雇主间谋求一种和谐的人际关系,使双方都把注意力从盈利的分配转到增加盈利数量上来。只要他们用友好合作和互相帮助代替对抗和斗争,就能够得到比过去更多的盈利,从而使工人的工资大幅度增加,使企业主的利润也大量增长。这样,双方没必要再为盈利的分配争吵。

6.把计划职能同执行职能分开,以科学工作法取代原来的经验工作法

泰罗主张应有意识地把原来由工人全部承担的工作,按其性质分成两部分,即分成计划职能和执行职能。由企业管理当局设立专门计划部分承担计划职能,现场工人只依据计划从事执行职能。值此,工人必须依据计划部门制定的操作方法和指令,使用规定的标准化工具进行工作,不得凭借经验或自行改变。

7.实行"职能工长制"

泰罗主张,为使工长能够有效地履行职责,必须将管理工作进行细分,使每一工长只承担一种职能。这样就形成了一个工人同时接受多个工长的领导,容易引起混乱。故"职能工长制"未能得到推广,但这种思想为接下来的职能部门的确立和管理的专业化提供了参考。

8.提出管理中的分权、授权与例外原则

指组织的上层管理人员应把一般的日常管理问题授权给下级管理人员去处理,而自己

只保留对例外事项的决策和监督权。

　　泰罗在《科学管理原理》中,认为科学管理思想应遵循四条重大的管理原则。

　　这一时期,还有其他一些人对科学管理作出了重要贡献:如美国的亨利·甘特,曾发明了一种生产计划进度表,又称甘特图或横条图;工程师吉尔布雷特夫妇进行的"时间和动作研究";以及福特利用传送带,建立的世界上第一条汽车装配流水线,使每辆汽车的装配时间由 12 小时 20 分,压缩到 1 小时 30 分等等。

▷【链 接 2-2】

泰罗的科学管理四原则

　　(1)对工人工作的每一个要素开发出科学方法,用以代替老的经验方法;

　　(2)科学地挑选工人,并对他们进行培训、教育和使之成长(而在过去,则是由工人自己挑选工作,并尽自己的可能进行自我培训);

　　(3)与工人们合作,以保证一切工作都按已形成的科学原则去办;

　　(4)管理当局与工人在工作和职责的划分上几乎是相等的,管理当局把自己比工人更胜任的各种工作都承揽过来(而在过去,几乎所有的工作和大部分责任都推到了工人们头上)。

2.2.2　一般行政管理理论

2.2.2.1　法约尔的一般管理理论

　　在以泰罗为代表的一些人在美国倡导科学管理的时候,欧洲也涌现了一些古典的管理理论及其代表人物,其中影响最大的要属法约尔和他的一般管理理论。

▷【链 接 2-3】

　　法约尔(Henri Fayol),1841 年出生于法国一个小资产者家庭,19 岁毕业于一所国立矿业学院,并取得矿业工程师资格,后被一家煤矿公司任命为矿井工程师。他一生都在这个采煤和铸铁联营公司度过,25 岁被任命矿井经理,31 岁被任命为该公司的总经理,直到 1918 年,他已 77 岁,退休前仍然担任公司总经理。

　　法约尔和泰罗的经历不同,研究管理的着眼点也就不同。泰罗是以普通工人的身份进入工厂的,因此,他所研究的重点内容是企业内部生产现场管理和具体工作的作业效率;法约尔长期从事领导工作,所以他是把企业作为一个整体加以研究。他一生有很多著作,1916 年所发表的代表作《工业管理和一般管理》,提出了一般管理理论,对西方管理理论的发展产生了重大影响,成为管理过程学派的理论基础。

　　他的理论概括起来大致包括以下内容:

　　1. 企业的基本活动与管理的五项职能。法约尔指出,任何企业都存在着六种基本的活动,而管理只是其中之一。这六种基本活动是:(1)技术活动(指生产、制造、加工等活动);(2)商业活动(指购买、销售、交换等活动);(3)财务活动(指资金的筹措和运用);(4)安全活动(指设备维护和职工安全等活动);(5)会计活动(指货物盘存、成本统计、核算等);(6)管理活动(其中又包括计划、组织、指挥、协调和控制五项职能活动)。在这六种基本活动中,管理活动处于核心地位,即企业本身需要管理,同样的,其他五项属于企业的活动也需要管理。它们的关系如图 2-1 所示。

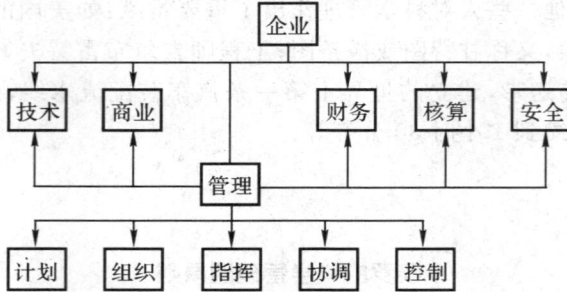

图 2-1　组织的五种职能活动间的关系

2. 法约尔的 14 条管理原则。法约尔根据自己的工作经验,归纳出 14 条简明的管理原则。

(1)分工。他认为这不仅是经济学家研究有效地使用劳动力的问题,而且也是在各种机构、团体、组织中进行管理活动所必不可少的工作。

(2)职权与职责。他认为职权是发号施令的权力和要求服从的威望。职权与职责是相互联系的,在行使职权的同时,必须承担相应的责任,有权无责或有责无权都是组织上的缺陷。

(3)纪律。纪律是管理所必须的,是对协定的尊重。这些协定以达到服从、专心、干劲,以及尊重人的仪表为目的。就是说组织内所有成员通过各方所达成的协议对自己在组织内的行为进行控制,它对企业的成功与否极为重要,要尽可能做到严明、公正。

(4)统一指挥。指组织内每一个人只能服从一个上级并接受他的命令。

(5)统一领导。指一个组织,对于目标相同的活动,只能有一个领导,一个计划。

(6)个人利益服从整体利益。即个人和小集体的利益不能超越组织的利益。当两者不一致时,主管人员必须想办法使他们一致起来。

(7)个人报酬。报酬与支付的方式要公平,给雇员和雇主以最大可能的满足。

(8)集中化。这主要指权力的集中或分散的程度问题。要根据各种情况,包括组织的性质、人员的能力等,来决定"产生全面的最大收益"的那种集中程度。

(9)等级链。指管理机构中,最高一级到最低一级应该建立关系明确的职权等级系列,这既是执行权力的线路,也是信息传递的渠道。一般情况下不要轻易地违反它。但在特殊情况下,为了克服由于统一指挥而产生的信息传递延误,法约尔设计出一种"跳板",也叫"法约尔桥"(如图 2-2 所示),以便及时沟通信息,快速解决问题。

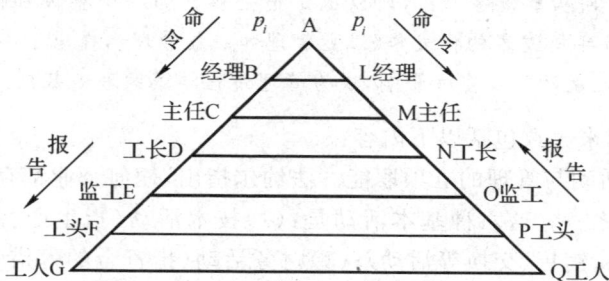

图 2-2　"法约尔桥"

图 2-2 中，A 代表这个组织的最高领导，按照组织系统，F 与 P 之间发生了必须两者协议才能解决的问题，F 必须将问题向 E 报告，E 再报告 D，如此层层由下而上，由上而下到达 P，然后 P 将研讨意见向 O 报告，层层上报到 A，再经过 B、C……最后回到 E。这样往返一趟，既费时又误事，所以法约尔提出作一"跳板"，使 F 与 P 之间可直接商议解决问题，再分头上报，可以节省时间和人力，提高效率。

(10)秩序。指组织中的每个成员应该规定其各自的岗位："人皆有位，人称其职"。

(11)公正。主管人员对其下属仁慈、公平，就可能使其下属对上级表现出热心和忠诚。

(12)保持人员的稳定。如果人员不断变动，工作将得不到良好的效果。

(13)首创精神。这是提高组织内各级人员工作热情的主要源泉。

(14)团结精神。指必须注意保持和维护每一集体中团结、协作、融洽的关系，特别是人与人之间的相互关系。

法约尔强调指出，以上 14 条原则在管理工作中不是死板和绝对的东西，这里全部是尺度问题。在同样的条件下，几乎从不两次使用同一原则来处理事情，应当注意各种可变因素的影响。因此，这些原则是灵活的，是可以适应于一切需要的，但其真正的本质在于懂得如何运用它们。这是一门很难掌握的艺术，它要求智慧、经验、判断和注意尺度(也即"分寸")。

法约尔认为，人的管理能力可以通过教育来获得，可以也应该像技术能力一样，首先在学校里，然后在车间里得到。为此，他提出了一套比较全面的管理理论，首次指出管理理论具有普遍性，可以用于各个组织之中。他把管理视为一门科学，提出在学校设置这门课程，并在社会各个领域宣传、普及和传授管理知识。

综上所述，法约尔关于管理过程和管理组织理论的开创性研究，其中特别是关于管理职能的划分以及管理原则的描述，对后来的管理理论研究具有非常深远的影响。此外，他还是一位概括和阐述一般管理理论的先驱者，是伟大的管理教育家，后人称他为"管理过程之父"。

2.2.2.2　韦伯的行政组织理论

韦伯的行政组织理论的核心组织活动要通过职务或职位实施管理，而不是通过个人或世袭地位来管理，当然也不能否定个人魅力对领导作用的重要性。

⇨【链 接 2-4】

　　马克斯·韦伯(1864—1920)，德国著名的社会学家，1882 年进入海德堡大学攻读法律，后来相继就读于柏林大学和哥丁根大学，并于 1889 年撰写了关于中世纪商业公司的博士论文。韦伯曾先后三次参加军事训练，因而对军事生活和组织制度有相当的了解，这对以后他提出的组织理论有较大的影响。他一生担任过教授、政府顾问、编辑等，并发表过多部著作。他在其代表作《社会组织与经济组织》一书中提出了理想行政组织体系理论，被称为"组织理论之父"。

⇨【链 接 2-5】

韦伯的理想官僚行政组织

1. 劳动分工：工作应当分解成简单的、例行的和明确定义的任务。

2. 职权等级：公职和职位应当按等级来组织。每个下级应当接受上级的控制和监督。

3. 正式的选拔:所有的组织成员都是依据经过培训、教育,或正式考试取得的技术资格选拔的。

4. 正式的规则和制度:为了确保一贯性和全体雇员的活动,管理者必须倚重正式的组织规则。

5. 非人格性:规则和控制的实施具有一致性,避免掺杂个性和雇员的个人偏好。

6. 职业定向:管理者是职业化的官员而不是他所管理的单位的所有者,他们领取固定的工资并在组织中追求他们职业生涯的成就。

总之,韦伯认为:"在精确性、稳定性、严格的纪律性和可靠性等方面,理想的行政组织体系比其他形式都要优越……而且能够正式地应用于各种行政管理任务。"韦伯提出这一理论时,德国正走向工业化,处于以家庭为基础的旧企业体系解体和大企业迅速兴起的转折点上。韦伯的这种强调规则而不是个人,强调能力而不是偏爱的模式能使组织合理化,被视为冲破封建束缚、实现效率的蓝图。

2.2.3　行为科学理论

古典管理理论从某种程度上讲,以机械的观点来看待组织和工作。虽然也承认个人的作用,但强调的是对个人行为的控制和规范。与此同时,另一些学者则从心理学、社会学等角度对工作中人的行为进行研究,由此形成行为科学理论。行为科学理论始于 20 世纪 20 年代,早期被称作人际关系学说,以后发展为行为科学,又称为组织行为理论。为现代管理理论的发展奠定了基础。代表人物主要有梅奥和巴纳德等人。

2.2.3.1　梅奥与霍桑试验

▷【链 接 2-6】

乔治·埃尔顿·梅奥,原籍是澳大利亚的美国行为科学家和管理学家。他曾经学过逻辑学、哲学和医学等三个专业,这种背景为他后来的研究工作奠定了坚实的基础。1924—1932 年间,美国国家研究委员会和西方电气公司合作,由梅奥负责进行了著名的霍桑试验。

毋庸置疑,为行为科学理论作出的最重要的贡献的就是在西方电气公司霍桑工厂中所进行的霍桑试验。该试验选定在西方电气公司所属的霍桑工厂进行,该厂具有完善的娱乐设施,有完善的医疗制度和养老金制度,但工人们仍然有强烈的不满情绪,生产效率很低。测定各种有关因素对生产效率的影响程度,分成了四个阶段:照明试验、继电器装配室试验、大规模的访问与调查和接线板工作室试验。

第一阶段:工厂照明试验。试验时把工人分为两组,一组为"试验组",对工厂照明度作各种变化;另一组为"控制组",照明度保持不变。研究人员试图由此得出照明度变化后所产生的影响。但试验结果是两组产量均大幅度增加,并且增加的数量几乎相等。究其根源发现,工厂照明只是影响员工产量的不太重要的因素之一,由于牵涉因素众多,既难以控制,也无法测量其对产量的影响。至于试验所引起的两组生产率的同样提高,是因为试验受到人们注重,被试验者产生了莫大兴趣引起的。

第二阶段:继电器装配室试验。为了有效地控制影响工作效率的因素,研究小组决定单独分出一组工人进行研究。他们选出 5 名女装配工与 1 名画线工,单独安置在一间工作室内,并专门指派了一位观察人员负责记录室内发生的一切。明确要求观察员必须与工人保持友好的气氛。试验过程中,分期改善工人的工作条件。比如,增加工间休息,免费提供午餐和茶点,缩短工作时间,实行每周五天工作制,实行集体计件工资制等等。结果发现仍然维持在高水平上。究其原因并经验证发现,由于监督和指导方法的改善,促使工人改变了工作态度,从而提高了产量。研究小组为了在这方面收集掌握更多的信息,决定进一步研究工人的工作态度及其其他影响因素,于是决定通过一个访谈计划来进行调查。

第三阶段:大规模的访问与调查。在上述试验的基础上,梅奥等人又开展了为期两年的大规模访问调查。最初他们在全公司 2 万多名员工中进行"直接提问式"的调查,即按照事先拟定的题目,以问答的方式进行面谈,了解员工对待公司和对待监督、保险计划及薪酬等的态度,结果发现工人对此不感兴趣,难以反映其内心的真实意见。后来改为"非直接提问式"调查,也就是让工人自由地说出心里的意见和不满,结果得到了大量的有关工人态度的第一手资料。经研究认识到,人们的工作成绩,要受群体成员及周围环境的影响。

第四阶段:接线板工作室试验。试验研究小组选择了 14 名女工组建接线板工作室开展试验。其中有 9 位接线工、3 位焊接工和 2 名质检员。他们将接线工和焊接工分成三组,每小组包括 3 名接线工和 1 名焊工,两名质检员分担三组的检验工作。工人的工资报酬是按小组刺激计划计算,以小组的总产量为基础付酬给每个工人,强调他们要发扬协作精神,以便共同提高产量和经资报酬。经长达 6 个月的试验,结果发现:(1)大部分成员都有意自行限制产量;(2)工人对待他们不同层次的上级持不同态度;(3)成员中存在着一些小派系。

通过四个阶段历时近 8 年的试验,梅奥等人认识到,人们的生产效率不仅要受到物理方面、生理方面等因素的影响,更大程度上要受到社会环境、忽视社会心理等方面的影响。这一结论对"科学管理"只重视物质条件,忽视人、忽视社会环境、忽视社会心理对工人的影响来说,是一个重大的修正,对管理理论的发展产生了深远的影响。

梅奥根据霍桑试验,于 1933 年出版了《工业文明中人的问题》一书,创立了人群关系学。归纳其与古典管理理论不同的新观点,主要有以下几个方面:

1. 工人是"社会人",而不是单纯追求金钱利益的"经济人"。古典管理理论把工人看作是"经济人",认为金钱是刺激工人积极性的唯一动力。而霍桑试验则表明,工人工作的积极性还要受到社会和心理因素的影响。

2. 企业中存在着"非正式组织"。古典管理理论只注意正式组织的问题,诸如组织结构、取权划分、规章制度等等。而霍桑试验表明,企业中除正式组织之外还存在着非正式的小团体,它们通过不成文的规范左右成员的感情倾向和行为。

3. 新型的领导能力在于提高职工的满足度,以激发工人的"士气",从而达到提高生产率。为此要通过对各级主管人员的培训,使其改变传统的管理方式,学会通过同工人交谈了解其感情的技巧,营造一种同事之间以及上下级之间坦诚交流和谐的人际关系。

4. 存在着霍桑效应。试验表明,对于新环境的好奇与兴趣有助于改善工作绩效,最少在最初阶段是如此。

2.2.3.2 巴纳德的组织理论

⇨【链接 2-7】

切斯特·巴纳德,美国著名的行政和组织理论学家。他于 1886 年出生于美国马萨诸塞州莫尔登一个工人家庭,家境虽贫寒,但却很和睦。巴纳德1906年考入了哈佛大学,专攻经济学。在哈佛三年间靠勤工俭学收入来缴学费,1909年学完大部分课程,但因缺少实验学科课程学分而未能获得学士学位。这并没有使巴纳德灰心,在后来的艰辛的科学研究,特别是企业组织的组织理论研究上,他作出了杰出的贡献,先后获得7个博士学位。在长期的管理和组织实践中,巴纳德积累了丰富的企业组织和管理的经验,写出了许多重要著作,其主要贡献是他1938年出版的《经理的职能》一书。

巴纳德认为组织是由具有千丝万缕社会关系的人组成,是一个协作的社会系统。在正式组织中建立这种协作关系需要三个条件:①共同的目标;②组织成员有协作意愿;③组织中有一个能彼此沟通的信息系统。因此,经理人员最重要的任务就是要:①制定组织目标;②获得必要的个人努力,使人们进行协作并为组织作贡献;③提供一个信息交流系统。

在巴纳德看来,组织的成功主要是依靠其人员协作,但是也离不开组织及其日常相关的外部人员和机构的密切友好关系。他认为分析一个组织不能脱离其投资者、供应者、顾客以及其他不被看做是公司本身的"成员"、但对公司作出贡献的人。经理人员必须审视分析外部环境,然后通过调整组织内部使两者处于一种协调平衡状态。无论一个组织的生产多有效率,如果管理部门不能确保物料、资金等输入的持续进行,或未能为其输出开拓寻找到市场,那么,该组织的生存能力就会受到威胁。

2.2.4　管理科学理论

管理科学理论是指以现代自然科学和技术科学的最新成果为手段,运用数学模型对管理领域中的人、财、物、信息等资源进行系统的定量分析,并作出最优规划和决策的理论。该理论产生于第二次世界大战期间,从其历史渊源来看,它是泰罗科学管理的继续和发展。管理科学研究的主要目标也是探求最有效的工作方法或最优方案,以求以最短的时间,最少的支出,取得最大的效果。但它的研究范围已不是局限于泰罗时代的"操作方法"和"作业研究",而是面向整个组织的所有活动,并且它所运用的现代科技手段也是泰罗时代所无法比拟的。管理科学理论的主要内容包括:

1. 运筹学

第二次世界大战期间,军事上出现了不少新的技术问题,如后勤装备和部队调动、潜水艇战术等等,它们有的已超出了指战员的具有的技术范畴。为解决这些问题,军事当局组织了许多科学家与专家集体研究,为作战和决策提供依据。以杰出的物理学家布莱克特为首的一部分英国科学家为了解决雷达的合理布置,综合地运用数学分析和计算技术以寻求最优的方案。后来,数学分析和计算技术的应用又扩展到反潜艇战和其他组织管理领域,运筹学便应运而生。

所谓运筹学,简单地说就是运用科学方法去研究、解决可以数量化的管理问题的一套学问。运筹学权威人士丘奇曼则把运筹学定义为:"把科学的方法、技术和工具应用到一个系统的各种管理问题上,为掌握系统的人们提供最佳的解决问题的办法。"目前,世界各国都在用运筹学来解决管理问题,主要是探讨事物的关联性,用数量加以表示,通过各种模型与变量(或模拟的办法)进行演算,从而对各种方案作出评价和比较,取得所需的解答。

2. 系统分析

系统分析这一概念,是美国兰德公司1949年首先提出的。它把系统的观念引入管理的方法之中,认为事物均是极其复杂的"系统"。运用科学和数学的方法对系统中事件进行研究和分析,就是系统分析。系统分析一般分五个步骤进行:(1)问题形成。对需要研究的问题作合乎逻辑的系统的阐述,以便确定目标,说明问题的重点范围。(2)提出方案。拟订研究大纲,决定分析方法,搜集资料,提出解决问题的各种可行方案。(3)评价方案。建立数学模型、图表等,设计评价标准,比较各方案,分析其可能产生的后果以供选择。(4)优选。通过对各方案利弊得失和成本效益的权衡,结合考虑非定量因素综合影响,选出最优方案。(5)检验核实。在可能的情况下,用试验或模拟方法对所选择的方案进行检验。如检验结果不尽如人意,就应重复上述步骤,直到得出满意的建议以供决策者参考。

3.决策科学化

所谓决策科学化,就是指决策时要以充足的事实为依据,采取严密的逻辑思考方法,对大量的资料和数据按照事物的内在联系进行系统分析和计算,遵循科学程序作出正确决策。上述"管理科学"理论的两项内容为决策科学提供了分析的思路和分析的技术,使决策科学化成为可能。

综上所述,"管理科学"理论的基本思想就是以系统的观点,运用数学、统计学的方法和电子计算机的技术,为现代管理的决策提供科学的依据,通过计划与控制解决各项生产与经营问题。该理论认为,管理就是应用各种数学模型和特征来表示计划、组织、控制、决策等合乎逻辑的程序,求出最优的解决方案,以达成企业的目标。

⇨【即问即答 2-2】

描述霍桑研究及其对管理实践的贡献。

2.3　趋向统一的管理理论

第二次世界大战之后,世界政治形势趋于稳定,众多的国家都把工作重心转移到致力于发展本国经济。随着现代科学技术的迅速发展,生产和组织规模的急剧增大,生产社会化程度的日益提高和竞争的加剧,人们对管理理论引起了普遍重视。上一节我们介绍了四种具有代表性的对管理的理解:针对工长等一线管理人员的管理、针对整体组织的管理、对人力资源进行指导指挥的管理以及发展数量模型优化决策的管理。从某种程度上讲,每一种理解都是正确的,但又不可避免地带有一定的片面性。当然,在多样化时代,也曾在学者对当时的主要管理著作及思想进行归纳总结,如 20 世纪 40 年代初,林德尔·厄威克在他的著作《管理的要素》一书中指明了科学管理与一般行政管理在思想和术语上的相似性,提出了他认为适用于一切组织的八项原则。但这毕竟是少数,关于管理的统一理论框架的研究和探求是从 20 世纪 60 年代初才真正开始的。和大多数研究领域一样,管理学在其成熟期趋向了统一。

2.3.1　管理过程学派

1961 年 12 月,美国著名管理学教授哈罗德·孔茨发表了《管理理论的丛林》一文,对现代管理理论中的各种学派加以了分类和详细说明。孔茨承认每一个学派都对管理理论作出了贡献,但他指出:(1)不应把内容和工具混淆起来。例如,不应将行为科学学派、数量学派等等同于管理,而应将它们看做是管理人员的工具。(2)管理过程学派能够对当代多样化的管理理论加以概括综合,形成一种一般管理理论。

过程学派认为管理是一个过程,是在有组织的集体中让别人和自己一起去实现既定的目标。该学派最初的代表人物就是亨利·法约尔。如图 2-3 所示,管理人员在管理活动中执行着计划、组织、领导、控制等若干职能。管理是一个循环的过程,箭头从"控制"指回"计划"表明了过程的连续性。控制职能确保组织达到其计划的目标。

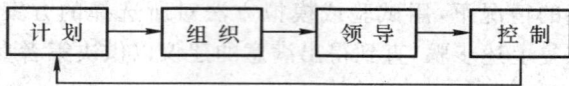

```
┌────┐   ┌────┐   ┌────┐   ┌────┐
│计 划│→│组 织│→│领 导│→│控 制│
└────┘   └────┘   └────┘   └────┘
   ↑_____│
```

图 2-3　管理过程学派

孔茨的文章促成了管理学界的一场大辩论。1962 年,孔茨邀请了一批著名的管理学者和实际工作者,在加利福尼亚大学校园内举行了一次讨论会,孔茨是会议的主席。与会者重温了不同的管理学派思想并就能否综合形成一种一般管理理论展开了激烈的讨论。事实上,这次讨论会反映了管理理论的不一致状况,学者们只能了解那些来自同一专业的人,实际工作者不了解学者,反之亦然。因此,到会议结束之时大家仍未能达成共识。然而,在会上孔茨极力宣扬了管理过程学派,指出它作为一种一般管理理论为走出"丛林"开辟了道路。当代大多数畅销管理教材都沿用管理过程学派体系的这一事实也无可辩驳地证明:管理过程学派是一种适用性强的综合管理理论框架。

2.3.2　系统学派

20 世纪 60 年代中期开始,管理学界兴起了一股在系统框架中研究分析组织的浪潮。系统学派认为系统是由一系列相互关联、相互依存的部分组成的整体。社会是一个系统,汽车、动物、人体等同样也都是系统。在一个组织机构内,人力、作业、管理等相互关联,任何一部分的改变都不可避免地影响其他部分,因此组织如同一个有机体,也是一个系统。

系统有两种类型:封闭式系统和开放式系统。封闭式系统不受环境影响,也不与之发生联系。泰罗关于人和组织的机械观点无疑是一种封闭式系统的理解。相反,开放式系统则与环境发生着动态的相互作用。尽管早在 30 年代巴纳德就提出组织是一个开放式的系统,直到 30 年后这一观点才为人们所广泛接受。

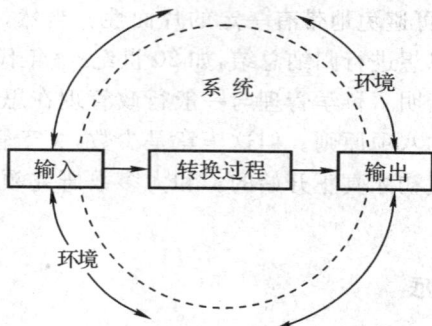

图 2-4　系统学派

组织是一个开放式系统的理解可由图 2-4 表示。对一个企业而言，其输入包括物料、人力、资金、信息等，这些输入通过系统的转换过程被转变为产成品、服务等形式的输出。同时，系统要生存发展，就不能脱离与外部环境的相互联系、相互作用。组织的外部环境包括供应者、工会、金融机构、政府部门、顾客等等。系统的输出及其产成品或服务的销售收入可用来支付工资、税金、红利、购买输入品等。如果该收入不足以满足环境的需要，那么，系统就会萎缩或消亡。

那么，怎样用系统的观点来统一各种不同的管理学派呢？系统学派主张将组织视为由相互依存的因素组成的系统，包括个人、集体、态度、动机、正式结构、相互作用力、目标、地位、权威等等。管理人员的工作就是要确保组织的所有组成部分协调一致，以实现组织目标。例如，运用管理的系统观点就会认识到：无论生产部门效率多高，如果营销部门不去预测消费需求的变化并和生产部门一起创造出顾客的产品或服务，组织的整体运作就会受阻。同样，如果采购部门未能获取所需数量、质量的原料，生产部门就不能有效、顺利生产。

因此，系统学派强调组织内各项活动的相互依存性。

此外，开放式系统学派认为，组织并非孤立的，必须依赖于周围环境。环境向系统输入生存发展之所需，并为系统输出的消化吸收发挥重要作用。任何一个组织如果忽略了政府、供应者或其他相关的外部因素，都不可能长期存在。正如我们下一章所要讨论的那样，管理部门必须了解组织的环境及其形成的制约。

20 世纪 60 年代中期到 70 年代中期，管理学者们热衷于讨论开放式系统框架中的管理概念。然而开放式系统学派并没有将管理理论完全地综合统一起来——主要因为该理论本身难以加以应用。认识到组织的内部活动相互关联以及组织本身与环境的相互联系之后，管理人员又该怎么做呢？由于这一学派概念上的复杂性，管理人员很难在实际操作中加以应用来提高组织的效率。开放式系统学派没有指明影响组织内部活动的主要变量，也未能识别出影响组织运作的环境要素，因此，系统理论尤其是开放式系统理论只是一种概念性学派，其发展还不足以使之成为一种有用的综合理论框架。

2.3.3 权变学派

管理理论走向统一的最新发展方向是权变学派（也称情景学派）。与较为笼统的系统理论相比，权变学派有助于帮助我们明确了解对管理行为和组织运作产生影响的内外部变量。由于能为管理人员提供明确的指导，权变学派得到了极为广泛的应用。

管理和生活本身一样，是不能基于简单片面的原则的。就像喜欢好车的人不一定都喜欢奔驰，诸如年龄、性别、婚姻状况、收入以及对性能重视程度等都是影响偏好的因素。同样，我们不能简单认为小班上课的学生一定比大班上课的学生收获大。事实上，课堂内容、教师教学风格等因素都会影响课堂大小与学习效率的关系。

可见，生活不是由简单的原则组成的。但是在许多管理理论中似乎不论何种情形，原则总是普遍适用的。例如，在许多情形下劳动分工是有意义的，但工作也可能因此变得过于专业化，此时，拓宽而不是缩小工作任务范围反而能够提高雇员的劳动生产率；行政性组织作为一种结构形式，在许多情形下是合乎需要的，但在某些情形下其他结构形式或许更有效；允许员工参与决策有时是一种好的领导方式，但也并非总是如此，某些情形下也需要领导自行决策后再告知下属。

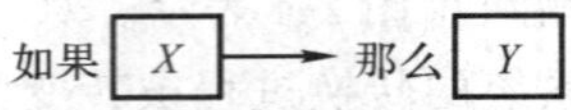

如果 X ⟶ 那么 Y

图 2-5　简单原则

图 2-5 表明了一种简单的原则:"如果 X,那么 Y"。如果要提高劳动生产率,那么实行劳动分工。这类由泰罗、法约尔、梅奥等学者提倡的原则显然并不是适用于所有情形。权变学派试图通过将管理思想与情景相结合来解决这一问题。如图 2-6 所示:"如果 X,那么 Y,但只有在 Z 的情形之时"。在权变理论中,Z 就是情景变量。

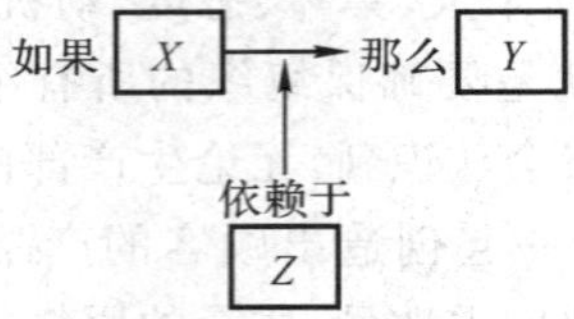

如果 X ⟶ 那么 Y

依赖于

Z

图 2-6　权变学派

权变学派是前述各管理学派的一种综合。学者们认为在任何情形下都是最好的管理方法是不存在的,必须在特定的情景变量条件下考虑何种方案最为有效,应因时因地因人而异。因此说,没有一成不变的、普遍适用的"最好的"管理理论和方法。权变学派寻求出了 100 多种不同的变量。下面介绍几种较为普遍常见的情景变量:①组织规模。组织成员的多少对管理者行为有很大影响,随着规模增大,协调难度也随之上升。适用于 50 人的组织结构类型对于 5 万人的大企业就是无效的。②技术常规性。组织要达到目标,就要采用技术将输入转化为输出。常规技术所要求的组织结构、领导方式、控制系统等就不同于非常规技术。③环境的不确定性。政治、经济、技术、社会等因素变动导致的环境不确定性影响着管理行为方式。在稳定环境中的管理工作很可能不适应多变的环境。④个体差异。个体在进取心、能力、耐力、责任感、主动性等方面的差异对于管理人员选择激励技巧、领导风格和工作设计方面特别重要。

⇨【即问即答 2-3】

为什么说管理理论最后趋向统一?各代表学派的主要观点是什么?如何评价?

2.4　现代管理理论的特点和主要观点

现代管理理论是近代所有管理理论的综合,是一个知识体系,是一个学科群。它的基本目标就是要在不断急剧变化的现代社会面前,建立起一个充满创造活力的自适应系统。要使这一系统能够得到持续高效率、低消耗地输出高功能,不仅要求要有现代化的管理思想和管理组织,而且还要求有现代化的管理方法和手段来构成现代管理科学。

2.4.1　现代管理学的特点

综观管理学各学派,虽各有所长,各有不同,但不难寻求其共性。管理学的共性实质上也就是现代管理学的特点,可概括如下。

1. 强调系统化。这就是运用系统思想和系统分析方法来指导管理的实践活动,解决和处理管理的实际问题。系统化,就要求人们要认识到一个组织就是一个系统,同时也是另一个更大系统中的子系统。所以,应用系统分析的方法,就是从整体角度来认识问题,以防止片面性和受局部的影响。

2. 重视人的因素。由于管理的主要内容是管人,而人又是生活在客观环境中,虽然他们也在一个组织或部门中工作,但是,他们在其思想、行为等诸方面,可能与组织不一致。重视人的因素,就是要注意人的社会性,对人的需要予以研究和探索,在一定的环境条件下,尽最大可能满足人们的需要,以保证组织中全体成员齐心协力地为完成组织目标而自觉作出贡献。

3. 重视"非正式组织"的作用,即注意"非正式组织"在正式组织中的作用。非正式组织是人们以感情为基础而结成的集体,这个集体有约定俗成的信念,人们彼此感情融洽。利用非正式组织,就是在不违背组织原则的前提下,发挥非正式群体在组织中的积极作用,从而有助于组织目标的实现。

4. 广泛地运用先进的管理理论和方法。随着社会的发展,科学技术水平的迅速提高,先进的科学技术和方法在管理中的应用愈来愈显得重要。所以,各级主管人员必须利用现代的科学技术与方法,从而促进管理水平的提高。

5. 加强信息工作。由于普遍强调通讯设备和控制系统在管理中的作用,所以对信息的采集、分析、反馈等的要求愈来愈高,即强调及时和准确。主管人员必须利用现代技术,建立信息系统,以便有效、及时、准确地传递信息和使用信息,促进管理的现代化。

6. 把"效率"和"效果"结合起来。作为一个组织,管理工作不仅仅是追求效率(当然也不是不讲效率),更重要的是要从整个组织的角度来考试组织的整体效果以及对社会的贡献。因此,要把效率和效果有机地结合起来,从而使管理的目的体现在效率和效果之中,也即通常所说的绩效。

7. 重视理论联系实际。管理学在理论上的研究和发展,进行管理实践,并善于把实践归纳总结,找出规律性的东西,所有这些是每个主管人员应尽的责任。现代管理理论来自众多的人的实践,并将不断发展。主管人员要乐于接受新思想、新技术,并运用于自己的管理实践,把诸如质量管理、目标管理、价值分析、项目管理等新成果运用于实践,并在实践中创造出新的方法,形成新的理论,促进管理学的发展。

8. 强调"预见"能力。强调要有很强的"预见"能力来进行管理活动。社会是迅速发展的,客观环境在不断变化,这就要求人们要用科学的方法进行预测,以"一开始就不出差错"为基点,进行前馈控制,从而保证管理活动的顺利进行。

9. 强调不断创新。要积极促变,不断创新。管理就意味着创新,就是在保证"惯性运行"的状态下,不满足于现状,利用一切可能的机会进行变革,从而使组织更加适应社会条件的变化。

10. 强调权力集中。使组织中的权力趋向集中,以便进行有效的管理。由于电子计算机的应用,现代通讯设备的使用,使组织的结构趋向平面化,即减少了层次。由于权力统一集中,使最高主管人员担负的任务更加艰巨。因此,主管人员必须通过有效的集权,把组织管理统一化,以达到统一指挥、统一管理的目的。

2.4.2　现代管理学在实践中应有的几个主要观点

1. 战略观点。要根据组织的特点和组织内外环境的变化,从长远的、全面的、发展的眼光来进行管理。在思想上,要使组织全体成员的想法和组织的长远目标一致起来,调动全体成员的积极性,使每个成员跟上时代,接受新思想、新事物,并将其运用到实际工作中去。在方针上,要把组织活动的重点放在最有利于组织发展,并顺应社会需求的业务活动上。在管理上,要依靠那些优秀的主管人员和出类拔萃的业务专家,应用新技术、新方法,进行科学的管理。在组织上,要根据组织的总体发展,根据具体情况随时变更组织机构,使组织的层次划分、部门划分和职能划分与不断发展的形势相适应。在计划上,要做到使长计划和短安排有机地联系起来,全面地权衡影响组织发展的各种变量,并不断地修改使之更趋完善,以确保组织计划的实现。

2. 市场观点。要明确社会对组织所提供的服务或产品的需求情况。社会的需求情况,对组织活动是至关重要的。一个组织所提供的服务或产品只有为社会所接受,才能保证组织目标的实现;若不能满足社会的需求,即使能提供第一流的服务或优质产品,也是毫无意义的。因为这不仅给社会带来巨大的浪费,同时也会延缓组织目标的实现,甚至是组织的解体。在明确社会需求上,最重要的不是目前的需求情况,而是与经济发展趋势相适应的社会需求及潜在需求情况,这是市场观点的根本所在。

3. 变革观点。随着社会上政治、经济、技术等方面各种因素的变化,对各级主管人员、非主管人员进行相应的调整,对组织的各种业务活动进行相应的调整,对组织的各种业务活动进行相应的修改,对组织的技术、设备进行相应的改造或更新。社会环境是经常变化的,组织的变革也是必然要发生的,这是由客观事物的发展规律所决定的,任何人都阻挡不了。只有立足于变革组织才能保证这种变革是在发展中变,在前进中变。

4. 竞争观点。开展各组织间的竞争。这对组织的服务质量和产品质量的提高有很大的促进作用。通过竞争,可使组织更了解自己的长处和短处,激发组织积极设法提高全体成员政治、文化和技术水平,完善组织中各种薄弱环节,促进他们为社会、为顾客提供自己最优的服务和产品。不竞争,组织就不能生存,就不能发展,就犹如一潭死水。

5. 服务观点。必须以组织所服务的对象为出发点,尽可能地使顾客感到方便、满意。必须认识到组织的最终目标是最大限度地满足人们的在物质文明和精神文明方面的需要。组织若不能满足服务对象的需要,不能为他们提供一流的服务,这也就等于失去组织最有力的支持者,这样的组织也就失去了其存在的价值。

6. 专业化观点。随着社会化大生产的不断发展,必须进行多样化的、专业化的经营活动。这里所说的多样化是指在一个大组织中它的业务活动内容必须多样化;而专业化则是指在一个大组织中的某个部门,其业务活动内容必须专业化。这是因为,由于科学技术的发展及其广泛应用,以及人们文化水平、生活水平的不断提高,对所提供的服务或产品的需求也在不断变化,这时组织如果仍靠单一的服务或产品是远远不能满足这种变化的。它必须不断地扩大自己的业务活动内容,提供多种服务或产品。与此同时,人们对所提供服务或产品的质量要求也越来越高,所以组织的某些部门就必须相对地专业化,以保证质量的稳定性。组织活动的多样化和专业化的统一,对于较大的组织来说,具有不可忽视的意义。

7. 素质观点。现代管理中人的素质是非常重要的。这里所指的素质是广义的素质,是指人们具有知识和能力的总和。一切事情都是人去做的,人的素质的高低与组织发展有直接关系。各级组织都必须重视人在组织中的作用,建立一整套有关用人的制度。有条件的组织应设置专门的用人机构,以保证组织选好人,用好人。

8. 开发观点。要重视各种新成果的研究,开发各种新资源,扩大新领域,运用新方法。研究开发新资源、新领域,对于一个组织来说无疑是很重要的,但要做到这一点,就需要开发人才,有了大量开拓型的主管人员和创新精神的科技人员,就有可能研究出新的成果,运用新的管理方法和技术方法,组织就有可能不断以新的面貌出现。

9. 经营观点。要进行科学的经营,不断提高经营效益。组织的经营活动必须能不断提高其经营效益,要做到这一点,关键在于经营要科学化,要利用各种先进的科学技术和方法,提高经营水平。

10. 风险观点。在科学的基础上,要敢于冒风险,大胆地承担组织的各项新任务,完成新目标。组织活动是针对未来的,而未来则是不肯定的。主管人员在进行管理时,必然要冒风险,不想冒风险的主管人员是搞不好管理的。但这必须是在经过科学分析的条件下,经过审慎地权衡组织内外各种利弊后去冒风险,而不是投机式的冒险,主管人员在该冒风险时不冒风险,或不该冒风险时去冒风险,都会给组织带来不可估量的损失。

⇨【链 接 2-8】

现 代 管 理 思 想 中 对 人 性 观 点 假 设

1. "经济人"的假设

经济人又称作"经济人假设",即假定人思考和行为都是目标理性的,唯一地试图获得的经济好处就是物质性补偿的最大化人的行为动机就是为了满足自己的私利,工作是为了得到经济报酬。这常用作经济学和某些心理学分析的基本假设。泰勒制就是经济人观点的典型代表,"经济人"理论代表早期资本主义企业管理的方式。

2. "社会人"假设

该假设认为在社会上活动的员工不是各自孤立存在的,而是作为某一个群体的一员有所归属的"社会人",是社会存在。人具有社会性的需求,人与人之间的关系和组织的归属感比经济报酬更能激励人的行为。

从"社会人"的假设出发,采取不同于"经济人"假设的管理措施,主要有以下几点:

第一,管理人员不应只注意完成生产任务,而应把注意的重点放在关心人和满足人的需要上。

第二,管理人员不能只注意指挥、监督、计划、控制和组织等,而更应重视职工之间的关系,培养和形成职工的归属感和整体感。

第三,在实际奖励时,提倡集体的奖励制度,而不主张个人奖励制度。

第四,管理人员的职能也应有所改变,他们不应只限于制订计划、组织工序、检验产品,而应在职工与上级之间起联络人的作用。一方面,要倾听职工的意见和了解职工的思想感情,另一方面,要向上级呼吁、反映。

第五,提出"参与管理"的新型管理方式,即让职工和下级不同程度地参加企业决策的研究和讨论。"社会人"的假设认为人与人之间的关系对于激发动机、调动职工积极性是比物质奖励更为重要的。

社会人假设对于我们企业制定奖励制度有一定参考意义。但它过于偏重非正式组织的作用,对正式组织有放松研究的趋向。这是一种依赖性的人性假设,对人的积极主动性及其动机研究还缺乏深度。

▷ 【即问即答 2-4】

说明实践中的管理者怎样从权变方法的应用中受益?

▷ 【本章小结】

通过本章学习,你已经了解到管理思想的发展可追溯到人类集体劳动产生的年代,但系统的管理理论的形成不过百余年的历史。亚当·斯密的劳动分工理论及工业革命促进了管理理论的形成和发展。

● 泰罗的科学管理理论的诞生标志着系统的管理理论的形成。在 20 世纪前半期的多样化时代中,许多管理学者基于不同角度提出了各种管理理论,如泰罗及其追随者亨利·法约尔的科学管理理论,马克斯·韦伯的一般行政管理理论,以梅奥等为代表的行为科学理论以及管理科学理论等。这些理论都为管理学作出了重要的贡献,但难免又都具有一定的局限性。

● 20 世纪 60 年代初,管理理论开始逐步趋向一体化。管理过程学派、系统学派、权变学派等不同学派的结合,发展并形成了较为统一的管理学理论框架。现代管理理论是近代所有管理理论的综合,是一个知识体系,是一个学科群。

▷ 【习　题】

一、简答题

1. 科学管理与当今的管理实践有什么关系? 试说明之。
2. 产业革命是怎样增加了对规范的管理理论的需求?
3. 简述管理实践、管理思想和管理理论三者之间的关系。
4. 试比较泰罗的管理原则与法约尔的管理原则的异同。
5. 试论述泰罗的科学管理四原则对现代企业管理的意义。

二、案例分析

（一）贾厂长的无奈

江南某机械厂是一家拥有职工2000 多人,年产值约 5000 万元的中型企业。厂长贾明虽然年过五十但办事仍风风火火,每天都要处理大大小小事情几十件,从厂里的高层决策、人事安排,到职工的生活起居,可以说无事不包,每天都骑着他那辆破旧的自行车穿梭于厂里厂外。因此厂里的威信很高,大家有事都找他,他也有求必应。贾厂长的生活的确很累。有人劝他少管些职工的鸡毛蒜皮的事。他说:"我作为一厂之长,职工的事就是我自己的事,我怎能坐视不管呢!"为了把这个厂办好,提高厂里的经营效益,改善职工生活,每天从两眼一睁忙到熄灯,没有节假日,妻子患病他没时间照顾,孩子的家长会他也没时间出席,把全部的时间和心血都花在了厂里。正因为贾厂长这种勤勤恳恳、兢兢业业的奉献精神,他多次被市委、市政府评为市先进工作者。

在厂里,贾厂长事必躬亲,大事小事都要过问,能亲自办的事决不交给他人办;可办可不办的事也一定是自己去办;交给下属的一些工作总担心办不好,常插手过问,有时弄得下属不知如何是好,心里憋气。有一次,厂里小王夫妇闹别扭,闹到了贾厂长那里。当时贾厂长正忙着开会,让工会领导去处理一下,工会主席很快就解决了。可贾厂长开完会后又跑来重新了解,结果本已平息的风波又闹起来了。像这样例子在厂里时有发生。

随着市场环境的变化。厂里的生产经营状况每况愈下,成本急剧上升,效益不断下滑,急得贾厂长夜不能寐。不久决定推行成本管理,厉行节约。他自己以身作则,率先垂范。但职工并不认真执行,浪费依旧,考核成了一种毫无意义的形式。贾厂长感叹职工没有长远眼光,却总也拿不出有力的监督措施,就这样,厂里的日子一天天难过。最后在有关部门撮合下,厂里决定与一家外国公司合作,由外方提供一流的先进设备,厂里负责生产。当时这种设备在国际上处于先进水平,国内一流,如果合作成功,厂里不仅可以扭转困境,而且可能使厂里的生产、技术和效益都上一个新台阶,因此大家都对此充满了信心。经多方努力,合作的准备工作已基本就绪,就等双方举行签字仪式。

仪式举行的前一天,厂里一个单身职工生病住院,贾厂长亲自到医院陪他。第二天,几乎一夜未合眼的贾厂长又到工厂查看生产进度,秘书几次提醒他晚上有重要会议,劝他休息一下。但他执意不肯,下午,贾厂长在车间听取职工反映情况时病倒了。晚上,贾厂长带病出席签字仪式,厂里的其他许多领导也参加了,但贾厂长最终没能支撑下去,中途不得不送进医院。外方领导在了解事情的经过后,一方面为贾厂长的敬业精神所感动,也对贾厂长的能力表示怀疑,决定推迟合作事宜。

贾厂长出院后。职工们都对他另眼相看,他在厂里的威信也从此大大下降。对此,贾厂长有满肚的无奈。

问 题

1. 贾厂长是一个好人,但你认为贾厂长是一名优秀的管理者吗?

2. 内陆银行总裁大卫·拜伦一直坚守这样一句格言:一是决不让自己超量工作;二是授权他人后立刻忘掉这回事。你认为这格言对贾厂长有何启示?

3. 你认为一名高层管理者的主要工作是什么?

（二）万 向 崛 起

浙江万向从一间"草根"企业成长为国内汽车零部件行业翘楚,挤进了国际业界的一流游戏圈,这个在全球供应链上稳步攀升的标本企业,为国内诸多制造企业的结构升级指出了一个可资借鉴的方向。2003 年 7 月 9 日,国家统计局发布了按新标准划分的 1588 家全国大型工业企业名单,万向集团公司以 118 亿元的销售收入和 112 亿元的资产总额,跻身 50 强,名列第 45 位。

2002 年 6 月 20 日下午,在上海浦东中欧国际工商学院的讲台上,鲁冠球向数百位来宾展示了几张有关万向和美国舍勒公司合作历程的资料照片,一张是 1984 年舍勒代表给万向第一笔历史性订单时的留影;另一张是 16 年后万向收购舍勒公司交接仪式的镜头。市场命运的沧桑变幻,全都浓缩进了这几张胶片之中。

万向集团始创于 1969 年,三十多年持续、稳定的发展,用鲁冠球的一句话来概括,就是"奋斗十年添个零"。

20 世纪 70 年代,企业日创利润 1 万元,员工的最高年收入为 1 万元;80 年代,企业日创利润 10 万元,员工的最高年收入为 10 万元;90 年代,企业日创利润 100 万元,员工的最高年收入超过了 100 万元;2000 年实现日创利润 1000 万元。

20 世纪 70 年代末 80 年代初,鲁冠球改变了过去多种产品的生产格局,主推万向节。1980 年的某天发生了一件至今仍让万向的老员工津津乐道的事情。那一天,鲁冠球在全厂员工面前将价值 43 万元符合标准的万向节送往废品收购站。这种对产品质量的执著使万向公司赢得了在美国零部件行业排行第三的舍勒公司的青睐。

1984 年 3 月的一天,鲁冠球意外地接到北京中汽总公司的电话。一位叫多伊尔的美国客商,要到万向来考察。多伊尔当时供职于美国舍勒公司亚洲经销处,一向以对产品苛刻著称。但第一次考察万向的当天下午,他就留下 3 万套万向节的订单。鲁冠球后来得知,其实在前几年的广交会上多伊尔就相中了万向的产品,每年必买些回去研究。在多伊尔来万向以前,舍勒早已认准了这个合作伙伴。

1984 年 8 月,万向的第一批 3 万套万向节,风风光光地向美国出发了。这是中国汽车零部件第一次销往美国。与舍勒的合作并不是一帆风顺的。1987 年,舍勒的老板专程赶到万向,提出产品独家代理权。鲁冠球深知此举会控制万向的产品市场,限制发展规模,没有同意。舍勒的老板一气之下与万向断交,把万向推向了一段艰苦的岁月。那时万向外销的主要渠道被舍勒掌握着,车间里、厂房里打着舍勒的标志,堆积着专门为他们生产的产品,大量资金积压。鲁冠球咬着牙自己开拓市场,整整一年,万向终于熬过了最困难的时期,这时舍勒的老板又回来了。他们在其他国家找不到如此价廉物美的产品,只得与万向重新签订合同。舍勒公司还向鲁冠球送了一只鹰雕,以示敬意。

随后的局势发生了根本性变化,万向蒸蒸日上,舍勒则每况愈下。2000 年 4 月,万向终于谈成了对这家 1923 年成立的、世界上万向节专利最多企业的收购。4 月 25 日那天,当年送鹰雕的人来到万向做技术移交,当鲁冠球再一次和他握手的时候,他说,你是胜利者;鲁冠球说,我们再次合作。

面对全球化的冲击,万向采取了资源外部化的策略。在鲁冠球看来,企业的发展,很大程度上取决于对资源的合理利用水平和优化配置的程度。

1994 年,万向钱潮股票在深圳证交所上市,是国内第一家异地上市的民营企业;同年,集团在美国独资组建了万向美国公司,万向以"股权换市场",以"设备换市场",以"让利换市场",以"无形资产收购"等,先后在美国、英国、德国、加拿大等 7 个国家建立了 18 家公司。这些步骤,不但使万向在全球供应链上站稳了脚跟,更推动它步步攀升,一路挤进了业界一流"玩家"的游戏圈。1997 年 8 月,美国通用汽车公司正式与万向签订了供货合同。2001 年 8 月 28 日,万向成功完成对美国纳斯达克上市公司 UAI 的收购,此举将其一举推向汽车零部件供应链的国际化前端。

万向目前的工作主要有两块,一是以万向美国公司为中心的海外基地;二是国内的各个产权公司。万向美国公司一直担负着万向跨国发展的先锋。2002 年新投资实施 DET 等 5 个项目,新增了洛克斯特等多家跨国公司配套供应资格。而在国内,万向新增海南马自达、奇瑞汽车、江西昌飞汽车等 8 家主机厂及零部件合作,成立的电动汽车开发中心,通过收购埃泰克电池工业公司组建了浙江万向动力电池开发公司,推动电池—电机—电控—电动车的一体化的供应链战略进程。

一切似乎都在暗示：万向将向汽车制造发展。身为汽车零部件的老大，鲁冠球并不急于实现自己的汽车梦。他认为，现在抓住国际产业结构的调整，在市场重新分割中找准自己的位置，有多少能力办多少事才是最重要的。"汽车零部件行业"，马上想搞汽车，哪有这么容易？万向最主要的工作是先把自己现在的工作做好，一方面是将国内的生产基地扩大；另一方面是对自身资源的整合。

按照"奋斗十年添个零"的规划，鲁冠球的整车梦我们推测，万向从上游走向下游的链大约还有 10 多年的时间。在汽车产业链上步步为营地从零走向整，同时扩大产业投资范围，谋求跨行业、跨国界的发展是万向的长久之途。

问 题

你认为万向集团崛起的关键因素有哪些？对中国其他企业有何借鉴意义？

三、讨论题

今天的商界与 40 年前比起来如何？今天有什么不同，又有什么相同？

四、实训题

目的

● 帮助你了解不同的管理流派。

● 澄清不同管理流派在不同情况下的恰当性。

指示

● 指导教师会将班级随机分成 4 至 6 人的小组。小组一起活动，每个人提供想法，一个人当任记录。每个小组负责写一页纸备忘，并在全班报告。你的小组备忘的标题可以是"我对当今管理者的建议"。这个练习的有趣部分（创造性部分）是从指导教师分配给你的那个人的角度来写备忘。

● 指导教师可能分配的备忘观点包括：

一个古埃及奴隶主（建大金字塔）

亨利·法约尔

弗雷德里克·泰罗

马克斯·韦伯

一位权变观点理论家

一个日本汽车管理者

2030 年 IBM 的首席执行官

3001 年星舰帝国 II 的指挥官

指导教师分配的其他人物

发挥你的想象力，确保每人都参与，并试图使你所处历史更真实，尽量更具体和现实。记住，提出的建议是关于管理另一个时代的人。

确保你们认真使用 20 分钟，建议的方法是：花 2 到 3 分钟进入状态，然后用 10 至 12 分钟进行头脑风暴，记录员记下主要想法和词句。记录员用剩下的时间写下你们小组的备忘，其他人提供建设性帮助。选择一个发言人在班上读你们的备忘。

第3章

管理决策

>>>   >

■ 决策概述
■ 决策的原则和程序
■ 决策的方法

学习目标

知识目标:了解管理决策的基本内容和基本原理;理解决策的原则、决策的步骤、决策的类型;掌握决策的基本概念。

技能目标:掌握决策基本方法。

能力目标:应用所学的决策技能对组织中的重要事项进行模拟性决策。

导入语

袁先生是三元机电公司的总裁。这是一家生产和销售农业机械的企业。2000年产品销售额为3000万元,2001年达到3400万元,2002年预计销售可达3700万元。每当坐在办公桌前翻看那些数字、报表时,袁先生都会感到踌躇满志。

这天下午又是业务会议时间,袁先生召集了公司在各地的经销负责人,分析目前和今后的销售形势。在会议上,有些经销负责人指出,农业机械产品虽有市场潜力,但消费者的需求趋向已有所改变,公司应针对新的需求,增加新的产品种类,来适应这些消费者的新需求。

身为机械工程师的袁先生,对新产品研制、开发工作非常内行。他听完了各经销负责人的意见之后,心里便很快算了一下,新产品的开发首先要增加研究与开发投资,然后需要花钱改造公司现有的自动化生产线,这两项工作约耗时3—6个月。增加生产品种同时意味着必须储备更多的备用零件,并根据需要对工人进行新技术的培训,投资又进一步增加。

但如果不进行新产品的研制、生产,则不利于现有销售形势的保持,并影响到企业的长期发展。如果决策实行新产品的开发、研制工作,则必须着手实施工作,工作由谁负责,如何开展。袁先生都必须作出决策。

关键词

决策 决策程序 决策分类 决策方法

3.1　决策概述

3.1.1　决策理论的产生及主要内容

20 世纪 30 年代初,美国学者巴纳德和斯特恩等人最早把决策这个概念引入管理理论,巴纳德在其 1938 年出版的代表作《经理的职能》中,提出经理人员的三项职能,其第三项职能包括决策。后来西蒙和马奇等人发展了巴纳德的理论,创立了决策理论,并形成了以他们为首的决策理论学派。决策理论学派是从社会系统学派分离出而来,他们应用了决策理论和方法,把经济学、数学、电子计算机技术和行为科学等用于大型企业和跨国公司管理,取得了良好的效果。西蒙创立的决策理论要点如下:

1. 组织是指一个人类群体当中的信息沟通与相互关系的复杂模式。它向每个成员提供决策所需要的大量信息和决策前提、目标及态度,它还向每个成员提供一些稳定的可以理解的预见,使他们能预料到其他成员将会做哪些事,其他人对自己的言行将会作出什么反应。

2. "管理就是决策",决策贯穿于管理全过程。计划本身是决策,组织和控制也离不开决策,决策贯穿于管理的全部过程。

3. 创立了用"满意原则"代替传统的"最优化原则"的理论。西蒙认为,绝大多数的人类决策,不论是个人的还是组织机构的决策,都是属于寻找和选择合乎要求的措施的过程,这是因为寻找最大化措施的过程比寻找前一个过程要复杂得多。后者首要的条件是存在完全的理性,而现实中的人或组织都只是有限度的理性。

4. 作为管理决策者的经理,其决策制定包括四个主要阶段:(1)情报活动:找出制定决策的理由,即探寻环境,寻求要求决策的条件;(2)设计活动:找出可能的行动方案,即创造、制定和分析采取的行动方案;(3)抉择活动:在各种行动方案中进行抉择;(4)审查活动:对已进行的抉择进行评价。

⇨【链　接 3-1】

赫伯特西蒙是美国管理学家和社会科学家,在管理学、经济学、组织行为学、心理学、政治学、社会学、计算机科学等方面都有较高的造诣。他早年就读于芝加哥大学,于 1943 年获得博士学位。自 1949 年担任美国卡内基—梅隆大学计算机与心理学教授,他由于"对经济组织内的决策程序所进行的开创性研究"而获得 1978 年诺贝尔经济学奖。他的主要著作有《管理行为》、《公共管理》、《人的模型》、《组织》、《经济学和行为科学中的决策理论》、《管理决策的新科学》、《自动化的形成》、《人工的科学》、《人们的解决问题》、《发现的模型》、《思维的模型》等。他在《管理行为》(1976 年第三版副标题《管理性组织决策过程研究》)、《组织》和《管理决策的新科学》等书中对决策过程进行了深入的讨论,形成了系统的决策过程理论。

⇨【即问即答 3-1】

抉择就是决策吗? 为什么?
根据案例链接,讨论决策是追求完美吗? 为什么?

3.1.2　决策的概念

在日常生活和工作之中,无论是个人还是组织,几乎每时每刻都在作出决策。那么什么是决策呢?形象地说,决策就是一个人在分岔路口上选择一条通往目的地的道路,即对某一事件的决定、抉择或拍板。但这并不是现代决策的全部含义,决策是一个过程,并不仅仅包括最终选定的那一步。所谓决策,就是在组织外部环境及内部条件约束下,为实现组织特定目标,从所拟定的若干个备选方案中选出较为满意的方案并付诸实施的管理过程。

从决策的概念中可以看出,决策有以下特征:

1. 决策要求有明确而具体的决策目标。若决策的目标是模糊的,甚至是模棱两可的,则无法以目标为标准评价方案,更无从选择方案。

2. 决策要求以了解和掌握信息为基础。一个合理的决策是以充分了解和掌握各种信息为前提的,千万不要在问题不明、条件不清、要求模糊的状态下,急急忙忙作出选择。要坚决反对"情况不明决心大,心中无数办法多"的错误做法。

3. 决策要求有两个以上的备选方案,以便比较选择。必须有可供选择的方案,否则决策可能就是错误的。人们总结出两条规则:一是在没有不同意见前,不要作出决策;二是如果看来只有一种行事方法,那么这种方法可能就是错误的。

4. 决策要求对控制的方案进行综合分析和评估。每个实现目标的可行方案,都会对目标的实现发挥某种积极作用和影响,也会产生消极作用和影响。必须对每个可行方案进行可行性研究。可行性研究是决策的重要环节。决策方案不但必须在技术上可行,而且应当考虑社会、政治、道德等各方面的因素,还要使决策结果的副作用缩小到可以允许的范围。

5. 决策追求的是"满意"标准。人们做任何事情,都不可能做到完美无缺。对于决策者而言,同样不能以最理想方案作为目标,而只能以足够好地达到组织目标的方案作为准则,即在若干备选方案中选择一个合理的方案。合理方案只能在决策时能够提出来的若干可行方案中,进行比较和优选。而决策的可行方案,是在人们现有的认识能力制约下提出来的。由于组织水平以及对决策人员能力训练方式的不同,加上人们对客观事物的认识是一个不断深化的过程,所以,对于任何目标,都很难提出全部的可行方案。决策者只能得到一个适宜或满意的方案,而不可能得到最优方案。

⤷【实 例 3-1】

西南航空公司(Southwest Airlines)采取了几项措施。第一,将公司飞机机舱全部的壁橱去掉,他这样做不是为了增加更多的座位,而是为了缩短乘客上下飞机时间。由于西南航空公司的所有飞机都实行不对号入座,所以第一个登机的乘客会直接到全部的壁橱放好行李并坐下。而飞机着落时,下飞机的乘客不得不等着前排乘客在壁橱里翻找自己的行李。其他的措施还有:不提供餐点,不预定座位和不设头等舱座位,不采用计算机化订票系统,不在航班间转运行李,飞机标准化(波音 737),以及可重复使用的登机牌。这些都是"1000 项简化设计小决策"内容中的一小部分。这些决策使得西南航空公司发展成为美国第八大航空公司,顾客喜欢它的低票价和准时,该公司将近 85% 的航班每 15 分钟或不到 15 分钟就有一班,而其他主要的航空公司平均每隔上1 个小时才有一班;西南航空公司每个有效座位里程的成本为 6.5 美分,远远优于美国航空公司和联合航空公司,它们的成本分别为 9 美分和 15 美分。

↪ **【即问即答 3-1】**

　　决择就是决策吗? 为什么?

　　根据案例链接,讨论决策是追求完美吗? 为什么?

3.1.3　决策在管理中的地位

　　西蒙在谈到决策在管理中的地位和作用时指出:"决策是管理的心脏;管理是由一系列的决策组成的;管理就是决策。"由此可以看出,决策在管理中是非常重要的。决策在管理中的地位和作用表现在:

　　1. 决策是管理的基础。决策是从各个抉择方案中选择一个方案作为未来行为的指南。而在决策以前,只是对计划工作进行了研究和分析,没有决策就没有合乎理性的行动,因而决策是计划工作的核心。而计划工作的特点之一是计划工作的主导性,它是进行组织工作、人员配备、指导与领导、控制工作等的基础。因此,从这种意义上说,决策是管理的基础。

　　2. 决策是实施各项管理职能的保证。决策贯穿于各个管理职能之中,在组织管理过程中,每个管理职能都要发挥作用是离不开决策的。无论是计划、组织职能还是领导和控制职能,其实现过程都是需要作出决策的。没有正确的决策,管理的各项职能就难以充分发挥作用。

　　3. 决策是决定组织管理工作成败的关键。一个组织管理工作成效的大小,首选取决于决策的正确与否。决策正确,可以提高组织的管理效率和经济效益,使组织兴旺发达;决策失误,则一切都会徒劳,甚至给组织带来灾难性的损失。因此,对每个决策者来说,不是是否需要作出决策的问题,而是如何决策得更好、更合理、更有效率,这是关系到组织管理工作好坏的关键。

　　4. 决策是各级、各类主管人员的首要工作。决策不仅仅是"上层主管人员的事"。上至国家的高级领导者,下到基层的班组长,均要作出决策,只是决策的重要程度和影响的范围不同而已。在实际管理工作中,决策作为主管人员的首要工作已得到普遍验证。

　　决策是行为的选择,行为是决策的执行,正确的行为来源于正确的决策。对于每个主管人员来说,不是有无必要作出决策的问题,而是如何作出更好、更合理、更有效的决策的问题。不同管理层次上的决策,其影响不同。因而,改进管理决策、提高决策水平,应当成为各级主管人员经常注意的重要问题之一。

3.1.4　决策类型

　　决策所要解决的问题是多方面的,为了进行正确的决策,必须对决策进行科学分类。根据不同的标准,我们可以把决策分为不同的类型。

3.1.4.1　按决策层次范围与性质的不同,可分为战略决策、管理决策和业务决策

　　1. 战略决策。这是对事关组织未来生存与发展的全局性、长期性、决定性的大政方针方面的决策。它的特点主要表现为:关系组织全局;实施时间较长,对组织起比较长远的指导作用;风险性较大,常常依赖于决策者的直觉、经验和判断力。战略决策对组织而言是对

重大问题的决策。如经营目标、经营方针、新产品开发、投资等的决策。对于战略决策要求决策者抓住问题的关键,而不是注重细枝末节的面面俱到。

【实例 3-2】

　　1990 年万科和金田两家公司的股票几乎同时在深圳交易所上市,股票代码分别为 0002 和 0003。当时这两家公司都是主营房地产,同样走的是贸易多元化的战略,同样在上市头两年取得了飞速的发展,1992 年万科和金田的利润总额分别为 77639 和 77358。然而,到了 2000 年万科已经发展成为中国房地产业的一面旗帜,实现净利润 30123 万元。而金田继 1998、1999 年两年亏损后,2000 年继续亏损,亏损额达 60527 万元。两家企业呈现出极大的反差,与他们实施不同的经营战略有直接的关系。

　　1993 年万科从 B 股上筹集了资金,之后就开展跨地区、跨行业经营,地产项目遍及全国,涉足商贸、工业、地产等行业。金田在 1993 年的时候从原有的 28 个子公司的基础上增加到 33 个子公司,横跨房地产、纺织、磁盘生产、汽车出租等行业。

　　但是从 1994 年开始,两家企业的战略思想出现了分化。由于从 1993 年国家开始进行宏观调控,实行银根紧缩,控制信贷规模抑制经济过热的政策。原来能轻易取得高额利润的房地产受到了剧烈的冲击。为了应对这种情况,金田和万科采取不同的战略:金田继续"朝着多元化、集团化、现代化的跨国公司迈进",希望用多元化分散经营风险。在这种思想的指导下,金田在各条战线上疲于奔波,子公司不断增加,然而子公司的利润却不断下降,甚至出现亏损。

　　与此相反,万科本着"本集团以房地产为核心业务,重点发展城市居民住宅……对发展潜力较小的工业项目将重组或转让,以集中资源的专业化经营战略",业务重心从原来的 12 个城市向北京、深圳、上海和天津集中。结果万科的业绩和主营房地产业务不断发展。

　　2. 管理决策。又叫战术决策或策略决策,它是对组织中人、财、物等有限资源进行调动或改变其结构的决策,是为了实现战略决策而作出的带有局部性的具体决策。它直接关系着为实现战略决策所需要的资源的合理组织和利用。如营销计划与营销策略组合、产品开发方案、组织机构调整等。

　　3. 业务决策。又称日常管理决策,它是组织为了解决日常生产和业务活动中,旨在提高工作效率而作出的决策。具有琐细性、短期性和日常性等特点。它往往是与作业控制结合起来进行。

【即问即答 3-2】

　　战略决策一定是由高层领导作出,而业务决策由基层领导作出的吗?
　　结合案例,你认为战略如何影响企业命运?

3.1.4.2　按决策活动表现的形式不同,可分为程序化决策与非程序化决策

　　如果你是一位餐厅经理,你的一位服务员将饮料撒到一位顾客的衣服上,而你面对的又是一位恼火的顾客。由于类似情况经常发生,你可能会有一些处理此类问题的标准程序。比如,如果是这位服务员的错,而且衣服脏的厉害,或者是顾客要求赔偿,那么你就要从餐厅的开支中拿出一笔开销来让人洗净衣服。这就是程序化决策。

　　程序化决策又称常规决策,是指具有一定程序、模式及标准的例行决策。如企业中财务和统计报表的定期编制与分析,这类决策可以规定出一定的程序,建立决策模式,按规定的程序、方法和标准进行处理。饮料溅到顾客的衣服上了,并不需要餐厅经理确定决策标准及其权重,也不需要列出一系列可能的解决方案,经理只需要求助于一个系统化的程序、规则或政策就可以了。随着电子计算机技术的发展,越来越多的此类决策由计算机进行了处理,使决策者节约了时间和精力。

　　非程序化决策是不经常出现的偶然性决策,没有既定的程序及模式为依据。这类决策由于缺乏准确可靠的统计数据和资料,在很大程度上依赖于决策者的知识、经验、洞察力和创造性思维。比如新产品的营销战略制定便是非程序化决策的一个例子。一般来说,高层管理者所作的决策多属于此类决策,如企业经营方针、组织的变革、开发新产品新技术引进等。由于要求决策具有很大的主观性,决策风险也较大,因此非程序化决策对管理者,特别是高层管理者提出了更高的素质要求。许多组织一方面积极组织管理者进行素质教育,提高决策者的非程序化决策的能力,另一方面尽量积累各方面的经验,使非程序化决策向程序化决策方向转化。

⇨【链接 3-2】

　　德鲁克语录:

　　有效的决策人,首先要辨明问题的性质:这是一再发生的经常性问题呢? 还是偶然的例外?

　　The first question the effective decision-maker asks is:"Is this a generic situation or an exception?"

3.1.4.3　按决策所面临的条件不同,可分为确定性决策、风险决策与不确定性决策

　　确定性决策是指各种可选的方案和条件都是已知的和肯定的,而且各种方案未来的预期结果也是非常明确的。在这种情形下,决策只要比较各个不同方案的结果,就可以作出选择。解决这类决策问题,一般可利用一些定量方法进行决策。如线性规划、动态规划、经济批量模型、盈亏平衡点分析等方法。

　　风险型决策是指各种备选方案都存在着两种以上的自然状态,决策者不能知道哪些自然状态会发生,但可以测定每种自然状态发生的概率。对于这种决策,由于决策者无法肯定未来的情况,无论选择哪种方案都有一定的风险,这也是组织经常碰到的决策问题。对于此类决策问题,通常根据期望值对各备选方案的优劣性进行评价,一般可以利用决策树、决策表(概率矩阵)等方法来解决。

　　不确定性决策是指各种备选方案都存在着两种以上的自然状态,决策者不能知道哪些自然状态会发生,而且也不能测定各种自然状态发生的概率。对于此类决策,由于存在许多不可控的因素,不能肯定每种方案的执行结果,决策者主要凭自己的经验、感觉和估计作出决策。在组织中大多数的重要决策和战略性决策都属于此类决策。

⇨【即问即答 3-3】

　　判断以下案例适用哪一类决策?

　　案例 1:你是一所滑雪胜地的经营者。你正考虑是否在现有设施的基础上增加一

辆缆车。你的收入取决于未来的降雪量,但是你手上有比较可靠的有关这一带降雪量的历史数据。当你做购买缆车的决策时,属于哪一类决策?

案例2:如果你是一家银行的营销经理,你打算在本地推出一种新的信用卡,但是你也注意到你的竞争对手也要在本地推出新的信用卡,并已经准备了三种竞争性行动。这时,你将要作出的信用卡推广决策属于哪一类决策?

3.1.4.4　按决策的起始点分不同,可分为初始决策和追踪决策

初始决策是指以对组织内外环境认识的基础上,从事某种活动或从事该种活动的方案所进行的初次选择。

追踪决策是指由于环境的变化或组织对环境认识发生了变化,在初始决策的基础上,对组织活动方向、内容或方式的重新调整。组织中大部分决策都属于追踪决策。与初始决策相比,追踪决策有如下特征:第一,回溯分析。回溯分析回应就是对初始决策的形成机制与环境条件进行客观分析,列出须改变决策的原因,以便有针对性地采取调整措施。第二,非零起点。追踪决策所面临的条件与对象都不是处于初始状态,而是随着初始决策的实施收到了某种程度的改造、干扰和影响。第三,双重优化。追踪决策不仅要优于初始决策,而且要在能够改善初始决策实施效果的各种可行方案中,选择最优或最满意的决策方案。

3.1.4.5　按决策目标的不同,可分为单目标决策与多目标决策

单目标决策是指只用一个目标来评价和选择方案的决策。由于组织所要求达到的目标只有一个,因此对决策方案的选择的依据也只有一个。

多目标决策是指同时用两个以上的目标来评价和选择方案的决策。由于组织所要求达到的是一系列相互联系的多目标,因此在进行决策时,必须进行统筹考虑组织的各项要求。多目标决策有两个特点:一是所作出决策不是一个,而是一组;二是这一组决策不仅是相关的,而且前一项决策会直接影响后一决策的作出。

此外,还有一些其他的分类,如按决策时间的不同,可分为长期决策、中期决策和短期决策;按决策主体的不同,可分为组织决策和个人决策;按决策的依据不同,可分为经验决策和科学决策等。

3.2　决策的原则和程序

决策应当是经过优选的符合客观规律的过程,在进行决策时必须遵守一定的基本原则,以保证其科学性。此外,决策的制定与实施不是一个主观随意的行为,必须按一定的科学步骤来运行。

3.2.1　决策的基本原则

1. 系统原则。应用系统理论进行决策,是现代科学决策必须遵守的首要原则。决策过程是一个由许多相互制约、相互联系的要素所构成的有机整体。按照系统原则的要求制定决策,首先,应贯彻"整体大于部分之和"的原理,坚持整体思想,统筹兼顾,全面安排,各要素和单个目标的发展要以整体目标最优化为准则;其次,强调系统内外各层次、各要素、各项目之间的相互关系要协调、平衡、配套,达到系统完整、构成最大的综合能力;最后,要建立反馈系统,实现决策实施运行过程中的动态平衡。

2. 信息原则。信息是决策的基础。在现代决策中，只有掌握大量的信息，才能系统地对信息进行归纳、比较、选择，提炼对决策有用的信息。信息工作的质量越高，越真实可靠，收集的信息越充分完整，决策基础就越坚实，其科学化程度就越高。组织要加强对决策的信息源、信息渠道、信息加工处理等方面的管理。组织应有较广泛的信息源，防止信息渠道的迂回、阻塞；尤其对信息的加工和分析，要保证其准确、完整、及时，使之成为决策的依据。

3. 可行性原则。决策能否成功，取决于主客观等方面的成熟度，科学决策不仅要考虑市场的组织发展的需要，还要考虑到组织外部环境和内部条件各方面是否有决策实施的可行性。决策目的是为了实施，如果作出的决策不能付之于实施，就不能达到预期的目标。这样的决策就毫无意义。因此，应在反复分析与平衡企业内外部环境的基础上，制定合理可行的方案，保证决策的可行性。

4. 满意原则。由于决策者不可能掌握很充分的信息和作出十分准确的预测，对未来情况也不能完全肯定的，因此，决策者不可能作出"最优化"的决策，而只能作出认为"满意"的选择。它包括以下内容：

(1)决策目标追求的不是使组织及其期望值达到理想的完善，而是使它们能够得到切实的改善，实力得到增强。

(2)备选决策方案不是越多越好，越复杂越好，而是要达到能够满足分析对比和实现目标的要求，能够较充分抓住外部环境提供的机会，并能较好地利用内部资源。

(3)决策方案选择不是避免一切风险，而是对可实现决策目标方案进行权衡，做到"两利相权取其大"、"两弊相权取其小"。

5. 反馈原则。这实际上是为了保证决策的科学性。由于环境和市场的不断变化，要求原来制定的决策随之作出相应的调整。在决策付诸实施的过程中，决策者应密切关注主客观条件的发展变化，重视信息反馈，并据此不断地作出调整，不断提高决策的质量。

3.2.2   决策的步骤与程序

决策是一个动态的过程，它是由一系列前后相互关联又相互独立的步骤组成，一般来说，决策过程通常可划分为如下几个步骤(如图 3-2)。

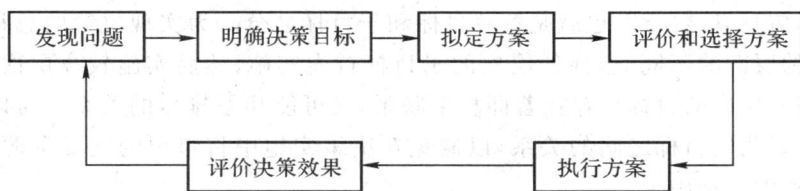

图 3-2   决策过程图

3.2.2.1   发现问题

所有决策工作都是从发现问题开始的。所谓问题，是应有状况与实际状况之间的差距，没有问题，就不需要决策，问题不清，也就无法作出正确的决策。比如，企业的一辆公用车坏了，假设修车并不经济，并且公司总部要求工厂经理买新车而不是租车，所以我们就面临了一个问题：公司需要有一辆车和现有的车不能使用这一事实间存在的差异。所以，决策必须是在发现问题并对问题有准确认识的基础上进行的。但是由于客观事物的复杂性和人的主观认识的局限性,判断问题并不容易。并不是所有的问题都像上面的例子那么明显,事实上绝大部分的问题都是不明显的,当我们发现销售额下降了5%时,通常会思考:这是一个问题吗? 或者这只是另外一个问题的征兆,比如是产品过时或者是广告预算不足? 不同的人对同一个问题的判断也会截然不同,一个经理看来是"问题",而另一个经理却可能认为是"事情的满意状态"。因此,决策者应深入实际,仔细研究,及时掌握组织运行中的各项信息,并力求全面、动态、系统、准确、有效,并对其中出现的异常现象进行深入的研究和分析,找出症结所在,并以此作为决策的出发点。此外,当环境产生显著的变化时,组织内往往会出现一些新的问题,也容易产生某种问题需要决策者作出决策,加以解决。在此基础上,将事物应有现象与实际情况做对比,或将理想状态与现实状态做对比,找出差距,发现问题,以便及时决策。如下式所示:

决策问题(差距)＝理想状态－现实状态

发现差距之后,决策就应进一步查找原因,对问题进行系统地分析,确定问题的内涵和界限,界定问题的性质和特征、深度和广度、严重程度与其他问题的关联程度,抓住问题的要害,以便寻求解决问题的方法。

3.2.2.2　确定目标

发现组织内存在的问题之后,是否要采取决策行动及采取何种行动,就取决于决策目标的确定。比如,在买车的例子中,购车者必须评价什么因素是与决策相关的。这些标准可能是价格,型号,体积,制造厂家,备选装置等,并在确定标准的基础上,适当的考虑它们的优先权,这个过程就是决策目标的确定。决策目标既是决策方案评价和选择中依据的标准,又是衡量决策行动是否取得预期结果的尺度,因此决策目标的确定是十分重要的,对决策目标的确定应慎之又慎。在进行决策目标设计时,应注意以下几点:

1.决策应具有明确性。一般来说,越是近期的目标,越要具体明确,并尽可能数量化,以便于衡量决策的实施效果。对于目标的明确性,要注意两点:第一,目标必须是单义的,即目标只能有一种解释。第二,目标必须可能衡量,可以规定出一个要求达到的数量界限;对于定性的指标,也要尽可能使之量化,或者转化为相关的数量指标来反映它的要求。

2.决策目标应具有系统性。也就是要处理好决策目标的层次及结构关系。从纵向来看,决策目标应具有层次性,也就是有总目标和子目标之分。为实现决策的总目标,决策者要按照目标的层次的不同,选择低层次的子目标首先实施,然后实施较高层次的目标。从横向来看,同一层次的目标也存在着即相系联系,又可能相系排斥的关系。所以,在设计决策目标时,还要明确目标之间的关系,以避免在决策实施中将组织的主要资源和精力投放到非主要目标的活动中去。

3.决策目标既要有先进性,又要具有合理性。决策目标,应该是经过努力可以实现的目标,也就是它有现实可行性,目标不能过高,过高实现不了,不是合理的目标;过低,无需经过奋斗就能实现,则不具有先进性。

⇨【链接 3-3】

制定目标的 SMART 原则:

具体——specific

可测量——measurable

可实现——attainable

相关——relevant

时效——time-based

⇨【即问即答 3-3】

决策目标的设置应注意哪几点？高目标一定是好的决策吗？

3.2.2.3　拟定方案

在研究了现状,取得了相关信息资料和确定决策目标之后,就要制定为实现决策目标可供选择的各种行动方案,即可行方案。这是决策的基础工作。在拟定方案时,仅列出能成功解决问题的可行方案即可,无需对评价方案。

在拟定可行方案时,应注意以下几点：

1.方案的多样性和可行性。多样性是指必须拟定两个以上的方案供备选。由于决策条件的复杂性和多样性,要将所有的可行方案都设计出来是不可能的,但我们应在许多的范围内,设计出较多的备选方案来。可行性是指所拟定的方案都必须是切实可行的。

2.方案应具有互斥性。不同方案应处于并列关系,不可相互替代,也不能相互包容,也不能相互补充。方案互斥的目的在于：有比较选择的价值和可能。如果各方案的内容具有包容性,或互补性,也就失去了选择的意义。但是,在坚持互斥性的同时,各备选方案之间又应当是可以比较的,如果没有了可比性,同样会带来选择的不便。

3.方案要有创造性。在制定方案时,应有创新性,尽可能设想出一些新颖的决策方案。创新方案的提出是不容易的,这需要决策者有丰富的经验、广博的知识、敏锐的洞察力和敢于创新的精神,能够对问题进行全方位的思考,并掌握一定的现代决策方法和技术。在这一过程中,决策者必须开拓思维充分发挥想象力,运用各种创造性的思维方法。

3.2.2.4　评价和选择方案

拟定可行方案是决策的基础,而评价和选择方案是决策的关键。在这一过程中,我们应努力解决好两个根本问题：一是确定合理的评价标准；二是确定科学的选优方法。

1.确定合理的评价标准。对于目标可以计量的方案,如产量,利润等,数量化本身就是它的评价标准。对于目标无法计量的方案,不能用数量来比较,则通常可用下列标准加以衡量：一是价值标准,即以方案对实现目标作用效果大小来评价方案的好坏。这里所指的价值,不仅包括决策方案所带来的以货币计量的价值,还包括决策方案的社会意义。二是满意标准。在理论上,选择方案应是选择最优的,即投入最少而收益最大的方案。而在实际上,最优往往是一种理想的状态。由于现实条件的限制,只有"满意"方案。三是期望值标准,对于风险型决策,即一个方案可以产生几种可能结果的情况,可以通过计算期望值的大小来选择方案,期望值大则优。四是时效标准,决策者要不失时机地进行决策,如果一味追求决策百分之百的成功而坐失良机,并不是优秀的决策者。以上四种标准,在现实中就根据实际情况灵活运用。

2.确定科学的选优方法。评价方案要从系统观点出发,从全局性、整体利益出发,既要考虑组织的直接利益,又要考虑长远利益和社会、消费者的利益,同时还要注意方案之间的具体差异。方案评选的科学方法通常有三种：一是经验判断法。它是依靠决策者的知识、经验、智慧探索决策因素的规律性,通过直觉来选择方案的方法。二是数学分析法。它是由专家学者借助数学模型进行科学计算后进行方案选择的一种方案。如:盈亏平衡点分析法、线性规划法等。三是试验法。当决策的问题关系重大,但缺乏经验而又无法采用数学模型进行分析时,可先选少数几个典型方案为试点,吸取经验后,再作为最后决策的依据。

3.2.2.5　执行方案

选出方案后,决策过程并没有结束,决策者还必须使方案付诸实施,这就是执行方案。一个合格的决策者,必须具备两种能力:既要能作出决策,又要有能力化决策方案为有效的行动。为保证方案的实施,应做好以下工作:一是做好方案实施的宣传教育工作,使每个员工都了解决策的目标和具体要求,明确自己的任务。二是制定符合实际的实施计划。包括认真拟定实施决策方案的具体步骤;制定相应的实施措施与方法;编制实施行动的程序和日程表等。三是建立适当的组织机构。要使组织机构的设置和职责分配适应实施决策方案的需要,同时要把实施方案所需要的人力、物力、财力都动员和组织起来,使各个要素能够充分发挥作用,并形成整体功能。四是建立信息反馈和控制系统。要通过信息反馈系统及时获取决策实施过程的信息,把实际执行的效果和预期目标进行比较,一旦发现差异,要及时进行有效控制,保证决策目标的实现。

3.2.2.6　评价决策效果

决策的最后一个程序是对决策执行的效果进行评价,以确认方案实施后是否真正解决了问题。如果方案实施后不能达到预期效果,问题依然存在,管理者就要从决策本身进行仔细的分析,研究哪个环节出了漏洞,是否没有正确认识问题? 是否对方案评价不正确? 是否是方案实施不当? 将使管理者追溯到以前制定决策的步骤。如果问题严重,甚至可能需要重新开始整个决策过程或进行追踪决策。

☞【即问即答 3-4】

决策实施的基本过程是什么?

3.3　决策的方法

决策的方法有三大类:定量决策方法和定性决策方法及两者相结合三大类。没有一种方法是万能的,问题在于如何根据具体决策问题的性质和特点灵活运用。

3.3.1　定性决策

定性决策方法就是指通过各种有效的组织形式、方法、步骤和环境气氛,充分依靠决策者的知识、经验、能力,来探索所决策事物的规律性,从而作出科学、合理的决策,通常也称之为主观决策法。

由于组织所面临的环境复杂,对所涉及问题纷繁复杂,很难找出特有的规律。同时,市场经济的发展,科学技术的日新月异,使组织在决策时的不确定因素大大增加,这些都使很多决策问题难以借助于定量的方法加以解决。另外目前多数组织的管理水平较低,人员的素质和设备条件还比较落后,系统决策与控制的普及还有待于进一步的提高。因此定性决策在组织决策中占十分重要的地位,现将主要的几种定性决策方法作一简单的介绍。

3.3.1.1　经验判断决策法

经验判断决策法,又称为经理(领导)人员决策法。它是指组织领导层凭借自己的知识、经验和才智,对决策目标和备选方案作出评价、判断和优选的一种决策方法。这种决策方法有利于集中高层管理者的智慧和经验,利用他们在知识素质、实践经验、判断能力等方面的优势,相互启发,比较评议,抓住实际,作出决策。目前,经验判断决策法是组织较为常用的一种决策方法。

经验决策法的组织形式主要有:

1.全过程法。即组织的负责人或领导班子成员自始至终参与决策的全过程,包括根据组织面临的问题提出决策目标和备选方案,并通过召开领导班子会议,集体进行评价、判断、选择,最后由主要负责人作出决策。

2.自下而上法。决策过程中,先由组织内部各职能部门提出具体的决策目标和备选方案,再上交到领导层,由领导层在此基础上进行评价和优选,并作出决策。

3.上下结合法。在决策过程中,先由领导层根据组织内情况提出决策目标,再下发给组织各部门,由各部门根据决策目标,并结合本部门的特点,制定出各种备选方案,最后再由领导层进行评价与选优,作出决策。这种方法又称为"自上而下—自下而上"决策法或"U"型决策法等。

由于经验判断法主要是组织的领导层参与决策,因而有如下优点:第一,便于抓住时机,果断决策,灵活性强。第二,由于参与决策的人普遍拥有较高的素质和丰富的决策经验,成功的概率相对较大。这种方法的缺点是主观性和片面性,容易受到领导者个人素质和能力的影响。

3.3.1.2　专家论证决策法

专家论证决策法,是指组织通过不同的形式,组织有关专家针对决策问题提出的决策目标和备选方案,进行可行性讨论,然后根据专家的意见作出决策的方法。这种方法能够利用专家的专长,对组织所面临的一些关系重大、影响因素众多以及需要进行严密的论证、发挥创造性思维的决策问题,作出正确评价和判断,以提高企业决策的科学性。目前常用的专家论证决策方法主要有:

1.头脑风暴法。头脑风暴法又称智力激励法,是由美国创造学家 A. F. 奥斯本于 1939 年首次提出、1953 年正式发表的一种激发创造性思维的方法。

头脑风暴法的主要操作程序为:

(1)准备阶段。CI 策划与设计的负责人应事先对所议问题进行一定的研究,弄清问题的实质,找到问题的关键,设定解决问题所要达到的目标。同时选定参加会议人员,一般以 5~10 人为宜,不宜太多。然后将会议的时间、地点,所要解决的问题,可供参考的资料和设想、需要达到的目标等事宜一并提前通知与会人员,让大家做好充分的准备。

(2)热身阶段。这个阶段的目的是创造一种自由、宽松、祥和的氛围,使大家得以放松,进入一种无拘无束的状态。主持人宣布开会后,先说明会议的规则,然后随便谈点有趣的话题或问题,让大家的思维处于轻松和活跃的境界。如果所提问题与会议主题有某种联系,人们便会轻松自如地进入会议议题,效果自然更好。

(3)明确问题。主持人扼要地介绍有待解决的问题。介绍时须简洁、明确,不可过分周全,否则,过多的信息会限制人的思维,干扰思维创新的想象力。

(4)重新表述问题。经过一段讨论后,大家对问题已经有了较深程度的理解。这时,为了使大家对问题的表述能够具有新角度、新思维,主持人或书记员要记录大家的发言,并对发言记录进行整理。通过记录的整理和归纳,找出富有创意的见解,以及具有启发性的表述,供下一步畅谈时参考。

(5)畅谈阶段。畅谈是头脑风暴法的创意阶段。为了使大家能够畅所欲言,需要制订的规则是:第一,不要私下交谈,以免分散注意力。第二,不妨碍他人发言,不去评论他人发言,每人只谈自己的想法。第三,发表见解时要简单明了,一次发言只谈一种见解。主持人首先要向大家宣布这些规则,随后引导大家自由发言,自由想象,自由发挥,使彼此相互启发,相互补充,真正做到知无不言,言无不尽,畅所欲言,然后将会议发言记录进行整理。

(6)筛选阶段。会议结束后的一二天内,主持人应向与会者了解大家会后的新想法和新思路,以此补充会议记录。然后将大家的想法整理成若干方案,再根据CI设计的一般标准,诸如可识别性、创新性、可实施性等标准进行筛选。经过多次反复比较和优中择优,最后确定1~3个最佳方案。这些最佳方案往往是多种创意的优势组合,是大家集体智慧综合作用的结果。

2. 歌顿法。这是美国学者歌顿在1961年创造的专家会议讨论法。它是针对与会者的心理活动、社会关系及决策问题的保密性而出现的。主持会议者不明讲会议的主题,而是围绕主题提出一些相关问题,或采用类比的方式,暂时隐蔽主要决策问题。例如要决策整顿老产品、设计与发展新产品问题,而考虑到若此项上马,组织人事变更可能牵扯与会者的利益,便拿出市场发展趋势问题、材料性能等问题进行讨论,最后再转向主题。这种先从其他方面谈起,最后转回讨论决策问题本身的方法,可使与会者不受限制地发挥意见和独立思考。这种方法也称为"提喻法"、"综摄法"等。

3. 德尔菲法。德尔菲法是20世纪60年代初美国兰德公司的专家们为避免集体讨论存在的屈从于权威或盲目服从多数的缺陷提出的一种定性预测方法。为消除成员间相互影响,参加的专家可以互不了解,它运用匿名方式反复多次征询专家意见和进行背靠背的交流,以充分发挥专家们的智慧、知识和经验,最后汇总得出一个能比较反映群体意志的预测结果。

德尔菲法的一般工作程序如下:(1)确定调查目的,拟订调查提纲。首先必须确定目标,拟订出要求专家回答问题的详细提纲,并同时向专家提供有关背景材料,包括预测目的、期限、调查表填写方法及其他希望要求等说明。(2)选择一批熟悉本问题的专家,一般为20人左右,包括理论和实践等各方面专家。(3)以通信方式向各位选定专家发出调查表,征询意见。(4)对返回的意见进行归纳综合、定量统计分析后再寄给有关专家,如此往复,经过三、四轮意见比较集中后进行数据处理与综合得出结果。每一轮时间约7~10天,总共约一个月左右即可得到大致结果。时间过短因专家很忙难于反馈,时间过长则外界干扰因素增多,影响结果的客观性。

这种方法的优点主要是简便易行,具有一定的科学性和实用性,可以避免会议讨论时产生的害怕权威随声附和,或固执己见,或因碍于情面不愿与他人意见冲突等弊病;同时也可使大家发表的意见较快收敛,参加者也易接受结论,具有一定程度综合意见的客观性。但缺点是由于专家一般的时间紧,回答总是往往比较草率,同时由于预测主要依靠专家,因此归根到底仍属专家们的集体主观判断。此外,在选择合适的专家方面也较困难,征询意见的时间较长,对于需要快速判断的预测难以使用等。尽管如此,本方法因简便可靠,仍不失为一种人们常用的定性预测方法。

3.3.2　定量决策

定量决策方法是建立在数学模型基础上的决策方法,它是根据决策目标,把决策问题的变量因素以及变量因素与决策目标之间的关系,用数学模型表达出来,并通过数学模型的求解来确定决策方案。根据决策所面临的条件不同,我们可将决策分为确定性决策、风险性决策和不确定性决策三种。下面我们分别介绍每种决策常用的定量分析方法。

3.3.2.1　确定性决策

确定性决策就是指每个行动只产生一个确定性结果的决策。因此可以用定量分析得出其最优方案。确定性决策方法很多,如线性规划、目标规划方法等。在这里,我们仅介绍最简单、常见的一般方法。

1.盈亏平衡点分析法。众所周知,现代企业的目标就是为了追求利润的最大化。因此在确定的条件下,利润为零点是行动是否可行的一个分界点。这点我们通常也称为保本点。

我们将企业的成本分为固定成本与变动成本两部分,其中固定成本是指成本总额在一定时期和一定业务量范围内,不受业务量增减变动影响而能保持不变的成本。它们通常是由一些不易调整,使用期限较长的生产要素引起的费用,如办公费、折旧费,一般管理人员工资等。

与固定成本相反,变动成本是指成本总额在一定时期和一定业务量范围内,其总额随着产销量的变动而变动的成本。如原材料、产品包装费、生产工人工资等。这里应注意,变动成本是对总成本而言的,若以单位产品成本的角度来考察固定成本和变动成本的概念,则恰好相反。因为固定成本在一定的时间内是不变的,单位产品的固定成本就随产销量的增加而降低;而变动成本总额随产量销量等比例变化,而对于单位产品而言是固定的。因此,根据固定成本、变动成本与产销量的关系,我们可以确定企业的保本点,即盈亏平衡点。

假设:

Q:产量(或销售量)

Q_0:盈亏平衡点的产量(或销售量)

S:总收入或销售额

P:单位销售单价

C:总成本

FC:固定成本

VC:变动成本

AVC:单位产品可变成本

R:利润总额

则有:

$S = P \times Q$

$C = FC + VC = FC + VC \times Q$

$R = S - C$

当企业处于盈亏平衡时,即 $R=0$ 时,有

$$S=C$$

即:

$$P \times Q_0 = FC + VC \times Q_0$$

$$Q_0 = FC \div (P - VC)$$

我们也可以用图示来分析之。

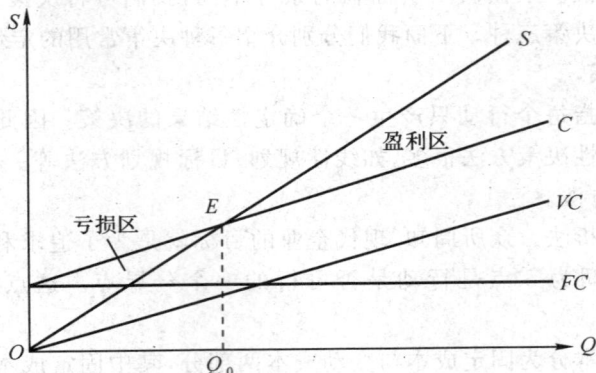

图 3-3　盈亏平衡点分析图

图 3-3 中纵坐标表示销售额(S)、总成本(C)、固定成本(FC)、变动成本(VC),横坐标表示产量(Q)。

总收入 S 是单位销售价格 P 与产量 Q 的乘积;总成本 C 等于固定成本 F 加上可变成本 VC。总收入线 S 与总成本线 C 的交点 E 对应的产量 Q_0 就是总收入等于总成本时的产量,E 点就是盈亏平衡点。在 E 的左边,即 $Q < Q_0$,总成本线位于总收入线之上,为亏损区,其中 C 与 S 之间的纵坐标距离是相应产量下的亏损额。在 E 点的右边,$Q > Q_0$,总收入线位于总成本之上,为盈利区,S 与 C 之间的垂直距离就是相应产量下的赢利额 R。

利用盈亏平衡点,我们可求得平衡点的产量,进行生产规模决策,成本决策。

由盈亏平衡点的模型,如果再增加一个利润变量便可扩展为任意产量决策的模型。根据利润的含义,有:

$$R = P \times Q - (FC + VC \times Q)$$

$$Q = (FC + R) \div (P - VC)$$

由此模型,我们就可求得在一定利润条件下的产量。

☞【实例 3-3】

　　某企业生产 A 产品,年支出固定成本300万元,A 产品单位变动成本为 60 元,销售单价为 75 元,求盈亏平衡点产量。

　　解:根据题意,盈亏平衡点产量为:

$$Q_0 = FC \div (P - VC) = 300 \div (75 - 60) = 20(件)$$

☞【实例 3-4】

　　某企业生产 A 产品,年支出固定成本300万元,销售单价为 75 元,本年度产品订单

为 25 件,问企业可变成本降至什么水平才不至于亏损?

解:因为,$Q_0 = FC \div (P - VC)$

则:$25 = 300 \div (75 - VC)$

解之得:$VC = 63$(元/件)

【实例 3-5】

某企业生产 A 产品,年支出固定成本300万元,A 产品单位变动成本为 60 元,销售单价为 75 元,如果企业欲实现利润 150 万元,则企业产量应达到多少?

解:根据题意:

$Q = (FC + R) \div (P - VC) = (300 + 150) \div (75 - 60) = 30$(件)

2.经济批量模型。经济批量是经济进货批量的简称,是能使一定时期存货的总成本达到最低点的进货数量。

在一个组织里,不同的存货成本项目与进货批量呈现着不同的变动关系。增加进货批量,减少进货次数,虽然有利于降低进货费用与存货短缺成本,但同时会影响储存成本的提高;而减少进货批量,增加进货次数,在影响储存成本降低的同时,会导致进货费用与存货短缺成本的提高。

假设:

某一单位一定时期(一般为一年)所需某种物资数量为 Q,每次订购量为 q,且订货均匀消耗;每次订货费用为 b,库存费用率(即单位数量的物资的年库存费)为 c,则订货费用为 Qb/q;由于物资均匀消耗,则平均的年库存量为 $Q/2$,年库存费用为 $Qc/2$。则总费用有:

$C = Qb/q + Qc/2$

要使 C 为最小,则 $dC/dq = 0$,即可求出总费用 C 为最低的经济订货量 q^*:

则有:$q^* = \sqrt{\dfrac{2Qb}{c}}$

【实例 3-6】

GH 公司预计年耗用 A 材料6000千克,单位采购成本为 15 元,单位储存成本 9 元,平均每次进货费用为 30 元,假设该材料不会缺货,试计算 A 材料的经济进货批量。

$q^* = \sqrt{\dfrac{2Qb}{c}} = \sqrt{\dfrac{2 * 6000 * 300}{9}} = 200$ 件

3.3.2.2 风险性决策方法

当各种备选方案都存在着两种以上的自然状态,决策者不能知道哪些自然状态会发生,但可以测定每种自然状态发生的概率,这时所应作出的决策为风险性决策。风险性决策的主要方法为决策收益表法和决策树法。

1.决策收益表法。决策收益表又称决策损益矩阵,该表包括可行方案、自然状态及其概率、各方案的损益值等数据。决策收益表法就是以决策收益表为基础进行决策的方法。它的主要步骤是:1)确定决策目标;2)根据经营环境对组织的影响,预测自然状态,并估计发生的概率;3)根据自然状态的情况,充分考虑本组织的实力,拟定可行方案;4)根据不同自然状态下的资源条件、经营状况,列出决策收益表;5)计算各可行方案的期望值;6)比较各方案的期望值,选择最优方案。

▷【实例 3-7】

某企业为扩大某产品的生产,拟建设新厂,据市场预测产品销路好的概率为 0.7,销路差的概率为 0.3,有三种方案可供企业选择:

方案 1:新建大厂,需投资 300 万元。据初步估计,销路好时,每年可获利 100 万元;销路差时,每年亏损 20 万元。服务期为 10 年。

方案 2:新建中型厂,需投资 200 万元。销路好时,每年可获利 70 万元;销路差时,每年仍可获利 10 万元。服务期为 10 年。

方案 3:先建小型厂,需投资 100 万元。销路好时,每年可获利 40 万元;销路差时,每年仍可获利 20 万元。服务期为 10 年。

试选择方案。

解:

(1)决策目标是找出一个获利最大的建厂方案;(2)根据经验,预测产品销路各状态的概率。

(3)拟定方案。(方案 1,方案 2,方案 3)。

(4)根据不同自然状态下的资源条件、经营状况,列出决策收益表(表 3-1)。

表 3-1 决策收益表

	市场状况		投入	期望值
	销路好	销路差		
	0.7	0.3		
方案 1	100	−20	300	340
方案 2	70	10	200	320
方案 3	40	30	100	300

(5)计算期望值(EMV)。

方案 1:$EMV1 = (100 \times 0.7 - 20 \times 0.3) \times 10 - 300 = 340$(万元)

方案 2:$EMV2 = (70 \times 0.7 + 10 \times 0.3) \times 10 - 200 = 320$(万元)

方案 3:$EMV3 = (40 \times 0.7 + 30 \times 0.3) \times 10 - 100 = 300$(万元)

6)进行最优选择。期望值最大的(340 万元)所对应的方案 1(建大厂)为决策方案。

2.决策树法。在风险型决策中,除了可以用决策收益表来进行决策外,还可以用决策树来进行决策。所不同的是,决策树既可以解决单阶段的决策问题,还可以解决决策收益表无法表达的多阶段序列决策问题。

(1)决策树的构成要素。

决策点:即所要决策的问题,用方框"□"表示。

方案枝:由决策点引出的直线,每条直线代表一个方案,并由它与状态结点相连。

状态结点:反映各种自然状态所能获得的机会,在各方案枝的末端,用圆圈"○"表示。

概率枝:从状态结点引出的若干条直线,反映各种自然状态可能出现的概率,每条直线代表一种自然状态。

损益值点:反映在各种自然状态下可能的损益值,用"△"表示。图 3-4 即为决策树图。

(2)决策树的步骤。应用决策树法进行决策,主要有三个步骤:

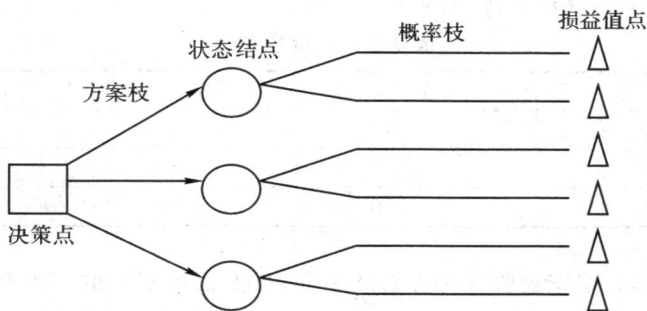

图 3-4　决策树图

第一步是绘制决策树形图。从左至右,首先绘出决策点,引出方案枝,再在方案枝的末端绘出状态结点,引出概率枝,将相关参数(包括概率、不同自然状态、损益值等)注明于图上。

第二步计算方案的期望值。并将其标于该方案对应的状态结点上。

第三步决策剪枝,比较各方案的期望值,将期望值小的方案(即劣等方案)剪掉,用"//"标于方案分枝上,剪枝后所剩下的方案即为最佳方案。

如实例 3-7,我们也可以用决策树法进行求解。

解:第一步,绘制决策树,见图 3-5。

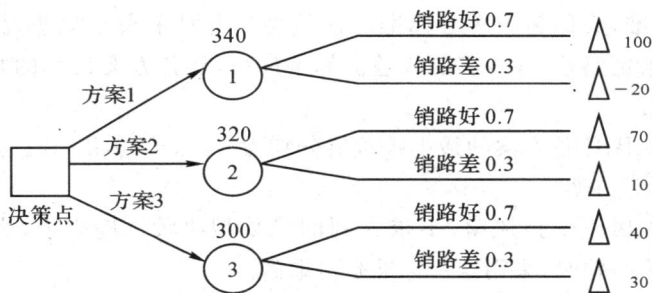

图 3-5

第二步,计算期望值(EMV)。

方案 1:$EMV1 = (100 \times 0.7 - 20 \times 0.3) \times 10 - 300 = 340$(万元)

方案 2:$EMV2 = (70 \times 0.7 + 10 \times 0.3) \times 10 - 200 = 320$(万元)

方案 3:$EMV3 = (40 \times 0.7 + 30 \times 0.3) \times 10 - 100 = 300$(万元)

第三步,经比较,应选择方案 1(建大厂),故应将方案 3(建小厂),方案 2(建中型厂)剪去。

3.3.2.3　不确定型决策方法

不确定性决策是指各种备选方案都存在着两种以上的自然状态,决策者不能知道哪些自然状态会发生,而且也不能测定各种自然状态发生的概率。对于不确定型决策来说,有一些公认的决策准则,下面结合实例依次说明。

【实例 3-8】

某厂拟开发一种新产品,有 A、B、C 三种设计方案可供选择,不同的设计方案的制造成本、产品性能各不相同,在不同的市场状态下的损益值各异,有关资料如表 3-2 所

示(损益表数据只为说明问题,不考虑相关单位)

表 3-2　决策损益表

状　态	A	B	C
销路好	40	90	30
销路一般	20	40	20
销路差	-10	-50	-4

由于决策的意志、胆识经验等个性素质不同,可能根据不同的标准和原则,选择自己认为满意的方案。根据实践经验总结,可以有下述选择标准。

1. 乐观决策标准,又称为好中求好标准。这是指决策者对未来非常乐观,他从最好的自然状态出发,假设未来产品的销路是好的,各方案的收益值都是最大的,从各方案最大的收益中选出其中最好的方案作为决策方案。

实例 3-8 中,A、B、C 三个方案的最大收益值分别为 40、90 和 30,最大收益值中的最大者为 90,因此选择 B 方案。

显然,这是一个比较冒险的决策。因为"未来销路好"只是决策者一种乐观的假设,如果确实应验,可获得最大收益。而一旦未来销路不好就要承受更大的损失。因此,应用这一标准进行决策,要十分慎重,一般只有风险较小,把握较大的问题才可采用。

2. 悲观决策标准,又称坏中求好标准。这是决策者对未来非常悲观,他从最坏的自然状态出发,假设未来销路差,各方案的收益值都是最小,从各方案最小的收益中选择一个最大的作为决策方案。

实例 3-8 中,A、B、C 各方案的最小收益值分别为 -10、-50 和 -4。其中最大的收益值为 -4,因此应选择 C 方案。

显然,这是一种属于怕担风险、不求大利的稳妥型决策。应当说,当决策者遇到把握小、风险较大的决策问题时,采用这一标准是可取的。

3. 折中法,又称乐观系数标准。乐观决策标准和悲观决策标准都是以各方案在不同状态下的最大或最小极端值为标准。但多数场合下决策者既非完全的保守者,亦非极端冒险者,而是介于两个极端之间的某一位置寻找决策方案,即折中。折中法的具体做法是:由决策者对最好结果和最坏的结果出现的可能性作出估计,确定一个乐观系数。乐观系数介于 0 和 1 之间。乐观系数为 0 时,即为悲观决策;乐观系数为 1 时,即为乐观决策。用以下的公式可能计算出各方案的折中收益,选择其中的最大值对应的方案即为决策方案。

方案折中收益=该方案最大收益值×乐观系数+该方案最小收益×(1-乐观系数)

实例 3-8 中,假设乐观系数为 0.7,则计算各方案的折中收益值:

A 方案:$40×0.7+(-10)×(1-0.7)=25$

B 方案:$90×0.7+(-50)×(1-0.7)=48$

C 方案:$30×0.7+(-4)×(1-0.7)=19.8$

比较结果,应选择 B 方案。

4. 最小后悔值标准。所谓最小后悔值,是指在某种状态下因选择某方案而未选取该状态下的最佳方案而少得的收益值。例如在某种状态下某方案的损益值为 100,而该状态下诸方案的要比最佳方案少收益 50,即后悔值为 50。

用后悔值法进行方案选择的步骤如下：

(1)计算损益值的后悔矩阵。方法是用各状态下的最大损益值分别减去该状态下所有方案的损益值，从而得出各方案的相应后悔值。

(2)找出各方案的最大后悔值。

(3)在各方案最大后悔值中选取最小者所对应方案，即为用最小后悔值法选取的方案。

仍以实例 3-8 为资料，其后悔值矩阵如下表所示。

表 3-3　后悔值矩阵

状　态	A	B	C
销 路 好	50	0	60
销 路 一 般	20	0	20
销 路 差	6	46	0
最大后悔值	50	46	60

A、B、C 各方案中的最大后悔值分别为 50,46,60,取其最小值为 46,对应的方案 B 即为最小后悔值法选取的方案。

【本章小结】

决策，就是在组织外部环境及内部条件约束下，为实现组织特定目标，从所拟定的若干个备选方案中选出较为满意的方案并付诸实施的管理过程。决策在管理中是非常重要的。决策是管理的基础；决策是实施各项管理职能的保证；决策是决定组织管理工作成败的关键；决策是各级、各类主管人员的首要工作。决策按不同的标准可分为不同的类型。按决策层次范围与性质的不同，可分为战略决策、管理决策和业务决策决；按决策活动表现的形式不同，可分为程序化决策与非程序化决策；按决策所面临的条件不同，可分为确定性决策、风险决策与不确定性决策；按决策的起始点分不同，可分为初始决策和追踪决策；按决策目标的不同，可分为单目标决策与多目标决策等。决策必须遵守一定的基本原则，系统原则，信息原则，可行性原则，满意原则，反馈原则。决策是一个动态的过程。其主要步骤有：发现问题；确定目标；拟定方案；评价和选择方案；执行方案；评价决策效果。决策的方法有定性决策和定量决策及两者相结合三大类。定性决策主要有经验判断决策法和专家论证决策法两大类，其中专家论决策法又有头脑风暴法、歌顿法、德尔菲法等具体方法。定量决策方法主要是根据决策按所面临的不同条件分确定性决策、风险性决策和不确定性决策的分类来分析的。其中确定性决策方法主要有盈亏平衡点分析法和经济批量模型。

【习　题】

一、简答题

1. 为什么说"管理就是决策"？
2. 有哪些常见的决策类型？
3. 决策过程由哪几步组成？
4. 西蒙认为人们不可能作出"最优决策"，你同意吗？为什么？
5. 假定你有 20000 元可投入工厂或存入银行，银行年利率为 10%,而工厂能得到的收益与经营状况有关，若情况好，每年可赚 5000 元，正常情况下可得 3000 元，情况不好时则可能损失1000元。试问：按乐观原则、悲观原则、最小后悔值原则各取哪个方案？

二、案例分析

HT公司的跳跃腾飞与未来发展

HT公司创建于1958年，是直属邮电部的全民所有制骨干企业、中国邮电工业总公司（PTIC集团）的核心成员厂。经过多年的艰苦创业与不断探索，尤其是近年来，充分利用改革开放的大好时机，依托科技与人才的优势，积极调整产品结构，自觉深化企业改革，企业已从一家邮电设备的修配厂，一跃发展成为以研制、开发、生产经营移动通信、程控交换、激光照排、数字传输、无线通信为主的多种电子通信设备的专业厂家。

从1958年建厂到1979年，HT公司的经营是在计划经济模式下进行的，企业没有明确的经营战略，1980年后，邮电部的生产计划指标已远远不能满足企业的生产能力，拥有3000多万元生产能力的HT公司只拿到了90万元的计划生产指标。此时HT公司的决策者决定开发产品档次不算太高但颇有市场需求的电视机、电风扇和电源接插件。这一决策充分利用了企业的资产存量，1984年企业的人均劳动生产率达到16031元，销售收入为2785万元，均比1980年增加了一倍。这一决策的重要性，还在于增强了HT公司全体员工的市场营销意识与营销能力。

在技术、资金有了一定积累的条件下，企业决策者认为，随着家电行业同行竞争者的增多，企业的产品如没有特色就很难获利。因此，在1985年后，HT公司积极寻求有较高技术档次的新产品，其中主要是积极参加了电子部组织的激光照排项目的合作攻关。这一努力，使HT公司形成了"以激光照排为主、数字特高频与移动通信为辅"的"一主多辅"的经营格局，对提高HT公司的技术能力与今后的技术引进起点，起了较为关键的作用。

20世纪80年代末期，HT公司生产经营的产品（如无线特高频设备）大部分为模拟制式，尽管当时还拥有一定的市场，但从长远来看，产品结构已趋老化，市场面临衰退。在这关键时刻，HT公司的高层决策者清醒地看到，改革开放是大势所趋，随着世界经济的发展，通信必然要实现数字化、全球化。决策者还敏锐地预测到，作为国家重要基础设施的邮电建设将会以高于30%的速度超前发展，电话会大面积普及且会出现固定电话向移动电话转移的新需求。而当时国家通信建设急需的移动通信、万门程控等现代通信设备一度主要依靠直接进口，美国的MOTOROLA、瑞典的ERICSSON、日本的NEC等国际大公司均致力于抢占中国的大市场。鉴于这一情况，HT公司的高层决策者根据企业所拥有的技术水平与国内的大市场，果断地提出了"高新技术起点、多渠道技术引进、高速度形成规模经营"的经营战略，并由此作出了两个具有超凡胆识的决策：一是尽早与世界著名的无线通信产品制造商——美国的M公司签订蜂窝电话手持机与基站系统设备技术引进合同；二是冒险加盟HJD04型数字程控交换机的合作攻关。

这两项决策的制定与实现，从根本上改变了HT公司的产品结构，企业发展出现了新的生机，1992年就提前完成了"八五"原定计划，实现销售收入4亿元，1993年销售收入猛增到15亿元，1996年实现销售收入40亿元，全员劳动生产率高达86.2万元。与1958年建厂时相比，国有资产增加了200余倍。HT公司开拓了一条值得国有大中型骨干企业借鉴的自强奋进、跨跃式发展的成功之路。

目前，HT公司在发展中面临着技术风险（目前HT公司移动电话手持机、基站系统有80%的关键部件还依赖进口，这种依赖在近几年还将进一步加重。由于自主的研究与发展的投入还较少，HT公司的技术发展方向还受制于国外公司）。HT公司的自主开发能力与跨跃式发展的产业规模和经济指标不匹配。

其次,HT 公司的经营风险也很大,随着市场经济的进一步发展,对通信设备的需求将会越来越大,而通信产品的高利润,将吸引越来越多的国内企业加入通信行业;同时,国外大公司会进一步进入中国市场,因此,市场竞争会更加激烈。

问　题

1. HT公司决策成功的主要原因是:

 A. 决策的合理性   B. 决策的可行性

 C. 决策的超前性   D. 决策的及时性

2. HT 公司生产电视机、电风扇和电源接插件:

 A. 是经营战略错误   B. 是产品选择错误

 C. 是市场分析错误   D. 是适应市场需求的正确决策

3. HT 公司与 M 公司合作的意图主要是:

 A. 获得制造技术   B. 获得管理技术

 C. 获得营销网络   D. 获得开发技术

4. 总而言之,HT 公司跳跃式发展的秘诀是:

 A. 政府支持   B. 国外公司的支持

 C. 科技、人才的支持   D. 超前认识

5. 从本案例看,HT 公司的经营风险主要是:

 A. 高水平人才少   B. 产品单一

 C. 未来产品方向不明   D. 对国外公司的依赖

6. HT 公司在未来发展中,应作出的最重要的战略决策是:

 A. 选择新的国际大公司合作 B. 自主开发新的通信产品

 C. 加强产品营销   D. 强调资本经营

三、讨论题

1. 有人说定量化决策方法在实际工作中并无多大用处,你认为呢?

2. 假设你是一个主要公司的 CEO,你公司的一个油罐漏油,上千加仑的油流入一条大的河流中,你怎么去处理危机?

3. 你在选择就读哪所学校时所作的是理性决策吗? 你是否经过了理性决策的每个阶段?如果没有,为什么?

4. 绝大多数商业决策是在不确定环境下和风险环境下作出的。在你看来,不确定环境下的决策和风险环境下的决策哪一个更容易? 为什么?

四、实训题

采访一位本地的管理者,询问他近来作出的决策。请回答他的决策是纯粹的理性决策还是包含了行为的要素。如果这完全是一个理性决策,为什么你认为其中没有行为的成分? 如果其中包含了行为的要素,为什么它们会出现?

第 4 章

计 划

≫ ≫ ≫　　≫

■ 计划工作　　■ 计划工作的类型
■ 计划的制订　　■ 目标管理

🌾 学习目标

知识目标: 了解计划工作的基本内容与基本特点;理解计划的基本原理与基本方法。

技能目标: 掌握计划制定的基本技能。

能力目标: 应用所学的计划知识编制有关组织的月、季、年计划书。

🌾 导入语

万达集团是一家以房地产开发为主的企业集团,集团下设有房地产公司、建筑安装公司、物业管理公司、旅游公司。房地产公司在集团内占有显著的地位。

万达集团的产生、成长与壮大颇有戏剧性。公司创始人最初接触房屋建设是从为本单位的职工盖住房开始的。万达公司诞生前,它的主要创始人都是某机关的干部。由于工作的需要,比较了解工程预算、房屋施工等方面的业务,在为本单位开发的过程中看到了房地产市场的前景。在公司诞生后的三年中,他们开发了三个小区,全部获得了成功。

随着公司的进一步扩大,公司快速地进入了建筑安装、物业管理、旅游等行业,但随之而来的是公司发展速度明显下降。特别是在 1995 年收购西天大酒店之后,公司的资金周转困难,呈一度使公司进入了一个衰退期。公司董事长李某经过分析,对公司发展速度减缓作出解释:第一,前几年公司的业绩基数小,而现在公司已有上亿的销售额,再要翻几番不是轻而易举;第二,公司扩展太快,没有明确的扩展目标和发展计划,降低了企业的核心竞争力;第三,市场前景开始恶化,随着国家对房地产市场的限制和同行业的竞争,公司没有采取相应的措施加以应对。

为此李某要求公司发展部进行细致的市场调查,作出相应发展战略计划,以促进公司的有序发展。

计划是管理的首要职能。它在预见未来的基础上对组织活动的目标和实现目标的途径作出筹划和安排,以保证组织活动有条不紊地进行。计划工作的内容包括对组织活动环境的分析与预测,组织活动方向、内容和方式的选择或决策,以及将决策落到实处的具体性计划方案的编制等有机联系的环节。

关键词

计划　计划工作　计划分类　计划步骤　目标管理

在企业管理各项职能中,计划职能是最重要和关键的职能,计划是企业管理者合理利用资源、协调和组织各方面力量以实现目标的重要手段。

4.1　计划工作

4.1.1　计划的含义

计划是对组织在未来一段时间内的目标和实现目标途径的策划与安排。计划有两种不同的含义。作为动词,计划代表着特定的行为,通常是指管理者对各种组织目标的分析、制定和调整,以及对组织实现这些目标的各种可行方案的设计等一系列相关联的活动或行动,实际上就是计划工作;作为名词,计划是指对未来活动所作的事前的安排、预测和应变处理。哈罗德•孔茨曾这样形容:"计划工作是一座桥梁,它把我们所处的这岸和我们要去的对岸连接起来,以克服这一天堑。"计划工作,就是把计划作为一种特定的管理行为,其内容包括调查研究、预测未来、设置目标、制订计划、贯彻落实、监督检查和修正等内容,计划是计划工作中计划制订的成果、贯彻实施和监督检查的对象。

▷【即问即答 4-1】

计划制订和计划执行是否都属于企业管理计划职能?

计划与决策是何关系? 两者中谁的内容更为宽泛?

▷【链 接 4-1】

美国东部经营电力的最大企业之一——东方电力公司总裁玛格丽特•奎因一直确信:有效的计划工作对企业成功是至关重要的。十多年来,她一直试图寻求一种公司能够采用的计划工作方案,但工作成效不大。公司总裁注意到,虽然每一位副总裁负责计划工作十分努力,但个别部门领导仍然自行其是,在问题出现时才制定决策,并自诩是有效的"消防灭火"工作。公司看起来有些松垮,个别部门负责人在决策上时常互不一致。一位顾问在奎因女士的邀请下,对公司进行调查,发现公司计划工作并不完善,公司负责计划工作的副总裁与其下属仅仅将一起努力进行的研究与预测呈交总裁,而遭到其他所有部门经理的抵制,让计划工作无法实施生效。

企业管理中很多失误并不是由于技术原因,常常是企业缺乏有效的计划工作能力,有效的计划是成功的基础,有效的计划可以使我们清晰企业的目标和实现目标的途径,从而可以合理使用现有的资源;有效的计划可以清晰目标和任务之间的关系,明确每个岗位和员工的职责;有效的计划,明确了目标、任务和责任,从而提高经营管理效率。

4.1.2　计划工作的特点和意义

4.1.2.1　计划工作的特点

计划工作与其他企业管理职能相比,有其本身的特点:

1. 企业资源的充分有效利用是其工作的着眼点

企业所拥有的资源都是有限的,如何使有限的资源发挥最大的效益,就需要事先对企业各项活动进行分析研究、统筹安排。计划工作中的事前预测、目标设置、行动安排、监督检查,都是围绕着有限资源的合理利用而展开的。所以在计划工作中,对如何合理利用资源的思考贯穿于始终。

2. 计划工作是企业管理首要工作

美国企业家查理·S·史罗马在《无谬管理》一书中指出:"对一件方案,宁可延误其计划之时间以确保日后执行之成功,切勿在毫无轮廓之前即草率开始执行,而终于导致错失方案之目标。"计划工作以计划的形式为企业经营管理活动提供了明确的目标。管理的其他职能都是在计划工作确定了目标之后才展开的,并且都随计划和目标的改变而改变。只有明确了目标和途径才能确定要建立何种组织结构、需要何种人员、领导下属走向何方,以及何时需要纠偏。

3. 计划工作具有普遍性

计划工作的普遍性包含着两层意思:其一,虽然不同层次的管理者所从事的计划工作的侧重点和内容不尽相同,但组织中的每一位管理者都拥有一定制定计划的权利和责任;二是由于资源的有限性,因此在从事各种活动时都需要事先进行计划,确保有效地利用资源。

▷【即问即答 4-2】

请举例说明工作必须有计划。

如何衡量一个计划工作的效率?

4.1.2.2　计划工作的意义

1. 计划是对组织在未来一段时间内的目标和实现目标途径的策划与安排计划工作协调组织各方面行动的有力工具,它明确了组织成员行动的方向和方式,通过明确组织目标和相应的安排使各方面的行动获得了明确的指示和指导。

2. 计划工作有助于提高组织的应变能力,降低风险。环境是在不断变化的,计划工作的开展可以对环境变化有一个事先的估计与预测,提前做好应变准备,至少是思想上的准备。

3. 计划工作可以促进提高和发送组织运行的效率。当人们为实现某一目标而拟定各种行动方案时,必然要考虑各种活动的合理性,以挖掘潜力、减少各种浪费和不合理现象。

4. 计划工作是考核和控制的依据。计划为检查实际工作进展情况提供了客观的考核依据,通过考核可以及时发现和纠正工作中的偏差。

【即问即答 4-3】

　　一个组织的应变能力来自于哪几个方面？

　　计划为什么能成为管理的首要职能，其作用主要表现在哪些方面？

4.1.2.3　计划工作中常见的几种错误

　　在工作实践中，许多人对计划存在这样那样的错误，如计划只有大体的框架，而没有实质内容；没有系统的计划，只有短期的没有长期的；有计划但没有整体计划；没有书面计划，下属对计划一无所知；计划是一套，工作又是另外一套。纠正这些错误对正确理解和运用计划工作原理十分重要。对计划的常见错误主要表现在如下几个方面：

　　1. 管理人员对计划工作的错误认识

　　(1)计划是管理人员的职责之一，但不少管理人员对计划工作持有不少错误的看法。认为计划是高层领导的事，与中、基层管理者无关；计划是计划部门的事，和其他部门无关；只重视计划的制订，而不重视计划的贯彻实施；把制订计划看做是一件无足轻重、枯燥无味的事；把计划作为一种争取资源的手段，认为唯一需要的计划是取得资源的一种预算，因此只强调好处，不顾可行性；有的管理人员由于缺乏信心、害怕承担责任，因而不愿意为自己制定有明确的时间限制的目标和计划。

　　(2)计划工作本身缺乏计划

　　计划工作本身缺乏计划，一是各项计划之间互不衔接；二是没有书面计划；三是有的计划的目标制订过死，没有一点变化的余地；四是没有明确的目标。

　　(3)计划内容不完整

　　计划内容不完整，有的只明确要做的工作，却不明确工作的目的；有的没有应变措施，一旦情况发生变化就不知所措；有的没有评价标准，使计划无从检查、评价等。

　　2. 缺乏与下属沟通

　　有的管理人员只注重计划的保密，不充分与下属沟通，导致执行计划的人不知道为什么要做，自己的工作与组织目标的实现有何关系等，使计划失去了应有的激励作用。如果人们不了解自己的工作任务，不明确在整个计划中自己的责任与权利以及与其他人员之间的关系，他们是不可能很好地执行计划的。

【即问即答 4-4】

　　联系实际谈谈产生上述错误的原因和预防措施。

　　效率专家认为"即使只做完一件事，那也不要紧，因为你总在做最重要的事情"。你认为制定计划光是做最重要的事情够吗？

4.2　计划工作的类型

　　计划工作中最重要的任务除了组织目标的确定以外，就是计划的制订。由于目标以及实现目标的方案有不同的类型，因此计划工作也有不同的种类。表 4-1 列出了有关的计划工作类型。

表 4-1　计划工作的类型

划分依据	计划类型		
时间长短	长期计划	中期计划	短期计划
制订者的地位	战略计划	行动计划	
计划对象	综合计划	部门计划	项目计划
对执行者的约束力	指令性计划	指导性计划	
表现形式	正式计划	非正式计划	

对计划工作类型的划分,有利于我们更深入地理解计划工作的实质,也有利于具体地分析和掌握有关计划工作的规律和方法。以下我们对表 4-1 所列的几种计划形式及工作作一简要说明。

4.2.1　长期计划、中期计划和短期计划

一般地,人们习惯于把五年以上的计划称为长期计划,一年以上、五年之内的计划称为中期计划,时间跨度在一年及一年以内的计划称为短期计划。按照远粗近细的思维逻辑,短期计划一般都规定了较明确、具体和量化的目标以及实现这些目标的具体措施,因此通常要求具备可操作性;长期计划则相对较为概略、总括;中期计划处于两者之间。

🖙【链 接 4-2】

　　Swan 于 1895 年在芝加哥创办了 Swan 自行车公司,后来成为世界最大的自行车制造商,在 60 年代,Swan 公司占有美国自行车市场 25% 的份额,不过 1979 年创始人的长孙小 Swan 接过公司控制权的时候,糟糕的计划和决策使公司已有的问题雪上加霜。

　　在 70 年代,Swan 公司不断投资于强大的零售分销网络和品牌,以便主宰 10 挡变速车市场。但是进入 80 年代,市场转移,山地车取代了 10 挡变速车成为销量最大的车型。Swan 公司错过了市场转型的机会,公司管理层专注于消减成本而不是创新。结果,Swan 公司的市场份额开始迅速被更富有远见的自行车制造商夺走。

　　1981 年,当 Swan 公司设在芝加哥的主要工厂举行罢工时,管理当局选择关闭工厂,将工程师和设备迁往中国台湾的巨人公司自行车工厂,作为与巨人公司合伙关系的一部分,Swan 公司将所有的一切,包括技术、工程、生产能力都交给巨人公司,作为交换条件,Swan 公司进口和在美国市场上以 Swan 商标经销巨人公司制造的自行车。几年后,巨人公司利用从 Swan 公司那里获得的知识,在美国市场建立了他们自己的商标。

　　到 1992 年,巨人公司和中国大陆的自行车公司,已经在世界市场上占据了统治地位。而 Swan 公司当它的市场份额 1992 年 10 月跌倒 5% 时,公司开始申请破产。

　　有人认为:"长期计划可有可无,因为它有太多的不确定性,因为它太笼统,因而对组织目标的实现没有太大的影响。"这种观点是不对的,长期计划的制定对企业而言非常重要。

1. 长期计划

企业战略管理水平提高的标志是长期计划的制定。制订企业长期计划,企业可以根据长远发展的需要收集战略信息、发现将来的机会和威胁,以便为长远项目做好一定的准备。

长期计划主要回答两方面的问题:一是组织的长远目标和发展方向是什么;二是怎样达到本组织的长远目标。一个企业的长期计划必须明确该企业的长远经营目标、经营方针和经营策略,主要内容有:企业产品发展方向、企业的发展规模、科研方向和技术水平、主要的技术经济指标等。

长期计划在企业管理中的作用表现在以下两个方面:一是有利于发现企业存在的战略问题,改进企业的战略决策,使企业字处理科学化;二是综合使用资源,使企业资源分配更加合理,企业各项经营决策更加科学。按照长期计划,企业能把多个项目综合起来考虑,并以最有效的方式分配有限的资源。

很多企业的长期计划主要集中于核心战略问题。成功企业的实践表明,长期计划主要在标本身的内容,而不是量化数字。从计划制定和执行的整个过程来讲,长期计划要经过编制预算和项目计划来实施,预算的编制只是将已成型的计划方案进一步落实到资源分配方面的次要的环节。

2. 中期计划

中期计划来自长期计划,只是比长期计划更为具体和详细,它主要起协调长期计划和短期计划之间关系的作用。长期计划以问题、目标为中心,中期计划则以时间为中心,具体说明各年度应达到的阶段目标和应开展的工作。

3. 短期计划

短期计划比中期计划更为具体和详尽,它主要说明计划期内必须达到的目标,以及具体的工作要求,要求能够直接指导各项活动的开展。企业中的年度利润计划、销售计划、生产计划等都是短期计划的例子。

在一个组织中,企业应该通过长、短期计划的有机结合,长期计划和短期计划之间的关系应是"长计划、短安排",即为了实现长期计划中提出的各项目标,组织必须制订相应的一系列中、短期计划,而中、短期计划的制订则必须围绕着长期计划中所提出的各项目标。由此形成既包括明确的战略指向又含有若干具体数字化计划的比较合理的计划体系。

【即问即答 4-5】

组织发展的不同阶段与计划的时间跨度的关系如何?

4.2.2　战略计划和行动计划

根据计划对企业经营影响范围和影响程度的不同,可将计划区分为战略计划和行动计划。

1. 战略计划

【链接 4-3】

福特公司建立了新世纪全球发展战略计划。根据该战略计划,福特汽车公司推向市场的第一个产品是福特的 Focus,这是一款四缸节油型中型房车。福特公司开发 Focus 是为了取代已具有 30 年历史并销售了 2000 万辆的 Escort。

福特 Focus 的目标是在世界市场上使该车型成为销售量的领先者。福特计划每年将生产超过 100 万辆 Focus，并在全球 100 多个国家销售。其设计与以前的车型是完全不同的。在设计过程中，福特公司所采用的关键战略是开发一种全球化平台，汽车的 85％ 的外壳竞速设计仍然保留全球标准化，但 15％ 则根据当地消费者需要和口味进行调整，使 Focus 的风格与外形经过调整与修改后，适应当地市场的特殊需要与特征。

战略计划是关于企业活动总体目标和战略方案的计划。战略计划是由高层管理者负责制定的计划，它体现了组织在未来一段时间内总的战略构想和总的发展目标，以及实施的途径。

整个企业组织需要有战略计划，对于在多元产业领域开展多种（多元化）经营的企业来说，其内部负责各领域业务经营的事业部单位也都需要制定相应的战略计划。企业整体层次的战略，通常称为总战略或发展战略，而事业部层次的战略则称为经营战略或竞争战略。

企业的发展战略和各项事业的经营战略，在现实常常不是以文字方式表现出来的，由于经营环境是在不断变化的，因此也就没有一成不变的战略计划，其目的是基于对未来所可能发生变化的预见来对组织活动制定最有效的应变措施。

战略计划具有长远性、全局性和指导性，它决定了在相当长的时间内组织资源的运动方向，涉及组织的方方面面，并将在较长时间内发挥其指导作用。战略计划的基本特点是：

（1）计划所包含的时间跨度长，涉及范围宽广。

（2）计划内容抽象、概括，不要求直接的可操作性。

（3）不具有既定的目标框架作为计划的着眼点和依据，因而设立目标本身成为计划工作的一项主要任务。

（4）计划方案往往是一次性的，很少能在将来得到再次或重复的使用。

（5）计划的前提条件多是不确定的，计划执行结果也往往带有高度的不确定性，因此，战略计划的制定者必须有较高的风险意识，能在不确定中选定企业未来的经营方向和行动目标。

2. 行动计划

行动计划是在战略计划所规定的方向、方针、政策框架内，确保战略目标的落实和实现，确保资源的取得与有效运用的具体计划，它主要描述如何实现组织的整体目标，是战略计划的具体化或是战略实施计划。

（1）行动计划的分类

行动计划还可进一步细分为施政计划和作业计划，分别由中层管理者和基层管理者负责制定。

第一，施政计划。施政计划按年度拟订，明确各年度的具体目标和达到各种目标的确切时间。

第二，作业计划。作业计划在施政计划下确定计划期内更为具体的目标，是有关组织活动具体如何运作的计划，确定工作流程、确定人选、分派任务和资源、确定权利与责任，就是指各项业务活动开展的作业计划。作业计划主要用来规定企业经营目标如何实现的具体实施方案和细节。行动计划的目的是使企业和员工能"正确地做事"。

（2）行动计划的主要特点

第一，计划所涉及的时间跨度比较短，覆盖的范围也较窄。

第二，计划内容具体、明确，并通常要求具有可操作性。

第三，计划的任务主要是规定如何在已知条件下实现根据企业总体目标分解而提出的具体行动目标，这样计划制定的依据就比较明确。

第四，行动计划的风险程度也远较战略计划低。

从计划内容和制定的过程和方法来说，战略计划要解决的是确定组织的发展方向、总体发展思路、资源配置策略，以使组织达到或维持在其环境中的某种地位。战略计划工作要求组织对环境有较为系统的认识和分析技能，要求组织的有关决策者具备创新意识和创新能力。此外，一个好的战略计划还要求对组织的现状如主业流程特征、组织结构特征、群体行为特征等有一个较全面的认识。行动计划要解决的则是在明确的战略目标指引下具体的活动安排以及有关资源安排策略。它通常是短期的作业计划，要求精确性和效率。为此组织的有关管理人员应掌握一定的作业计划方法，特别是各种优化方法，如线性规划、动态规划等。

战略计划、施政计划、作业计划的划分与按计划期的长短划分的计划很多方面有相似之处，但也有一些差别。如表 4-2。

表 4-2　战略和行动计划的区别

比较项目	战略计划	行动计划
时　间	三年或以上	三年以内或更短
范　围	整个企业	部门或某次活动
重　点	明确目标和实现目标措施	贯彻落实的具体办法
目　的	生存、发展和效益	提高工作效率
特　点	全局性、长远性、方向性	局部性、指令性、一次性

➱【即问即答 4-6】

　　每个企业都需要战略计划吗？

　　战略计划与行动计划对组织整体活动的影响范围和影响程度各是什么？

3. 综合计划、部门计划和项目计划

计划还可按计划对象分为综合计划、部门计划和项目计划。

综合计划一般是指具有多个目标和多方面内容的计划，就其所涉及的对象而言，综合计划涉及的内容是多方面的，它关联整个组织或组织中的许多方面。习惯上人们把预算年度的计划称为综合计划，在企业中它是指年度的生产经营计划。

部门计划是在综合计划的基础上制订的，部门计划只涉及某一特定的部门，它的内容比较专一，局限于某一特定的部门或职能，一般是综合计划的子计划，是为了达到组织的分目标而制订的。如企业销售部门的年度销售计划，生产部门的生产计划等，都是属于这一类型的计划。

项目计划则是为某项特定的活动而制订的计划。如某项产品的开发计划，职工俱乐部建设计划等都属于项目计划。

4. 指令性计划和指导性计划

指令性计划是由上级下达的具有约束力的计划,它规定了计划执行单位必须执行的各项任务,其规定的各项指标没有讨价还价的余地;指导性计划是上级给下级的一般性指导原则,在具体执行中有较大的灵活性,由下级具体把握。

📔【即问即答 4-7】

有了综合计划后为什么还必须有部门计划,有了部门计划是不是还需要个人计划或者岗位计划?

在宏观经济管理和企业微观经济管理中,建议分别运用哪种计划,指导性还是指令性计划?

5. 正式计划与非正式计划

不同情况下计划的表现形式会有所不同,有的是用文字明文规定下来的,而有的则可能仅仅是一种想法。由此我们把计划分为正式计划与非正式计划。非正式计划就是未形成书面文件的计划,没有正式计划并不简单等同于无计划,并不意味着没有制定出行动的目标和方案,这种情况在许多小企业中就大量存在,但也有人思考过企业想要达到什么目标,以及怎么实现目标。非正式计划不容易在组织中进行交流和扩散,计划的内容也往往比较粗略且缺乏连续性。所以,在规模比较大、管理工作较规范的组织中,就经常需要编制正式的计划。

正式计划的制定则是一个包括了环境分析、目标确定、方案选择以及计划文件编制等一系列工作步骤的完整的过程。该过程的结果往往会形成组织的一套计划书。计划书详细、明确规定组织的目标,实现这些目标的全局战略,以及全面的分阶段和分层次的计划体系,以综合和协调不同时期和不同部门的活动。

6. 计划的表现形式

计划包括企业中各种未来的行动方案,其表现形式是多种多样的,一般来说,按照所起作用的层次不同,其表现形式主要有以下几种:

(1)目标。在有的组织中,计划只明确了目标,对组织的使命和活动方向及各项任务作最一般的表述,计划的重点在于明确干什么及最终的目的。

(2)战略。在有的组织中,其计划重点是明确实现目标的途径,突出工作重点、资源分配方式,指导各部门的工作在一个统一的"框架"下进行。

(3)重大措施。这也是计划的一种,明确实现目标的所必须创造的条件和将要采取的重大行动。

(4)政策。政策是人们进行决策时思考和行动的指南,明确处理各种问题的一般规定,因而也是一种计划。为了落实重大措施,应制定相应的政策。

(5)规章制度。为了实现目标,有时会制订一些强制性的行为规则,作为是非标准以指导下属的具体行动,明确必须遵守的各种规则和程序。

(6)预算。这是一种数字化的计划,在很多企业中,预算是计划的工具,它明确了活动的投入与产出的数量、时间和方向。

📔【即问即答 4-8】

企业的目的一般来说是些什么?

从预算角度考虑,为什么说要求制定计划一定要精确?

为什么说规章制度也是一种计划?

4.3　计划的制订

4.3.1　计划的要素

虽然计划的形式多种多样,但任何计划其基本的要素却是相同的,计划的目的是为了实现企业的目标,每个项计划都是针对某一特定的目标的,因此计划的第一步就是明确目标,明确企业要做什么事(what)以及"为什么"(why)要做这事。在目标明确的基础上,还必须明确"何人"(who)在"何时"(when)、"何地"(where),通过"何种办法"(how),以及使用"多少资源"(howmuch)来做这事。简单地说,计划的目的是确保企业"做正确的事"。

在此基础上,还需要有一定的应变能力,即在什么样的情况下需要修订计划或者放弃计划,这项计划实施的基本条件是什么,如果出现与计划不相符的事态,如何采取相应的措施等等。表 4-3 包括了计划所涉及的所有要素。

表 4-3　完整的计划的要素

要　素	明确事项	内　容
前提条件	计划的前提与条件	预测、假设、条件
目　标	做什么	结果与工作要求
目　的	为什么要做	理由、意义与重要性
战　略	如何做	途径、方法
责　任	谁、奖惩	人的选择、奖励和惩罚措施
时间安排	何时	时间与进度
实施范围	部门与人员、区域	内部组织与空间地理
经费预算	资源	费用、人力
应变措施	可能出现的问题	如何应对

【即问即答 4-9】

不同的计划所涉及的要素是否不同?

4.3.2　计划的制订

在实际工作中,计划与决策是相互渗透紧密联系。决策的制定是建立在企业内部资源条件分析和方案执行效果评价的基础上的,这一过程实际上已经包含了实施计划,计划编制过程实际上是决策的组织落实过程。因此没有必要严格区分决策过程和计划过程。本节主要从一项完整的计划所包含的要素入手,来说明计划的制订。

4.3.2.1　资料收集

收集资料,是计划确定的前提。计划工作的第一步就是了解目前所面临的外部环境特点以及组织内部已经具备的资源和能力条件。

1. 资料的范围和内容

(1)外部和内部情况收集。企业外部情况包括组织所面临的一般环境和具体环境条件,尤其是产品市场条件和要素市场条件。企业内部情况包括投在厂房和设备方面的资金,企业经营的方针和政策,前期主要规划和销售预测等。

(2)定量和定性资料收集。与计划有关的定性和定量资料收集。

(3)可控和不可控因素分析整理。在组织面对的环境因素中有些是可控的有些是不可控的,如人口增长、未来价格水平、税收和财政政策属于不可控因素,如企业的市场开拓、产品研发、产品投放等属于可控因素。对于可控因素,企业可以在计划中制订出具体措施和策略,对于不可控因素,则需要制订相应的应变办法。

2. 资料收集应注意的几个问题:

(1)注意关键性的因素。资料收集应重点把握计划的前提条件,明确对计划的完成最有影响的因素。

(2)对一些重要的不可控因素,应预先设想各种,并以此拟定相应的计划。如价格上涨或下跌、政治和经济事件的发生及各种可能,企业有必要准备好应急计划。

(3)计划的前提条件应一致。不同的计划是在不同的前提条件下制订的,这要求在公司总部的组织下,对各分公司或各部门、各单位的前提条件进行分析研究、综合概括,保证它们之间彼此协调一致,以确保全公司的计划都按照同样的基调来进行制订。

4.3.2.2　明确目标

确定组织目标和实现目标的总体计划这一阶段计划工作的实质也就是决策。一项计划首先必须明确目标。战略计划主要侧重于组织目标的制订,而行动计划所针对的则必然是组织目标体系中的某一方面的具体目标,或者是战略计划中所提出的实现组织目标所必须进行的某项活动。

1. 目标制订的步骤

(1)根据对内外环境条件调查和分析,确定组织的目标。

(2)进一步调查研究,明确计划的具体前提条件。准确地把握组织生存和发展所面临的机会与威胁。

(3)提出多种可供选择的方案,经过比较分析,确定最优或最满意方案。计划方案选择的基本原则是既要符合计划目标的要求,又要与所设定的那一套计划前提条件相一致。

2. 目标表述的原则

目标是一项计划的核心,目标的表述应遵循以下原则:

(1)目标要具体并且是可检验和衡量的。制定计划是为了执行、实施,目标要尽可能地具体,计划指标要尽可能量化。为此,要把目标内容具体化、结果或要求具体化、标准具体化。空洞的目标不仅无法指导行动,而且无法进行检验。

当然有些结果的衡量可能是十分困难的,在这种情况下,可以用测量行为的方法来代替结果的测量。

⊳【即问即答 4-10】

"我们争取在 2004 年前达到较高的市场占有率目标","我们争取把损失减少到最低程度"，请你分析这两句话中存在的问题。

（2）目标要简单明了。制订目标是为了实现目标，为了使执行者能很好地理解目标并在实施过程中牢记目标，目标的表述要尽可能地简短，易懂易记。

【即问即答 4-11】

目标要简单明了的原因是不是因为执行者水平太低？

3. 分解目标，形成合理的目标体系

（1）目标体系的结构

目标的分解有两类：一是从空间上分解，分解落实到各个部门、各个活动环节乃至各个人，形成目标的空间结构；二是从时间上分解，将长期目标分解为各个阶段的分目标，形成目标的时间结构。

目标结构描述了组织中较高层次或较长时期的目标（总体目标/长期目标）与较低层次或较短时期的目标（部门、环节、个人的目标/各阶段的目标）相互间的指导及保证关系。具体地说，在目标的空间结构中，总体目标应该对部门目标的制订起指导作用，而部门目标反过来则对整体目标的实现起保证作用；同理，在目标的时间结构中，长期目标应该对短期目标的制定起指导作用，而短期目标则应成为长期目标实现的保证。在目标分解过程中进行目标结构的合理性分析，应当着眼于研究较低层次或较短时期的目标对较高层或较长时期的目标的保证能否落实。也即分析组织在各个时期具体目标的实现能否支持和保证长期目标的达成；组织的各个部分的具体目标的实现是否能使组织整体目标的实现获得可靠的保证。只有使上下左右以及前后时期的目标相互衔接、彼此协调，才可能形成一个完整的目标体系。通过目标的分解、落实，就可以明确组织的各部分在未来各个时期具体的任务以及完成这些任务应达到的具体要求。

（2）制订分部门及分阶段的目标的必要性。通过目标的分解，把任务落到实处，以保证组织内部各方面行动的一致性；充分协调运用组织的各种资源；形成一种目标一致的有秩序的工作状态；明确员工的努力方向；形成管理控制的详细指标体系。

4.3.2.3　综合平衡

第一，任务之间的平衡。由目标结构决定或与目标结构对应的组织各部分在各时期的任务要做到相互衔接与相互协调，任务之间的平衡包括时间上的平衡和空间上的平衡。时间上的平衡是组织在各阶段任务之间的有机衔接，以确保组织的长远目标在各个阶段分目标的合理分配；空间上的平衡是组织各个部分的目标要保持合理的比例，从而能保证组织的整体活动协调地进行。

第二，组织活动与资源供应的平衡，确保组织在适当的时间筹集到适当品种、数量和质量的资源，从而保证组织活动能连续地、稳定地进行。

第三，不同环节在不同时间的目标与能力的平衡，确保组织的各个部分能够保证在任何时间都有足够的能力去完成规定的任务。由于内外环境条件经常发生变化，因此在任务与能力平衡的同时，还应留有一定的余地，确保目标在一定条件下可作相应的调整。

4.3.2.4　行动方案制订

确定目标以后，就要从现实出发分析实现目标所需解决的问题。

可按照本书前述的决策过程,确定所要进行的各项工作。在各项工作明确之后,通过对各项工作之间相互关系和先后次序的分析,即可画出行动路线图。

4.3.2.5　落实人选和明确责任

在所要进行的各项工作任务明确以后,就要落实每项工作由谁负责、由谁执行,由谁协调、由谁检查。同时,要制订相应的奖惩措施,明确规定完成任务有何奖励,完不成任务又有何惩罚,使计划中的每一项工作落实到部门和个人,并有切实的保证措施。

4.3.2.6　制订进度表

各项活动所需时间的多少,取决于该项活动所需的客观持续时间,所涉及的资源的供应情况及其可以花费的资金的多少。

活动的客观持续时间是指在正常情况下完成此项工作所需的最少时间。例如,酿酒需要一定的发酵时间,从原材料投入到生产出成品需要一定的生产时间等。在一般情况下,工作计划时间不能少于客观持续时间。

实际工作时间的多少还受到工作所需资源的供应情况的影响,如所需资源能从市场上随时获得,则工作计划时间约为客观持续时间加上一个余量;如所需资源的获得需要经过一段时间,则计划时间也要在客观持续时间上再加上获得资源所需的时间。

另外,同样的一项工作,如可不计成本,则可通过采用先进的技术、增加人力等缩短工作时间;而资金不足,则会影响工作进展。所以,在一定条件下,计划时间与工作成本成反比。

根据以上三方面的情况,即可决定每项工作所需的时间,前后相连的各项工作时间之和即为完成此项任务或实现此项目标所需的总时间。

4.3.2.7　资源分配

资源分配主要涉及需要哪些资源、各需要多少及何时投入、各投多少等问题。

一项计划所需要的资源及资源多少可根据该项计划所涉及的工作要求确定,不同的工作需要不同性质和数量不等的资源。根据各项工作对资源的需求、各项工作的轻重缓急和组织可供资源的多少就可确定资源分配给哪些工作和各配给多少。

每一项工作所需资源何时投入、各投多少,则取决于该项工作的行动路线和进度表。

在配置资源时,计划工作人员要注意不能留有缺口,但要留有一定的余地,即必须保证工作所需的各项资源,并且要视环境的不确定程度留有一定的余量,以保证计划的顺利实施。

☞【即问即答 4-12】

如何应对"计划没有变化快"的情况。

☞【链接 4-4】

计划流程可以应用于大多数重要计划。从某种角度看,高校学生在计划上大学时,完全可以按照下面的这些步骤去进行。首先,他们要认识到上大学的机会和上大学带来的机遇等。接着,他们要确定各种目标,例如所学的专业、在四年内获得的学位等。他们也需要找出实现计划的前提条件,例如他们可以设想申请奖学金,或者半工半读;有些同学希望留在原来的地区或者原来的省市,而有些同学希望到大城市或者国外去留学。无论是什么情况,通常都有几种需要认真评估的方案。因此,学生们要对他们将要报考的大学的优势和劣势进行评估,以选择合适的大学,这是计划的关键。在做出选择之后,学生们还需要制定派生计划,包括走读,住校或者在大学附近找份工作等。最后,学生们还需要计划转变为预算,将其数字化,包括学费、生活费、住宿费和娱乐的费用等。

4.4　目标管理

4.4.1　目标管理的由来和含义

⇨【链接 4-5】

金帝公司为最大限度节约成本,增加利润,决定在整个公司内实施目标管理,根据目标实施和完成情况,一年进行一次绩效评估。

此前,公司为销售部门制定奖金系统时,已经采用了目标管理的方法。公司通过对比实际销售额与目标销售额,支付给销售人员相应的奖金。

销售大幅提上去了,但生产部门却很难及时完成交货计划。于是,公司高层管理者决定为所有部门和员工建立一个目标设定流程。生产部门的目标包括按时交货和库存成本两个部分。

为了实施新方法公司聘请专业咨询公司指导管理人员设计新的绩效评估系统,指导经理们如何组织目标设定的讨论和绩效回顾流程。

然而不幸的是,业绩不但没有上升反而下滑,部门间矛盾加剧,尤其是销售部和生产部,客户满意度下降,利润也急剧下降。

目标管理作为一种行之有效的管理方法,在很多企业推广使用。但有效实施目标管理法要有一定的条件,其中任何一个环节出现问题,均可能影响目标管理方法的实施效果,甚至是影响到企业最终目标的实现。

目标管理是在泰罗的科学管理和行为科学理论基础上形成的一套管理制度。1954 年,德鲁克在他所著的《管理的实践》一书中,首先提出了"目标管理和自我控制"的主张。他认为,通过目标管理就可以对管理者进行有效的管理。之后,他又在此基础上发展了这一主张,认为"企业的目的和任务,必须转化为目标",企业的各级主管必须通过这些目标对下级进行领导,以此来达到企业的总目标。如果每个职工和主管人员都完成了自己的分目标,则整个企业的总目标就有可能达到。与此同时,还有许多先驱者对目标管理也同样作出了重大贡献,在此基础上形成了目标管理制度。由于这种制度在美国应用非常广泛,而且特别适用于对主管人员的管理,所以被称为"管理中的管理"。

目标管理是指组织的最高领导层根据组织面临的形势和社会需要,制定出一定时期内组织经营活动所需达到的总目标,然后层层落实,要求下属各部门主管人员以至于每个职工根据上级制定的目标,分别制订目标和保证措施,形成一个目标体系,并把目标的完成情况作为各部门或个人考核的依据。

⤵【即问即答 4-12】

目标管理产生的原因是什么？
有效实施目标管理的条件有哪些？

4.4.2 目标管理过程

每个组织的性质不同,目标管理的步骤也不尽相同。一般地,可分为以下几步:

1.要有一套完整的目标体系。实行目标管理,首先要建立一套完整的目标体系。组织的最高管理层首先要订出年度内组织经营活动要达到的总目标,然后经过上下协商,订出下级以及个人的分目标。组织内部上下左右各自都有具体的目标,从而形成一个目标体系。目标也可由下级部门或职工自行提出,由上级批准。下级要参与上级目标的制订工作。

2.组织实施。主管人员应放手把权力交给下级成员,而自己去抓重点的综合性管理。完成目标主要靠执行者的自主管理。上级的管理主要表现在指导、协助、提出问题、提供情报以及创造良好的工作环境。

3.检验结果。对各级目标的完成情况和取得的结果,要及时地进行检查和评价。首先定出检查时间,然后,在到达预定期限后,上下级在一起对目标完成情况进行考核。应注意的事项是:本人完成后的结果要进行自检;对于本人的自检,上级必须同职工进行商谈;要以一定形式(如奖惩)同成绩评价结合起来。

凡按期完成目标任务、成果显著的单位和个人,应给予表彰和奖励,以便进一步改进工作,鼓舞士气,为搞好下一期的目标管理而努力。对不按期完成目标任务的单位和个人,给以必要的惩罚,甚至在职务上给予降级。但在成果评价时,要根据目标的完成程度、目标的复杂程度以及工作的努力程度将结果分为四个等级。一般先由执行者自我评定等级,经过评议,最后由上级核定。

4.新的循环。再制定新的目标,开始新的循环。

从上级主管部门开始确定目标并把它们分别分配下去的工作是很难做好的。这项工作也不应从基层开始,它需要一定程度的上下反复过程。

4.4.3 目标管理的优点

大量的研究证明,明确的目标有利于激励组织工作的顺利完成,但除此之外,其有许多的优点:

1.有助于提高管理水平,即有利于各方面的管理。目标管理迫使管理人员去考虑关于计划的效果。

2.有利于暴露组织机构中的缺陷。目标管理可使主管人员把组织的作用和结构搞清楚,从而尽可能地把主要目标所要取得的成果落实到对实现目标负有责任的岗位上。

3.有利于调动人们的积极性、创造性和责任心。目标管理使人们不再只是做工作、执行指导和等待指导与决策,他们都是有着明确目的的个人。

4.有利于进行更有效的控制。管理控制的主要问题之一是要懂得如何进行监督,而一套明确的可考核的目标就是管理者了解如何进行监督的最好指导。

　　总之,目标管理可以造成一种全体职工都关心组织的整体目标的局面,从而得到一种组织的活力和生机,大大改善组织的素质。

4.4.4　目标管理的缺点

　　尽管目标管理系统有很多优点,但它也有若干缺陷。

　　1.目标管理理论还没有得到普及和宣传。目标管理看起来很简单,但要把它付诸实施还需要对它进行大量的了解和认识。

　　2.适当的目标不易确定。不能忽视真正可考核的目标是很难确定的,特别是有些定性目标难以定量化。

　　3.目标一般是短期的。强调短期的目标,其弊病是显而易见的,可能会使短期目标和长期目标脱节。

　　4.不灵活。计划是面向未来的,计划制定后还要不断进行调整,目标随之也要改变。而目标的改变可能导致目标前后不一致,从而给目标管理带来困难。

　　尽管目标管理在现代管理中还存在一些欠缺,但一旦被主管人员所认识,并在此基础上灵活运用,则目标管理在现代管理过程中将起到很大的作用。目标管理的关键在于:企业领导人对实行目标管理的坚定信心;国家、集体和个人利益的结合;对目标的重视,目标一经制定,绝不能放任自流和随意改动;实事求是,脚踏实地,认真执行,不搞形式。

▷【即问即答 4-13】

　　　　目标管理主要优点是什么?

▷【链接 4-6】

　　　　邯郸钢铁公司 1958 年建厂,在国内钢厂中属于中等规模,1998 年钢铁行业的企业利润排名中,邯郸钢铁以利润 5 亿元排第二位,仅仅次于上海宝钢。"邯钢经验"于 20 世纪 90 年代在中国企业界并广为推广。

　　　　邯钢是从市场入手来确定管理目标的。企业中常用公式:成本＋利润＝价格。这是一种以生产为中心的定价模式。邯钢则将上式变为:利润＝价格－成本。这是具有市场意识的成本观,他认为价格不是企业能定的,只有通过市场才能把握价格。确定了企业的管理目标——成本管理,邯钢主动走向市场,开始在企业内部实行模拟市场核算,将企业内部核算的计划价格一律改为市场价格,并根据市场上产品售价和采购原材料的市场价格来计算目标成本和目标利润。

　　　　企业的总目标一旦确定,邯钢就开始用"倒推"方式分解总的目标成本。从产品在市场上被接受的价格开始,一个工序一个工序分析其成本构成,从后往前推,直至原材料采购在分解成本目标时,邯钢领导层强调降低成本是企业上至厂长、下至每一个员工的事,每一个人都要分担成本指标或费用指标。公司规定,厂里没(成本控制)指标的没奖金。

　　　　邯钢在全厂反复动员、统一思想,而且制订了一系列成本管理制度,如成本否决制,即完不成成本指标,其他工作干得再好,也要否决全部奖金。同时,邯钢还将业绩考核与成本指标的完成情况挂钩。

　　　　问题:结合邯钢成本目标管理具体做法,归纳目标管理实施的流程和关键影响因素。

⇨【本章小结】

● 在企业管理各项职能中,计划职能是最重要和关键的职能,计划是企业管理者合理利用资源、协调和组织各方面力量以实现目标的重要手段。

● 计划是对组织在未来一段时间内的目标和实现目标途径的策划与安排。

● 计划工作根据不同的划分依据可分成多种类型。按时间长短可分为长期计划、中期计划和短期计划;按制订者的地位可分为战略计划和行动计划;按计划的对象可分为综合计划、部门计划和项目计划;按对执行者的约束力可分为指令性计划和指导计划;按表现形式可分为正式计划和非正式计划。

● 计划编制过程实际上是决策的组织落实过程,是决策得以正确实施的前提。计划的制订包括资料收集,明确目标,分解目标,综合平衡等步骤。

● 目标管理是在泰罗的科学管理和行为科学理论基础上形成的一套管理制度,可分为完整的目标体系,组织实施,检验结果,再制定新的目标四个步骤。

⇨【习　题】

一、基本训练题

(一)单项选择

1. 在管理的各项工作中,居于领先地位的工作是(　　)。
　　A. 计划工作　　　B. 控制工作　　　C. 组织工作　　　D. 指导与领导工作

2. 计划工作的核心是(　　)。
　　A. 预测　　　　　B. 决策　　　　　C. 确定前提　　　D. 制定预算

3. 按计划内容分类的计划是(　　)。
　　A. 长期计划　　　B. 年度计划　　　C. 专项计划　　　D. 上层管理计划

(二)多项选择

1. 计划的基本特征有(　　)。
　　A. 目的性　　　B. 经济性　　　C. 普遍性　　　D. 随意性　　　E. 主导性

2. 计划工作包括以下哪些要素(　　)。
　　A. 做什么　　　B. 为什么做　　C. 何时做　　　D. 何地做　　　E. 怎么做

3. 按企业职能分类,计划种类包括(　　)。
　　A. 生产计划　　　B. 财务计划　　　C. 计划生育计划
　　D. 安全计划　　　E. 供应计划

4. 按计划所涉及的范围划分的计划有(　　)。
　　A. 上层管理计划　　　　B. 中层管理计划　　　C. 长期计划
　　D. 综合计划　　　　　　E. 基层管理计划

5. 按计划所涉及的时间划分的计划有(　　)
　　A. 长期计划　　　　　　B. 生产计划　　　　　C. 专项计划
　　D. 中期计划　　　　　　E. 短期计划

6. 计划的工作步骤有(　　)。
　　A. 确定目标　　B. 确定方案　　C. 评价方案　　D. 选择方案　　E. 检查落实

二、案例分析

乔森家具公司五年目标

乔森家具公司是乔森先生在 20 世纪中期创建的,开始时主要经营卧室和会客室家具,取得了相当的成功,随着规模的扩大,自 70 年代开始,公司又进一步经营餐桌和儿童家具。1975 年,乔森退休,他的儿子约翰继承父业,不断拓展卧室家具业务,扩大市场占有率,使得公司产品深受顾客欢迎。到 1985 年,公司卧室家具方面的销售量比 1975 年增长了近两倍。但公司在餐桌和儿童家具的经营方面一直不得法,面临着严重的困难。

董事长提出的五年发展目标乔森家具公司自创建之日起便规定,每年 12 月份召开一次公司中、高层管理人员会议,研究讨论战略和有关的政策。1985 年 12 月 14 日,公司又召开了每年一次的例会,会议由董事长兼总经理约翰先生主持。约翰先生在会上首先指出了公司存在的员工思想懒散、生产效率不高的问题,并对此进行了严厉的批评,要求迅速扭转这种局面。与此同时,他还为公司制定了今后五年的发展目标。具体包括:(1)卧室和会客室家具销售量增加 20%;(2)餐桌和儿童家具销售量增长 100%;(3)总生产费用降低 10%;(4)减少补缺职工人数 3%;(5)建立一条庭院金属桌椅生产线,争取五年内达到年销售额 500 万美元。这些目标主要是想增加公司收入,降低成本,获取更大的利润。但公司副总经理托马斯跟随乔森先生工作多年,了解约翰董事长制定这些目标的真实意图。尽管约翰开始承接父业时,对家具经营还颇感兴趣。但后来,他的兴趣开始转移,试图经营房地产业。为此,他努力寻找机会想以一个好价钱将公司卖掉。为了能提高公司的声望和价值,他准备在近几年狠抓一下经营,改善公司的绩效。

公司副总经理托马斯意识到自己历来与约翰董事长的意见不一致,因此在会议上没有发表什么意见。会议很快就结束了,大部分与会者都带着反应冷淡的表情离开了会场。托马斯有些垂头丧气,但他仍想会后找董事长就公司发展目标问题谈谈自己的看法。

托马斯觉得,董事长根本就不了解公司的具体情况,不知道他所制定的目标意味着什么。这些目标听起来很好,但并不适合本公司的情况。托马斯心里这样分析道:第一项目标太容易了——这是本公司最强的业务,用不着花什么力气就可以使销售量增加 20%;第二项目标很不现实——在这领域的市场上,本公司就不如竞争对手,绝不可能实现 100% 的增长;第三项目标亦难以实现——由于要扩大生产,又要降低成本,这无疑会对工人施加更大的压力,从而也就迫使更多的工人离开公司,这样空缺的岗位就越来越多,在这种情况下,怎么可能降低补缺职工人数 3% 呢?第四项目标倒有些意义,可改变本公司现有产品线都是以木材为主的经营格局。但未经市场调查和预测,怎么能确定五年内公司的年销售额达到 500 万美元呢?经过这样的分析后,托马斯认为他有足够的理由对董事长所制定的目标提出质问。除此之外,还有另外一些问题使他困扰不解——一段时期以来,发现董事长似乎对这公司已失去了兴趣;他已 50 多岁,快要退休了。他独身一人,也从未提起他家族将由谁来接替他的工作。如果他退休以后,那该怎么办呢?托马斯毫不怀疑,约翰先生似乎要把这家公司卖掉。董事长企图通过扩大销售量,开辟新的生产线,增加利润收入,使公司具有更大的吸引力,以便在出卖中捞个好价钱。"如董事长真是这样的话,我也无话可说了。他退休以后,公司将会变成什么样子,他是不会在乎的。他自己愿意在短期内葬送掉自己的公司,我有什么办法呢?"

问　题

1. 你认为约翰董事长为公司制定的发展目标合理吗？为什么？你能否从本案例中概括出制定目标需注意哪些基本要求？

2. 约翰董事长的目标制定体现了何种决策和领导方式？其利弊如何？

3. 假如你是托马斯，如果董事长在听取了你的意见后同意重新考虑公司目标的制定，并责成你提出更合理的公司发展目标，你将怎么做？

三、讨论题

1. "编制计划是展望未来，而控制是回顾过去。"请说明你的看法。

2. 你是否同意如下的说法：企业为了由某个现实状态过渡到它所设想的理想状态，需要制定一个目标体系和相应的过渡方案体系。如果同意这种说法，那么，这是否意味着一名管理者要制定多种计划？为什么？

3. 根据制定者的地位，计划可分为战略计划和行动计划，战略计划是关于企业活动总体目标和战略方案的计划，需要较长的时间。因此说"战略计划是长期的计划，而长期计划都是战略计划"，您认为这种说法对吗？

4. 计划的制定需要"5W1H"六种要素，你认为一个计划必须要有此六种要素吗？如果不一定，哪些是必须的？

5. 目标的制定是计划的根本点，目标的高低直接影响到计划的制定与实施，你认为在现实的生活中，制定公司的目标是否因人而异，还是因事而异。

6. "目标管理"已经广泛应用到评估业绩和激励人员方面，但目标管理是一个系统过程。你认为目标管理适合学生管理吗？

四、实训题

目的

● 对近期新闻中的公司战略计划进行研究

指示

《商业周刊》登载各种类型公司战略的系列文章。在近期的文章中，挑选一篇你感兴趣的，阅读后回答下列问题。

● 公司是否明确它所从事的业务，它在哪些方面区别于竞争对手？

● 对公司新战略产生影响的主要假设是什么？

● 影响公司战略选择的优势和劣势是什么？

● 公司确定了哪些与新战略相关的具体目标？

第5章

组 织

≫ ≫ ≫ ≫

■ 组织与组织设计
■ 组织的基本问题
■ 几种常见的组织结构形式
■ 组织变革
■ 组织文化

学习目标

知识目标：了解组织的基本含义、组织结构形式、组织设计的任务和组织的设计原则；了解管理幅度与管理层次、集权与分权、直线与参谋、组织变革、组织文化。

技能目标：掌握组织设计的基本方法。

能力目标：应用所学的组织知识对社会组织，特别是企业组织进行观察，并提出改进意见。

导入语

凯迪公司是上海市的一家中型企业，主要是为企业用户设计和制作商品目录手册。公司在浦东开发区和市区内各设有一个业务中心，这里简称 A 中心、B 中心。

A 中心内设有采购部和目录部。采购部的职责是接受用户的订单，并选择和订购制作商品所需要的材料，目录部则负责设计用户定制的商品目录。凯迪公司要求每个采购员都独立开展工作，而目录部的设计人员则须服从采购员的要求。

凯迪公司的总部和 B 业务中心都设在市区。B 中心的职责是专门负责商品目录的制作。刘利是凯迪公司负责业务经营的主管，他经常听到设计人员抱怨自己受到的约束过大，从而无法实现艺术上的创新与完美。最近，刘利在听取有关人员的建议后，根据公司业务发展的需要，决定在 B 中心成立一个市场部，专门负责分析市场需求和挖掘市场潜力，并向采购员提出建议。市场部成立后不久，刘利听到了各种不同意见。比如，采购员和设计员强烈反映说，公司成立市场部不但多余，而且干涉了他们的工作。关于此，市场部人员则认为，采购员和设计员太过于墨守成规、缺乏远见。刘利作为公司的业务经营主管，虽然做了大量的说服工作并先后调换了有关人员，但效果仍不理想。他很纳闷：公司的问题究竟出在什么地方？

这则案例生动地描述了凯迪公司组织结构设计和运作中存在的问题。公司分别在两地设立机构。设在 A 中心的采购部和目录部,完成商品目录订单的承接、设计及所需材料的采购,B 中心原来只是一个生产中心,现在新成立了一个市场部,负责分析和挖掘市场需求。市场研究、产品推销、产品设计、材料采购,这些部门之间的工作配合在凯迪公司中已明显地出现了问题,组织运转不顺利,原因在哪里? 公司有没有必要单独成立一个负责市场研究的机构? 如有必要,应该怎么设置? 如果没必要,是否应该由什么人员或部门来承担起这方面的责任? 对凯迪公司中的各个业务经营部门,应该如何界定其职责权限? 凯迪公司实质上是职能型结构还是地区事业部结构? 这些问题的回答与管理学中的组织职能密切有关。

组织职能是管理工作的第二大职能。一家工商企业、一个非营利性机构或者一个公共机关,不管其最终使命是什么,都需要把组织总体的任务分配给各个成员、各个部门去承担,建立起它们之间相互分工而又相互协作的关系,这种关系就形成了一种框架或结构。管理者开展组织职能的目的,就是着眼于在他所服务的组织中建立这样一种能产生有效的分工和协作关系的结构,并为这样的组织结构配备合适的工作人员。

关键词

组织　组织设计　组织结构　组织变革　组织文化

5.1　组织与组织设计

5.1.1　组织的定义与特征

1. 组织的定义

组织一词在我国古汉语中,原始的意义是纺织的意思,即将丝麻织成布帛。我国《辞海》对组织的定义为:按照一定的目的、任务和形式加以编制。组织是有目的、有系统、有秩序地结合起来,按照一定的宗旨和系统建立的集体。英语中的组织,渊源于器官一词,因为器官是自成系统的,具有特定功能的细胞结构。

人类为了生存,在与大自然搏斗的过程中结成了群体。只要有群体的活动,就需要管理,同时也就产生了组织。从管理学的角度分析,组织有两种含义:一方面,组织是作为组织工作对象的"组织",如政府行政机关、工厂企业、公司财团、学校、医院、宗教党派、学术行业等组织,它代表某一实体本身。另一方面,是作为组织工作或组织职能的"组织",它是指管理者所开展的组织行为、组织活动过程,其重要内容就是进行组织结构的设计与再设计的活动过程。

2. 组织的特征

一个实体之所以称为组织,它必须具备三个共同的特征:(1)组织起源于共同的目标,即组织都具有明确的目的;(2)每一个组织都是由一定的人群组成;(3)所谓组织都派生出相应的系统性的结构,用以控制和规范组织内成员的行为。例如,制定规则建立规章制度,编写职责与职权,向组织内的成员说明应该做什么,由谁来做,相互之间如何协调等。所以,组织是人们为了实现某一特定的目的而形成的系统集合,它有一个特定的目的,由一群人所组成,有一个系统化的结构。

↪ 【即问即答 5-1】

　　组织与群体有什么联系与区别？

　　请对你周围环境的两三个不同类型或行业的企业（组织）进行考察，了解组织在其中的地位和作用如何，是否具备上述特征。

5.1.2　组织工作的重要性

↪ 【链 接 5-1】

　　A 厂长总结自己多年的管理实践，提出在改革工厂的管理机构中必须贯彻统一指挥原则，主张建立执行参谋系统。他认为，一个人只有一个婆婆，即全场每个人只有一个人对他的命令是有效的，其他的无效。如副厂长有事只能找厂长，下面的科长只能听从一个副厂长的指令，其他副厂长的指令他是不起作用的。这样做中层干部都高兴。原来这个工厂有 13 个厂级领导，如果每个厂级领导的命令都要要求下面执行，下面就吃不消了。一次，有个中层干部开会时在桌子上放了本子和一支笔就走了，散会时也没回来。事后，A 厂长就问他搞什么名堂，他说有三个地方要开会，所以就放一个本子，以便应付另外的会。后来，他们规定，同一个时间只能开一个会，由厂长办公室统一安排。

　　A 厂长认为，上下级领导界限要分明。副厂长是厂长的下级，必须服从厂长的决定，副厂长和科长之间也应如此，厂长对党委负责，要向党委打报告、报计划、报预决算，经批准就按此执行。所以厂长跟党委书记有时一周一面也不见，跟副厂长一周只见一面。A 厂长认为这样做是正常的。他们规定，报忧不报喜，工厂一切正常就不用汇报，有问题来找厂长，无问题各忙各的事。

　　A 厂长认为，一个人的管理能力有限，所以规定领导的直接下级只有 5—6 人，现在多了一点，有 9 人。他提出，这 9 个人厂长可以直接布置共组，有事可以直接找厂长，除此之外，任何人不准找厂长，找厂长也一律不接待。

　　毋庸置疑，组织工作、组织现象存在于社会生产和生活的方方面面。在一条崎岖的山路上，连续几天的降雨突然导致山洪暴发、山体崩塌，引起公路交通受阻。面临困境的司机们可能自动协作起来清除路障，进行自救，这种协作行为和状态就是一种组织。组织可以是自发形成的，也可能是事先有意识策划和安排的结果。我们将形成工作中分工与协作关系的策理和安排过程，称作"组织设计"。而特定时期设计出来的组织，可能要在运行一段时间后进行再设计或重组变革，并采取有效的变革管理措施使之顺利过渡到一种新的状态。

　　搞好组织设计与再设计工作，意义非同一般。"三个和尚没水吃"的典故已是众所皆知，类似"三个臭皮匠，胜过诸葛亮"的故事也时有传闻。那么，是什么导致了这两种截然不同的组合效果呢？或者说，为什么"整体可能大于各部分的总和"，也可能相反，构成的要素越多，整体的力量反而越小？其根本的原因就是，由于要素组合在一起的特定方式不同，从而造成了要素间配合或协同关系的差异。

　　组织工作做得好，可以形成整体力量的汇聚和放大效应。否则，就容易出现"一盘散沙",甚至造成力量相互抵消的"窝里斗"局面。也许正是基于这一原因,组织工作的重要性在各类组织中都受到了普遍注意。

5.1.3　组织设计的任务

组织设计,概括地说,就是对企业(或其他组织)开展工作、实现目标所必须的各种资源进行安排,以便在适当的时间、适当的地点把工作所需的各方面力量有效地组合到一起的这样一项管理活动过程。组织设计工作的直接结果是形成一种关系网络,用现代管理理论创始人巴纳德的原话来说,此乃"有意识地加以协调的两个或两个以上的人的活动或力量的协作系统"。在许多情形下,这种协作系统或关系网络,通常被称为"组织结构"。

组织设计工作包括以下三项具体的任务。

1. 职务分析与设计

职务分析与设计是组织设计的最基础工作。它是在对企业(或其他组织)的目标活动进行逐级分解的基础上,具体确定出组织内各项作业和管理活动开展所需设置的职务的类别与数量,以及每个职务所拥有的职责权限和任职人员所应具备的素质。

2. 部门划分和层次设计

这是根据各个职务所从事工作的性质,内容及职务间的相互联系,采取一定的部门化方式,依照一定原则,将各个职务组合成被称为"部门"的作业或管理单位。这些部门单位又可以按一定的方式,组合成上一层级的部门,这样就形成了组织的"层次"。

3. 结构形成

这是通过职责权限的分配和各种联系手段的设置,使组织中的各构成部分(各职务、各部门、各层次)联结成一个有机的整体,使各方面的行动协调配合起来。

组织设计工作的结果通常体现在两份书面文件上。其一是组织机构系统图,称组织图或组织结构图。它一般是以树形图的形式简洁明了地展示组织内的机构构成及主要职权关系。绘图时常以"方框"来表示职位或部门,方框的垂直排列位置说明该职位或部门在组织层级中所处的位置,而上下两方框间相连的"直线"则体现这两个职位或部门之间的隶属和权力关系。另一书面文件是职务说明书,有时亦称作职位说明书。它一般是以文字的形式规定某一职位的工作内容、职责和职权,与组织中其他职务或部门的关系,以及该职务担当者所必须具备的任职条件,如基本素质、学历、工作经验、技术知识、处理问题的能力等。

5.1.4　组织设计的原则

管理者在进行组织设计工作过程中,应该遵循一些什么原则,才能使所建立的组织结构更好地促进组织目标的实现?长期的理论研究与实践探索总结出了如下几条基本原则。

1. 目标至上、职能领先原则

组织结构只是实现组织目标的手段,组织机构只是落实组织机能或职能的工具。因此,管理者在进行组织设计工作时,无论是决定选取何种形式的组织结构,还是决定配置哪些职位、部门与层次,都必须从服从并服务于组织目标实现的需要出发来加以考虑和选择。组织在一定时期内所要实现和开展的战略目标、核心职能,往往对组织结构的形式与构成起着决定性作用。对组织特定目标和职能的关注应该贯穿于组织设计和变革工作的全过程。

2. 管理幅度原则

任何主管人员能够直接有效地指挥和监督的下属数量总是有限的。这个所能有效领导的直接下属的数量限度就被称作管理幅度,亦称管理跨度或管理宽度。管理幅度过大,会造成指导监督不力,使组织陷入失控状态。管理幅度过小,又会造成主管人员配备增多,管理效率降低。所以保持合理的管理幅度是组织设计工作的一条重要原则。

3. 统一指挥原则

统一指挥指的是组织中的每个下属应当而且只能向一个上级主管直接汇报工作。组织内部的分工越是细致、深入,统一指挥原则对于保证组织目标实现的作用就越重要。政出多门、命令不统一,一方面会使真正想做事的下属产生无所适从的感觉,另一方面,也会给一些不想做事的下属以利用矛盾、逃避责任的机会。

4. 权责对等原则

在进行组织设计时,既要明确每一部门或职务的职责范围,又要赋予其完成职责所必须的权利,使职权和职责两者保持一致,这是组织有效运行的前提,也是组织设计中必须遵循的基本原则。只有责任,没有职权或权限太小,会使工作者的积极性和主动性受到严重束缚;相反,只有职权而无责任,或者责任程度小于职权,则会导致组织中出现权力滥用和无人负责现象的并存局面。

5. 因事设职与因人设职相结合原则

组织中每个部门,每个职务都必须由一定的人员来完成规定的工作任务。组织设计必须确保实现组织目标活动的每项内容都能落实到具体的职位和部门,做到"事事有人做",而不是"人人有事做"。这样,组织设计中自然就要求从工作特点和需要出发,因事设职,因职用人,但这并不意味着组织设计可以忽视人的因素,忽视人的特点和人的能力。组织设计必须在保证有能力的人有机会去做他们真正胜任的工作的同时,使工作人员能在组织中获得能力的不断提高和发展。一句话,"人"与"事"的要求应该得到有机的结合。

⑤▷【即问即答 5-2】

组织设计的主要任务是什么?
组织设计的原则是什么?

⑤▷【链 接 5-2】

当杰克·韦尔奇于 20 世纪 80 年代初接过通用电气时,美国企业正面临着日本、韩国等企业的强大竞争,不少行业在进口产品的冲击下不断衰落。韦尔奇上任时,对公司的状况极为不满,认为公司机构臃肿、部门林立、等级森严、层次繁多、程序复杂、官僚主义严重等。在日本、韩国以及欧洲一些小国家的企业竞争面前束手无策、节节败退。为了改变这种状况,韦尔奇明确提出要以经营小企业的方式来经营通用电气,彻底消除官僚主义,并采取一系列的具体措施。

韦尔奇一上台就大刀阔斧地削减重叠机构。当时,全公司共有 40 多万职工,其中有"经理"头衔的就达 2.5 万人,高层 500 多人,副总裁 130 人。公司的管理层次共有12 层,工资级别多达 29 级。韦尔奇先后砍掉了 350 多个部门,将公司职工裁减为 27万人。同时,大力压缩管理层次,强制性要求在全公司任何地方从一线职工到他本人之间不得超过 5 个层次。这样,原来的宝塔形组织结构就变成了如今的扁平组织结构。

现在,通用电气有 13 个事业部,每个事业部都有特定的生产经营领域,如照明、电力、设备等。公司对事业部高度授权,使其具有充分的经营自主权,但通用电气在某些方面又高度集权化。除了金融事业部外,其余的事业都没有注册为独立的公司,而全部统一在通用电气名下,同属一个法人企业。这与其他大公司不同。另外,通用电气的资金也是统一控制和使用,每个事业部都可以按照年度预算计划使用资金,但所有的销售收入都必须划入到公司的同一账户上,既不能有"利润留存",也不参加公司进行"利润分成"。各事业部发展需要的投资,均统一由公司计划安排。通用电气的这种资金上的高度集中的体制至少有两大好处:一是减少应纳税额;二是集中大量资金用于发展那些有较大市场收益但投资规模较大的项目。

5.2   组织的基本问题

5.2.1   管理幅度与管理层次

5.2.1.1   管理幅度与管理层次的互动性

组织的最高主管因受到时间和精力的限制,需委托一定数量的人分担其工作。委托的结果是减少了他必须直接从事的业务工作量,但与此同时,也增加了他协调受托人之间关系的工作量。因此任何主管能够直接有效地指挥和监督的下属数量总是有限的。这个有限的直接领导的下属数量被称作管理幅度。

由于同样的理由,最高主管的委托人也需将受托担任的部分管理工作再委托给另一些人来协助进行,并依此类推下去,直至受托人能直接安排和协调组织成员的具体业务活动。由此形成组织中最高主管到具体工作人员之间的不同管理层次。

显然,管理层次受到组织规模和管理幅度的影响,它与组织规模成正比:组织规模越大,包括的成员越多,则层次越多;在组织规模已定的条件下,它与管理幅度成反比:主管直接控制的下属越多,管理层次越少,相反,管理幅度减少,则管理层次增加。

管理层次与管理幅度的互动关系决定了两种基本的管理组织结构形态:扁平结构形态和锥型结构形态。

扁平结构是指在组织规模已定、管理幅度较大、管理层次较少的一种组织结构形态。这种形态的优点是由于管理的层次少,信息的沟通和传递速度比较快,因而信息的失真度也比较低,同时,上级主管对下属的控制也不会太呆板,这有利于发挥下属人员的积极性和创造性。其缺点是:过大的管理幅度增加了主管对下属的监督和协调控制难度,同时,下属也缺少了更多的提升机会。

锥型式组织结构的优点是:由于管理的层次比较多,管理幅度比较少,每一管理层次上的主管都能对下属进行及时的指导和控制;另外,层次之间的关系也比较紧密,这有利于工作任务的衔接,同时也为下属提供了更多的提升机会。其缺点是:过多的管理层次往往会影响信息的传递速度,因而信息的失真度可能会比较大,这又会增加高层主管与基层之间的沟通和协调成本,增加管理工作的复杂性。

5.2.1.2 管理幅度设计的影响因素

任何组织在进行结构设计时都必须考虑这样的问题,即每个主管人员直接指挥与监督的下属人数以多少为宜。一般来说,即使在同样获得成功的组织中,每位主管直接管辖的下属数量也不一定相同。有效管理幅度的大小受到管理者本身的素质及被管理者的工作内容、能力,工作环境与工作条件等诸多因素的影响,每个组织及组织中的每一个管理者都必须根据自身的情况来确定适当的管理幅度,在此基础上再确定组织相应设置的管理层次数。

有效管理幅度设计应考虑以下诸多因素的影响。

1. 工作能力

主管人员的综合能力、理解能力、表达能力强,则可以迅速地把握问题的关键,对下属的请示提出恰当的指导建议,并使下属明确地理解,从而可以缩短与每一位下属接触所占用的时间。同样,如果下属人员具备符合要求的能力,受到良好的系统的培训,则可以在很多问题上根据自己的符合组织要求的主见去解决,从而可以减少向上级领导请示、占用上级领导时间的频率。这样,管理的幅度便可适当宽些。

2. 工作内容和性质

(1)主管所处的管理层次。主管人员的工作主要在于决策和用人,但处在管理系统中的不同层次,决策与用人的比重各不相同。决策的工作量越大,主管用于指导和协调下属的时间就越少。所以,越是越近组织高层的主管人员,其决策职能越重要,管理幅度较低的中层和基层管理人员就越小。

(2)下属工作的相似性。同一主管领导下的下属人员,如果所从事工作的内容和性质相近,则对每人工作的指导和建议也就大体相同。在这种情况下,主管人员就可指挥和监督更多的下属人员。

(3)计划的完善程度。任何工作都需要在计划的指导下进行。由下属执行的计划如果制定得非常详尽周到,下属对计划的目的和要求有十分清楚的了解,这样,需要主管人员亲自予以指导的情形就减少。反之,如果下属要执行的计划本身制定得并不完善,或者需要下属作进一步的分解,那么,主管对下属指导、解释的工作量就要增加,其有效的管理幅度就势必要缩小。

(4)非管理性事务的多少。主管人员作为组织不同层次的代表,往往需要花费相当多的时间去从事一些非管理性事务。处理这些事务所需的时间越多,则用于指挥和领导下属的时间就相应减少,此时管理幅度就越不可能扩大。

3. 工作条件

(1)助手的配备情况。如果有关下属工作中遇到的所有问题,都不分轻重缓急需要主管亲自去处理,那么,主管人员所能直接领导的下属数量就会受到一定限制。如果给主管配备必要的助手,由助手去和下属进行一般的联系,并直接处理一些明显的次要问题,这样就大大减少主管的工作量,增加其有效的管理幅度。

(2)信息手段的配备情况。掌握信息是进行管理的前提。利用先进的信息技术去收集、处理和传输信息,一方面可帮助主管人员更及时、全面地了解下属的工作情况,从而提出有用的忠告和建议,另一方面下属人员也可以更多地了解到与自己工作有关的情况,从而更好地自主处理分内的事务。这显然有利于扩大主管人员的管理幅度。

(3)工作地点的接近性。同一主管人员领导下的下属,如果工作岗位在地理上的分布较为分散,那么,下属与主管以及下属与下属之间的沟通就相对比较困难,从而该主管所能领导的直属部下数量就要减少。

4. 工作环境

组织面临的是否稳定,会在很大程度上影响组织活动内容和政策的调整频率与幅度。环境变化越快,变化程度越大,组织中遇到的新问题就越多,下属向上级的请示就越有必要、越经常;而此时上级能用于指导下属工作的时间和精力却越少,因为他必须花更多的时间去关注环境的变化,考虑应变的措施。因此,环境越不稳定,各层次主管人员的管理幅度就会越小。

5.2.2　集权与分权

1. 组织中的职权及其分布

分权与集权是用来描述组织中的职权分布状况的一对概念。这里所谓的"职权",是指组织设计中给某一管理职位所赋予的做出决策、发布命令和希望命令得到执行的权力。职权与组织内的一定职位相关,而与占据这个职位的人无关,所以它通常被称作制度权或法定权力。

职权在整个组织中的分布可以是集中化的,也可以是分散化的。职权的分散化,即称为"分权",是指决策权在很大程度上分散到处于较低管理层次职位上。与之对应,职权的集中化即"集权",则是指决策权在很大程度上向处于较高管理层次的职位集中的这样一种组织状态和组织过程。

在现实中,既不存在绝对的分权,也不存在绝对的集权。因为绝对的集权意味着职权全部集中在一个人手中,这样的人不需要配备下级管理者,管理组织设计也就成为多余;而绝对的分权也不可能,因为上层管理者一旦没有了监督和管理的权利与义务,那也就没有必要设置这样的职位。管理组织的存在必然意味着某种程度的分权。集权和分权是两个彼此对立但又互相依存的概念,它们只能存在于一个连续统一体中。

2. 影响集权与分权程度的主要因素

集权或者分权不能简单地用"好"或"坏"来加以判断。在成功的企业中,既有许多被认为是相对分权的企业,也有许多被认为是相对集权的企业。因此,并不存在着一个普遍的标准,可以使管理者依据它来判断应当分权到什么程度,或是应当集权到什么程度。确定一个组织中职权集中或分散的合理程度,需要考虑如下几方面因素:

(1)经营环境条件和业务活动性质。如果组织所面临的经营环境具有较高的不确定性,处于经常变动之中,组织在业务活动过程中必须保持较高的灵活性和创新性,这种情况就要求实行较大程度的分权。反之,面临稳定的环境和按常规活动的组织,则可以实行一定程度的集权。

(2)组织的规模和空间分布广度。组织规模较小时,实行集权化管理可以使组织的运行取得高效率。但随着组织规模的扩大,其经营领域范围甚至地理区域分布可能相应地扩大,这就要求组织向分权化的方向转变。

(3)决策的重要性和管理者的素质。一般而言,涉及较高的费用支出和影响面较大的决策,宜实行集权,重要程度较低的决策可实行较大的分权。组织中管理人员素质普遍较高,则分权具备比较好的基础。

(4)对方针政策一致性的要求和现代控制手段的使用情况。鉴于集权有利于确保组织方针政策的一致性,所以在面临重大危机和挑战时,组织往往会采取集权的方法。另外,拥有现代化通信和控制手段的组织,在职权配置上经常会出现重要和重大问题的决策可以实行更大程度的集权,而次要问题的决策则倾向于更大程度的分权。

(5)组织的历史和领导者个性的影响。严格地说,这些是对组织集权或分权程度的现实影响因素。如果组织是在自身较小规模的基础上逐渐发展起来,并且发展过程中亦无其他组织的加入,那么集权倾向可能更为明显。因为组织规模较小时,大部分决策都是由最高主管(层)直接制定和组织实施的,这种做法可能延续下来。相似的,组织中个性较强和自信、独裁的领导者,往往喜欢其所辖部门完全按照自己的意志来运行,这时集权就是该类组织经常会出现的状态。对这些现实的影响组织职权配置状态的因素,应该辩证地加以看待。现实的未必就是合理的,但现实的往往是不得不遵从的。

3. 过分集权的弊端

正确的处理集权与分权关系对于组织的生存和发展至关重要。从国内企业的实际情况来看,许多组织都普遍地存在一种过分集权的倾向。集权过度会带来一系列弊端,主要表现在:

(1)降低决策的质量和速度。在规模相对比较大的组织中,高层主管距离生产作业活动的现场较远,如果管理权力过于集中,现场发生的问题需要经过层层请示汇报后由高层人员做出,这样做出来的决策,不仅难以保证其应有的准确性,而且时效性也会受到影响。

(2)降低组织的适应能力。过分集权的组织,可能使各个部门失去自适应和自调整的能力,从而削弱组织整体的应变能力。

(3)致使高层管理者陷入日常管理事务中,难以集中精力处理企业发展中的重大问题。

(4)降低组织成员的工作热情,并妨碍对后备管理队伍的培养。管理权力的高度集中,不仅会挫伤下层管理人员和作业人员的工作主动性和创造性,而且也使他们丧失了在实践中锻炼和提高自己能力的机会,从而可能对组织的长远发展造成不利的影响。

4. 分权的标志

考察一个组织集权或分权的程度究竟多大,最根本的标志是要看该组织中各项决策权限的分配是集中还是分散的。具体来说,判断组织集权或分权程度的标志主要有:

(1)所涉及决策的数目和类型。组织中低层管理者可以自主作决定的事项,如果数目越多,则分权程度就越大。同时,低层管理者所作的决策越具有重要性,影响范围越广泛,组织的分权程度也越大。趋于将较多和较大的决策权集中到高层的组织是集权化的,而只集中少量重大问题决策的组织则是相对分权化的。

(2)整个决策过程的集中程度。广义的决策是一个全过程的概念,而不仅仅指作出最终决定这一步骤。这样,组织中如果有不同的部门参与了决策信息的收集,或者决策方案的拟定和评价与决策方案的选择是相对分离的,决策制定和执行的过程受到了其他方面力量的监督,则这种组织中的决策权限就相对说来是比较分散的。而如果所有这些决策步骤都由某主管一人来承担,这样的决策就较为集权。在决定作出之后、付诸执行之前,如果必须报请上级批准,那么分权程度就降低。而且,被请示的人越多且其所处层次越高,分权程度就越低。

(3)下属决策受控制的程度。主管人员如果对下属的活动进行高密度的监督和控制，则分权程度比较低。如果组织制定出许多细致的政策、程序、规则来对成员的决策行为施加前提影响，这样分权程度也降低。如果说下属的决策不受规章制度的约束，或者虽有规章制度，但内容较粗，给予人们的自由较大，则分权程度就比较高。

5. 分权的实现途径

分权可以通过两种途径来实现：一是改变组织设计中对管理权限的制度分配；二是促成主管人员在工作中充分授权。前者是对组织中职权关系的一种再设计，是在组织变革过程中实现的；后者则是在组织运行中，通过各层领导者的权力委让行为，系统地将决策权授予给中下层管理者，使他们切切实实地得到组织制度所规定的权力。

管理者的授权行为是促进组织达到分权状态的重要途径。那么，什么是授权？管理者应该如何进行授权？

所谓授权，是指上级管理者随着职责的委派而将部分职权委让给对其直接报告工作的部属的行为。授权的本质含义就是：管理者不要去做别人能做的事，而只做那些必须由自己来做的事。任何一个管理者，其时间、精力、知识和能力都或多或少是有限度的，一个人不可能事必躬亲去承担实现组织目标所必须的全部任务。授权可以使管理者的能力在无形中得以延伸。真正的管理者必须知道如何可以有效地借助他人的力量去实现组织的目标。

科学、合理的授权过程由四个有机联系的环节构成：

(1)任务的分派。管理者在进行授权的时候，需要确定接受授权的人即受权人所应承担的任务是什么。正是从实现组织目标而执行相应任务的需要出发才产生了授权的要求。

(2)职权的授予。即根据受权人开展工作、实现任务的需要，授予其采取行动或者指挥他人行动的权力。授权不是无限制地放权，而是委任和授放给下属在某些条件下处理特定问题的权力，所以，必须使受权者十分明确地知道所授予他们的权限的范围。

(3)职责的明确。从受权人这一方来说，他在接受了任务并拥有了所必需的权力后，相应地就有责任和义务去完成其所接受的任务，并就任务完成情况接受奖励或处罚。有效的授权必须做到使受权者"有职就有权，有权就有责，有责就有利"，并且授权前要遵循"因事择人，施能授权"和"职以能授，爵以功授"的原则正确地选择受权者，做到职、责、权、利、能相互平衡。

(4)监控权的确认。授权者应该明白自己对授予下属完成的任务执行情况负有最终的责任，为此需要对受权者的工作情况和权力使用情况进行监督检查，并根据检查结果调整所授权力或收回权力。可以说，建立反馈机制、加强监督控制，这是确保授权者对受权者的行为保持监控力的一项重要措施，也是授权区别于"放任自流"做法的一个重要方面。

⇨ 【链 接 5-3】

　　某公司专门生产某种继电器，虽然竞争非常激烈，但由于公司产品比较特殊，供某些长假专用，再加上质量过关，销售得力，在该地区颇具名气。公司成立9年来，销售额由30万元发展到如今的1800万元，公司员工也从当初的20余人发展到今天的近650人。公司总经理初建公司时，困难重重，正是总经理没日没夜的带着一帮人干，才开发出如今使自己公司在市场上立足的产品；且在销售方面，总经理也是高手，在他亲自带领下,公司的销售在最初几年里扶摇直上。

然后,随着公司壮大,总经理意识到授权的必要性。经过一段时间的实践,他发现尽管自己做了尝试,但下属似乎没有能辅佐自己的将才。要么下属不明白自己要干什么;要么下属能力不足,不敢授太多权,仍要时时监察,最后由自己拍板。为此,他邀请一位顾问来解决授权问题。

该顾问做了一番调查后,对公司员工、各层管理人员进行访问后得出结论,该公司总经理授权失败的原因有:总经理太担心失去对公司经营的控制权,如果下属经营不善的话,会毁掉自己10多年的心血;总经理对下属授权的技巧需提高。

5.2.3 正式组织与非正式组织

1. 正式组织的特征及表现方式

正式组织是组织设计工作的结果,它是通过组织图和职务说明书等文件加以正规确定和筹划的组织形式。正式组织具有如下三个特征:

(1)目的性。正式组织是为了实现组织目标而有意识建立的。为了更好地实现组织的目标,正式组织往往需要随着内外环境条件的变化而作相应调整。

(2)正规性。正式组织中成员的职责范围和相互关系通常由书面文件加以明文的、正式的规定,以便确保成员行为的合法性、精确性、纪律性和可靠性。

(3)稳定性。正式组织一经建立,通常都会维持一段颇长的时间,以充分发挥组织的效能。过于频繁的变动不仅于正式组织不可能(因为组织运行的惯性及各种人为阻力都会抑制这种变动),而且也不利于提高工作的效率。如何做到稳定性与适应性的结合,达到持续性与变动性的平衡,这是正式组织面临的一大问题。

2. 非正式组织的产生

在正式组织中,可能存在若干非正式组织。非正式组织是伴随着正式组织的运转而形成的。正式组织中某些成员,由于工作性质相近、社会地位相当,对一些具体问题的认识基本一致、观点基本相同,或者由于性格、业余爱好和感情比较相投,他们在平时相处中会形成一些被小群体成员所共同接受并遵守的行为规则,从而使原来松散、随机形成的群体渐渐成为趋向固定的非正式组织。任何组织,不论规模多大,都可能有非正式组织存在。非正式组织与正式组织相互交错地同时并存于一个单位、机构或组织之中,这是组织生活的一个现实。

3. 正式组织与非正式组织的对比

正式组织是组织设计工作的结果,是经由管理者通过正式的筹划,并借助组织图和职务说明书等文件予以明确规定的。正式组织有明确的目标、任务、结构、职能以及由此形成的成员间的责权关系,因此对成员行为具有相当程度的强制力。

与之对比,非正式组织是未经正式筹划而由人们在交往中自发形成的一种个人关系和社会关系的网络,在非正式组织中,成员之间的关系是一种自然的人际关系,他们不是经由刻意的安排,而是由于日常接触、感情交融、情趣相投或价值取向相近而发生联系。与正式组织的特征相对应,非正式组织的基本特征是:

(1)自发性。非正式组织中共同的个人行为虽然有时也能达到某种共同的结果,但人们并不是本着有意识的共同目的参与活动的。他们只是由于自然的人际交往而自发地产生交互行为,由此形成一种未经刻意安排的组织状态。

(2)内聚性。非正式组织虽然没有严格的规章制度来约束其成员的行为,但它通过成员的团体意识、团体固有的规范和压力以及非正式领导者的说明和影响作用而将人们团结在一起,并产生很强的内在的凝聚力。

(3)不稳定性。由于非正式组织是自发产生、自由结合而成的,因此呈现出不稳定性。它可以随着人员的变动或新的人际关系的出现而发生改变,从而使其结构表现出动态的特征。

4. 非正式组织的影响作用

非正式组织的存在及其活动,既可对正式组织目标的实现起到积极促进的作用,也可能产生消极的影响。非正式组织的积极作用表现在,它可以为员工提供在正式组织中很难得到的心理需要的满足,创造一种更加和谐、融洽的人际关系,提高员工的相互合作精神,最终改变正式组织的工作情况。

非正式组织的消极作用在于,如果非正式组织的目标与正式组织目标发生冲突,则可能对正式组织的工作产生极为不利的影响。非正式组织要求成员行为一致性的压力,可能会束缚其成员的个人发展。此外,非正式组织的压力还会影响到正式组织的变革进程,造成组织创新的惰性。

5. 对待非正式组织的策略

由于非正式组织的存在是一个客观的、自然的现象,也由于非正式组织对正式组织具有正负两方面的作用,所以,管理者不能采取简单的禁止或取缔态度,而应该对它加以妥善地管理。也就是要因势利导,善于最大限度地发挥非正式组织的积极作用而克服其消极作用。

一方面,管理者必须认识到,正式组织目标的实现,要求有效地利用和发挥非正式组织的积极作用。为此,管理者必须正视非正式组织存在的客观必然性和必要性,允许乃至鼓励非正式组织的存在,为非正式组织的形成提供条件,并努力使之与正式组织相吻合。

另一方面,考虑到非正式组织可能具有的不利影响,管理者需要通过建立、宣传正确的组织文化,以影响与改变非正式组织的行为规范,从而更好地引导非正式组织作出积极的贡献。

⇨【链 接 5-4】

宁波某公司是一家生产服装的中型企业,一部分产品自产自销,绝大部分产品按照国外订单生产,然后出口到国外。公司一直保持着规模的发展,但从公司的前任厂长离开后,整个形势开始慢慢变化。老总开始物色具有丰富服装生产和出口经验的管理者,结果前后来了三任厂长都改变不了车间混乱的状况,生产的服装几乎每批都被外贸公司退回返工,产品的品质达不到要求,一方面让公司大幅亏损,另一方面由于公司采取的是计件工资,导致员工的工资锐减。一时间公司内部流传着各种消极消息,如:又要换厂长了;刚做的一单又要返工了;这个月的工资老板会压着不发;老板准备放弃这家企业等等。

而此时公司的老总正在和杭州的一家贸易公司谈判,希望能获得一个100万元的海外订单,在离开公司之前,虽然他也知道公司内部人心不稳,但他认为只要能签下大额的订单就可以稳住员工的心,然后生产也会走向正常。结果,当他给员工发了上月的工资,回到车间时去发现已经有40%的员工在领到工资后集体辞职。他发现这些一起离开的员工大多来自同一个省份,或者以前在同一家公司工作过。

⇨ 【即时即答5-3】

　　谈谈正式组织与非正式组织的联系与区别。

　　黑社会组织是正式组织还是非正式组织?

5.2.4　直线与参谋

⇨ 【链 接5-5】

　　A先生近来十分沮丧。一年半前他获得某名牌大学MBA后进入某公司高级管理职员就职。一年后又委以重任出任该公司下属一家面临困境的企业厂长。根据公司要求,希望A先生能重新整顿企业,扭亏为盈,并保证A先生拥有完成这些工作所需要的权利。考虑A先生年轻且责任重大,公司特别为他配备了一名高级顾问B先生,为其出谋划策。

　　然后,担任厂长半年后,A先生怀疑自己是否能控制局势。他向办公室主任抱怨:"在我执行改革方案时,我要各部门明确工作职责、目标和工作程序,然而身为高级顾问的B先生却认为,管理固然重要,但眼下应该抓生产、拓市场。更糟糕的是他原来手下的主管人员都持有类似想法,结果管理措施执行受阻,倒是生产方面事情推行顺利。"A先生越来越发现他发布的命令难以执行。

　　直线与参谋的关系在管理中如何处理是对如何使公司高效率运作的有力保证。

1. 直线、参谋及相互关系

　　组织中的管理人员是以直线主管或参谋两类不同身份来从事管理工作的。这两类管理人员,或更准确地说与此相应的管理人员的两种不同作用,对组织活动的展开和目标的实现都是必需的,然而在现实中,直线与参谋的矛盾经常是组织缺乏效率的主要原因。因此,正确处理直线和参谋的关系,充分发挥参谋人员的合理作用,是组织设计和运作中有效地发挥各方面力量协同作用的一项重要内容。

　　在组织中,直线关系是一种命令关系,是上级指挥下级的关系。这种命令形成一种等级链。链中每一个环节的管理人员都有指挥下级工作的权力,同时又必须接受上级管理人员的指挥,这种指挥和命令的关系越明确,即各管理层次直线主管的权限越清楚,就越能保证整个组织的统一指挥。直线关系是组织中管理人员的主要关系,组织设计的重要内容便是规定和规范这种关系。

　　参谋关系是伴随着直线关系而产生的。组织的规模越大,活动越复杂,参谋人员的作用就越重要。参谋的数量就越多,从而参谋与直线的关系就越复杂。参谋的设置首先是为了方便直线主管的工作,减轻他们的负担,虽然随着组织规模的扩大,参谋人员的数量会不断增加,参谋机构会逐渐规范化,为了方便这些机构的工作,直线主管也许会授予他们部分职能权力,但是,它们的主要职责和特征,仍然是提供某些专门服务,进行某些专项研究,以提供某些对策建议。

　　直线与参谋是两类不同的职权关系。直线关系本质上是指挥和命令的关系,直线人员所拥有的是一种决策和行动的权力;而参谋关系则是一种服务和协助的关系,授予参谋人员的只是思考、筹划和建议的权力。

　　区分直线与参谋的另一个标准是分析不同管理部门和管理人员在组织目标实现中的作用。人们把那些对组织目标的实现负有直接责任的部门称为直线机构,而把那些协助直线人员工作而设置的,辅助于组织基本目标实现的部门称为参谋机构。根据这个标准,制造业企业中致力于生产或销售产品和劳务的部门就是直线机构,而采购、人事、会计等部门则被列为参谋机构。

　　2. 参谋职权的类别

　　·为了确保参谋人员作用的合理发挥,授予他们必要的职权往往是必要的,这样使参谋部门不仅具有研究、咨询和服务的责任,而且在某种职能范围内(比如人事、财务等)具有一定的决策、监督和控制权。

　　组织中参谋人员具有的参谋职权可分为如下几种:

　　(1)建议权。参谋人员的权限仅限于提供建议、提案或协助,其意见可能得到有关人员的欢迎和采纳,也可能被置之不理。

　　(2)强制协商权。此时参谋人员的影响力在一定程度上有所提高。也即有关人员在作出决定之前必须先询问和听取参谋人员的意见。处理这种关系的关键在于,要具体地规定在什么情况下参谋人员的意见应得到应有的重视,而又不限制直线主管人员的自主决定权。

　　(3)共同决定权。这是参谋人员的权限提高到了足以影响有关人员自主决定权的程度。换句话说,有关人员不仅要在作出决定前认真地听取参谋人员的意见,而且在命令采取行动时还需得到参谋人员的同意和许可。这种权力常在企业必须确保某项决策得到专家评定的情况下采用。

　　(4)职能职权。这是对直线主管人员行使决策和指挥权限的最高程度的限制。这种情况允许参谋人员对有关人员直接下达指示,而且这些指示要像来自直线主管的命令一样得到同等重视。当然,这种指示也有可能被直线主管撤回,但在此之前它是绝对必须执行的。这通常是在参谋人员的专门知识和技能是开展某项工作的重要条件的情况下采用。

　　3. 直线与参谋的矛盾

　　从理论上说,设置作为直线主管助手的参谋职务,不仅有利于适应复杂管理活动对多种专业知识的要求,同时也应该能够保证直线系统的统一指挥。然而在实践中,直线与参谋的矛盾冲突,往往成为造成组织运行缺乏效率的重要原因之一。考察这些低效率的组织活动,通常可以发现这两种不同的倾向:要么保持了命令的统一性,但参谋作用不能充分发挥;要么参谋作用发挥失当,破坏了统一指挥的原则。这使得两者常常在实际中相互产生一种不满、对立的情绪。

　　4. 正确处理发挥参谋的作用

　　解决直线与参谋的矛盾,综合直线与参谋的力量,要在保证统一指挥与充分利用专业人员的知识这两者之间实现某种平衡。解决这对矛盾的关键是要合理利用参谋的工作,参谋的作用发挥不够或过分,都有可能影响直线工作,从而整个组织活动效率受到影响。

　　合理利用和正确发挥参谋人员的作用,需要注意如下几点:首先,要求明确直线与参谋的关系,分清双方的职权关系与存在价值,形成相互尊重、相互配合的良好基础;其次,必要时授予参谋机构在一定专业领域内的职能职权,以提高参谋人员工作的积极性;最后,直线经理要为参谋人员提供必要的信息条件,以便从参谋人员处获得有价值的支持。

概言之,处理好直线与参谋之间的矛盾关系,一方面要求参谋人员经常提醒自己"不要越权"、"不要篡权";另一方面,也要求直线经理尊重参谋人员所拥有的专业知识,自觉利用他们的工作,取长补短。

➡️【即问即答 5-4】

参谋的重要作用主要表现在哪里?

直线与参谋间如何避免矛盾的产生?如何正确处理直线与参谋的关系?

5.3 几种常见的组织结构形式

对组织中决策权限的分配以及直线指挥和参谋辅助关系的确定,配之以组织部门化设计,可以形成不同的组织结构形式。尽管从理论上说,企业组织结构的形式可以有无数种,但在现代组织中实际得到采用并占主导地位的则仅是其中的几种。当然,各类组织形式没有绝对的优劣之分,不同的环境、不同的企业、不同的管理者,都可根据实际情况选用其中某种较合适的组织形式。下面分别介绍各种常见的组织结构形式的优缺点及适用条件。

5.3.1 直线制

直线制组织形式(见图 5-1)是一种最古老的组织形式,最初广泛在军事系统中得到应用,后推广到企业管理工作中来。直线制组织形式的突出特点是,企业的一切生产经营活动均由企业的各级主管人员来直接进行指挥和管理,不设专门的参谋人员和机构,至多只有几名助理协助厂长(或经理)工作。企业日常生产经营任务的分配与动作,都是在厂长(或经理)的直接指挥下完成的。

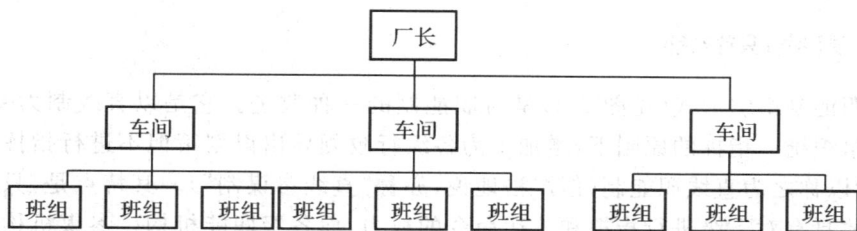

图 5-1 直线制组织

直线制组织的优点是管理结构简单,管理费用低,指挥命令关系清晰、统一,决定迅速,责任明确,反应灵活,纪律和秩序的维护较为容易。但是,这种组织形式要求企业的各级领导者精明能干,具有多种管理专业知识和生产技能知识。现实中,每个管理人员的精力都毕竟有限,依靠主管个人的力量很难能对问题做出深入、细致、周到的思考。因此,管理工作就往往显得比较简单和粗放。同时,组织中的成员只注意上情下达和下情上达,成员之间和组织单位之间的横向联系比较差。另外,原胜任的管理者一旦退休,他的经验、能力无法立即传给继任者,再找到一个全能型又熟悉该单位情况的管理者立即着手工作也比较困难。直线制组织的缺点就源于它对管理工作没有进行专业化分工。

5.3.2 职能制

职能制组织形式(见图 5-2)的主要特点是,采用专业分工的职能管理者,代替直线制的全能管理者。为此,在组织内部设立各专业领域的职能部门和职能主管,由他们在各自负责的业务范围内向直线系统直接下达命令和指示。各级单位负责人除了要服从上级行政领导的指挥外,还要服从上级职能部门在其专业领域内的指挥。

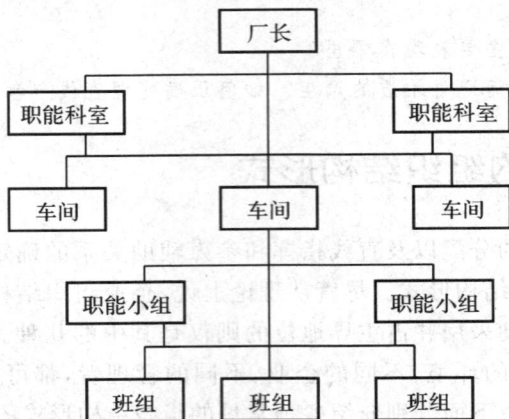

图 5-2　职能制组织

职能制的主要优点是:每个管理者只负责一方面的工作,有利于充分发挥专业人才的作用;专业管理工作可以做得细致、深入,对下级工作指导比较具体。职能机构的作用如若发挥得当,可以弥补各级行政领导人管理能力的不足。

但是,这种职能制组织有一个明显的缺点,那就是"上头千条线,下边一根针",容易形成多头领导,削弱统一指挥。有时各职能部门的要求可能相互矛盾,造成下级人员无所适从。

5.3.3 直线职能制

直线职能制组织形式(见图 5-3)是对职能制的一种改进。它是以直线制为基础,在保持直线制组织统一指挥的原则下,增加了为各级行政领导出谋划策但不进行指挥命令的参谋部门,所以称之为直线职能制(但严格地说,亦称"直线参谋制")。其特点是,只有各级行政负责人才具有对下级进行指挥和下达命令的权力,而各级职能机构("参谋机构")只是作为行政负责人的参谋发挥作用,对下级只起到业务指导作用。有些机构如人事、外事、财务等部门,只有当行政负责人授予他们直接向下级发布批示的权力时,才拥有一定程度的指挥命令权,这也即前面所说的职能职权。这时的组织结构实际上演化为直线参谋制与职能制的混合形态,有些时候为准确起见而称此为"直线职能参谋制"。

直线职能制组织形式是在综合直线制和职能制各自优点的基础上形成的,因而既有利于保证集中统一的指挥,又可发挥各类专家的专业管理作用。它的缺点是,各职能单位自成体系,往往不重视工作中的横向信息沟通,加上狭窄的隧道视野和注重局部利益的本位主义思想,可能引发组织运行中的各种矛盾和不协调现象,对企业生产经营和管理效率造

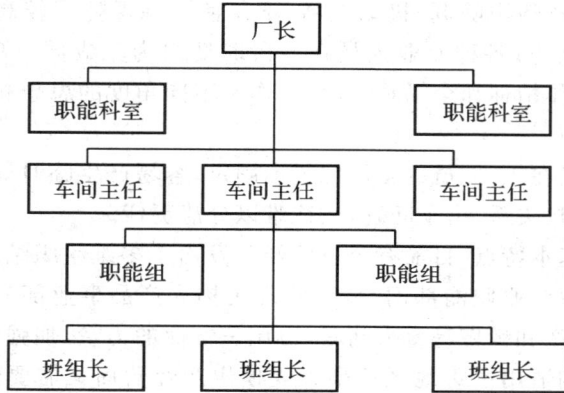

图 5-3　直线职能制组织

成不利的影响。而且,如果职能部门被授予的权力过大、过宽,则容易干扰直线指挥命令系统的运行。另外,按职能分工的组织通常弹性不足,对环境变化的反应比较迟钝。同时,职能工作不利于培养综合型管理人才。尽管直线职能制组织形式有这些潜在的缺点,它目前在我国绝大多数企业尤其是面临较稳定环境的中小型企业中得到了广泛采用。

5.3.4　矩阵制

矩阵制组织形式(见图 5-4)是在直线职能制垂直指挥链系统的基础上,再增设一种横向指挥链系统,形成具有双重职权关系的组织矩阵,所以称之为矩阵制组织。为了完成某一项目(如航空、航天领域某型号产品的研制),从各职能部门中抽调完成的各类专业人员组成项目组,配备项目经理来领导他们的工作。这些被抽调来的人员,在行政关系上仍旧归属于原所在的职能部门,但工作过程中要同时接受项目经理的指挥,因此他实际上拥有两个上级。项目组任务完成以后,便宣告解散,各类人员回到原所属部门等待分派新的任务。此时,原项目组不复存在,但新的项目组随时都可产生,所以矩阵制组织通常亦被称为"非长期固定性组织"。

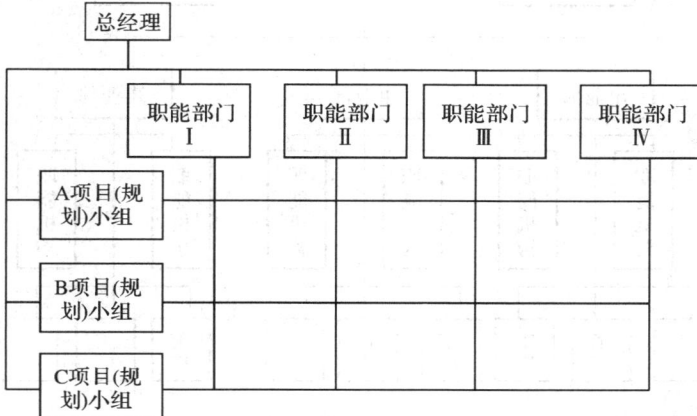

图 5-4　矩阵制组织

矩阵制组织的主要优点是:加强了横向联系,克服了职能部门相互脱节、各自为政的现象;专业人员和专用设备随用随调,机动灵活,不仅使资源保持了较高的利用率,也提高了组织的灵活性和应变能力;各种专业人员在一段时期内为完成同一项任务在一起共同工作,易于培养他们的合作精神和全局观念,且工作中不同角度的思想相互激发,容易取得创新性成果。

矩阵制组织的缺点在于:成员的工作位置不固定,容易产生临时观念,也不易树立责任心;组织中存在双重职权关系,出了问题,往往难以分清责任。

根据矩阵结构的基本特点,目前有企业已经开发出了多维组织结构形式。其中一种便是三维组织结构。它由专业职能部门、地区管理机构和产品事业部三重指挥链所构成,围绕某种产品的研发、生产和销售等重大问题,协调三方面的力量,加强相互之间的信息沟通和联系。这种三维结构适用于跨地区从事大规模生产经营而又需要保持较强的灵活反应能力的大型企业中。

⇨ 【链接 5-6】

化为在参加展会的时候,各职能部门在参展前,会根据各自的职责负责相应的事项,一旦展会正式开始,由总部统一从各职能部门抽调人手参加展会的组织接待工作,期间一切工作听从该项负责人的安排。待工作完成后,这些员工再回到原职能部门继续工作。

5.3.5　事业部制

事业部制组织形式(见图 5-5)是在多个领域或地域从事多种经营的大型企业所普遍采用的一种典型的组织形式。它最初由美国通用汽车公司副总裁斯隆创立,故称之为"斯隆模型"。有的也称之为"联邦分权化",因为它是一种分权制的企业内部组织形式。

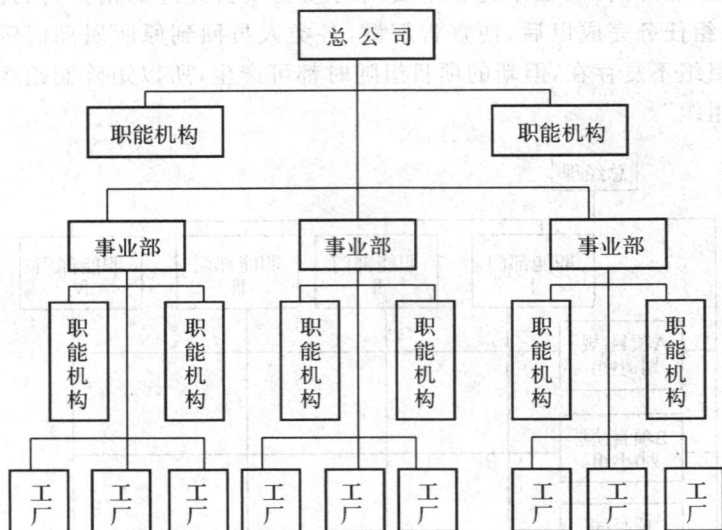

图 5-5　事业部制组织

事业部制是在一个企业内对具有独立产品市场或地区市场并拥有独立利益和责任的部门实行分权化管理的一种组织结构形式。其具体做法是,在总公司下按产品或地区分设若干事业部或分公司,使它们成为自主经营、独立核算、自计盈亏的利润中心。总公司只保留方针政策制定、重要人事任免等重大问题的决策权,其他权力尤其是供、产、销和产品开发方面的权力尽量下放。这样,总公司就成为投资决策中心,事业部是利润中心,而下属的生产单位则是成本中心,并通过实行"集中政策下的分散经营",将政策控制集中化和业务运作分散化思想有机地统一起来,使企业最高决策机构能集中制定公司总目标、总方针、总计划及各项政策。事业部在不违背公司总目标、总方针和总计划的前提下,充分发挥主观能动性,自主管理其日常的生产经营活动。

事业部制组织形式的优点是:公司能把多种经营业务的专门化管理和公司总部的集中统一领导更好地结合起来,总公司和事业部间形成比较明确的责、权、利关系;事业部制以利润责任为核心,既能够保证公司获得稳定的收益,也有利于调动中层经营管理人员的积极性;各事业部门能相对自主、独立地开展生产经营活动,从而有利于培养综合型高级经理人才。

事业部制形式的主要缺点是:对事业部经理的素质要求高,公司需要有许多对特定经营领域或地域比较熟悉的全能型管理人才来运作和领导事业部内的生产经营活动;各事业部都设立有类似的日常生产经营管理机构,容易造成职能重复,管理费用上升;各事业部拥有各自独立的经济利益,易产生对公司资源和共享市场的不良竞争,由此可能引发不必要的内耗,使总公司协调的任务加重;总公司和事业部之间的集分权关系处理起来难度较大也比较微妙,容易出现要么分权过度,削弱公司的整体领导力,要么分权不足,影响事业部门的经营自主性。

事业部制组织形式在欧美和日本大型企业中得到了广泛采用。但成功的经验表明,采用事业部制应当具备以下一些基本条件:

(1)公司具备按经营的领域或地域独立划分事业部的条件,并能确保各事业部在生产经营活动中的充分自主性,以便能担负起自己盈利责任。

(2)各事业部之间应当相互依存,而不能互不关联地硬拼凑在一个公司中。这种依存性可以表现为产品结构、工艺、功能类似或互补,或者用户类同或销售渠道相近,或者运用同类资源和设备,或具有相同的科学技术理论基础等。这样,各事业部门才能相互促进,相辅相成,保证公司总体的繁荣发达。

(3)公司能有效保持和控制事业部之间的适度竞争。因为过度的竞争可能使公司遭受不必要的损失。

(4)公司要能利用内部市场和相关的经济机制(如内部价格、投资、贷款、利润分成、资金利润率、奖惩制度等)来管理各事业部门,尽量避免单纯使用行政的手段。

(5)公司经营面临较为有利和稳定的外部环境。可以说,事业部制组织形式利于公司的扩张,但相对不利于整体力量的调配使用,因此不适宜在动荡、不景气的环境下使用。

5.3.6 学习型组织

学习型组织是指由于组织成员都积极参与与工作有关问题的识别与解决,从而使组织形成了持续适应和变革能力的这样一种组织。因为一个组织的结构和物理(空间)边界以及工作活动的协作程度会促进或者阻碍组织的学习,因而学习型组织理念对组织结构设计有着重要的影响。

　　在学习型组织中,员工们通过不断获取和共享新知识,参加到组织的知识管理中来,并有意愿将其知识用于制定决策或做好他们的工作。这种在完成工作任务过程中的学习以及应用所学知识的能力,被一些组织理论家高度评价为组织持续性竞争优势的唯一源泉。

　　一个学习型组织会是什么样的?从图 5-6 中可以看出,学习型组织的主要特征表现在其组织设计、信息共享、领导力以及文化等方面。

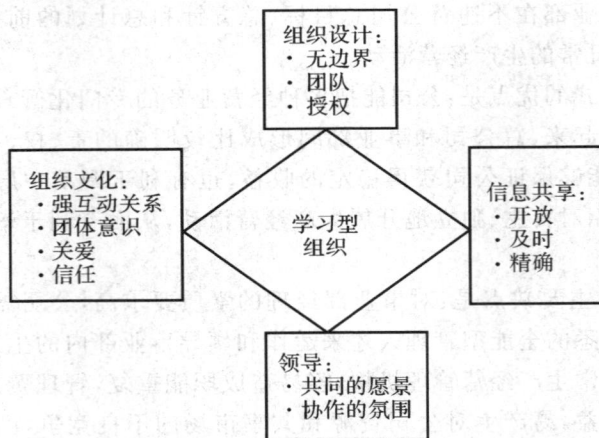

图 5-6　学习型组织的特征

　　首先,从组织设计来看。在学习型组织中,成员必须在整个组织范围内跨越不同职能专长及不同组织层级共享信息和取得工作活动自主协调,而这通常需通过削弱或取消已有的结构及物理(空间)边界才可能实现。因为在这种无边界的环境中,员工们可以自由地在一起工作,以最佳的方式合作完成组织的任务,并能互相学习。鉴于协作的需要,团队也成为学习型组织结构设计上的一个重要特征。员工们在团队中工作,执行需要完成的各项工作活动。这些员工团队被授权制定有关其工作开展过程或解决所出现问题的各种决策。以这些经充分授权的员工及其团队来运作的组织,根本没有必要配备各级的“老板”来发布命令和实施控制。相反的,管理者承担起推动者、支持者和倡导者的角色。

　　其次,要确保信息共享的实现。没有信息,也就不可能产生学习。学习型组织要能够学习,就必须在成员之间实现信息共享,使组织的所有员工都参与到知识管理中,而这意味着信息的共享必须公开、及时,并且尽可能精确。学习型组织在设计中因为取消了结构和物理(空间)的边界,这种环境对于开放式的沟通和广泛的信息共享具有建设性的贡献。

　　再次,在企业向学习型组织转型的过程中,领导有着重要的作用。学习型组织中的领导者应该促进企业内形成一个有关组织未来的共同愿景,并使组织成员朝着这一愿景努力奋进。另外,领导者还应该支持和鼓励组织中建设一种有利于学习相互协作和配合的氛围。要是企业缺乏这种强有力的、尽责的领导人,要想建设成为一个学习型组织是非常困难的。

　　最后,要想成为一个学习型组织,组织文化也是很重要的方面。在学习型组织中,其文化特征是:每个人都赞同某一共同的愿景,每个人都认识到在组织工作过程、活动、职能及外部环境之间所存在的固有的内在联系,彼此都有很强的团体意识,相互之间充满关爱和信任。在学习型组织中,员工们感觉到可以自由地敞开交流,大胆分享、试验和学习,而不用担心会受到批评或惩罚。

　　总之,不论管理者为他们的组织选择了何种结构设计,这一设计都应该能帮助员工们以他们所能做到的最好方法,最有效率和效果地完成工作。毕竟,结构是实现目标的手段。结构设计要能够帮助而不是阻碍组织的成员们有效地开展工作,否则,无论多精妙的结构设计,也都是低效或无效的。

【链 接 5-7】

　　联想是中国第一个学习型组织,创建于 1984 年,拥有 19 个国内分公司,21 家海外分支机构,近千个销售网点,职工 6000 余人,净资产 16 亿元,以联想电脑、电脑主板、系统集成、代理销售、工业投资和科技园区六大支柱产业为主的集工贸一体、多元发展的大型信息产业集团。

　　联想成功的原因是多方面的,但不可忽视一点,联想具有极富特色的组织学习实践,使联想能顺利适应环境变化,及时调整组织结构、管理方式,从而健康成长。

　　早期,联想从与惠普的合作中学到了市场运作、渠道建设与管理方法,学到了企业管理经验,对于联想成功地跨越成长的管理障碍大有裨益;现在联想积极开展国际、国内技术合作,与计算机知名公司,如英特尔、微软、惠普、东芝等保持着良好的合作关系,并从与众多国际大公司的合作中受益匪浅。

　　除了能从合作伙伴那里学到东西,联想还是一个非常有心的"学习者",善于从竞争对手、本行业或者其他行业优秀企业以及顾客等各处学习。

　　柳传志有句名言:"要想着打,不能蒙着打。"这句话的意思是说:要善于总结,善于思考,不能光干不总结。

5.3.7　企业外部的中间性组织形态

　　现代企业的经营已经超越了企业内部边界的范围,开始在企业与企业之间结成比较密切的长期的联系。这种联系在组织结构上的表现就是形成了超越企业法律边界范围的中间性组织形态。网络型和控股型就是其中两种典型的组织形式。

　　1. 网络型组织结构

　　网络型组织是利用现代信息技术手段而建立和发展起来的一种新型组织结构。现代信息技术使企业与外界的联系加强了,利用这一有利条件,企业可以重新考虑自身机构的边界,不断缩小内部生产经营活动的范围,相应地扩大与外部单位之间的分工协作。这就产生了一种基于契约关系的新型组织结构形式,即网络型组织。

　　网络型结构是一种只有很精干的中心机构,以契约关系的建立和维持为基础,依靠外部机构进行制造、销售或其他重要业务经营活动的组织结构形式,如图 5-7 所示。被联结在这一结构中的两个或两个以上的单位之间并没有正式的资本所有关系和行政隶属关系,但却通过相对松散的契约纽带,透过一种互惠互利、相互协作、相互信任和支持的机制来进行密切的合作。卡西欧是世界有名的制造手表和袖珍型计算器的公司,却一直只有一家设计、营销和装配公司,在生产设施和销售渠道方面很少投资。IBM 公司 20 世纪 80 年代初在不到一年时间内开发 PC 机成功,依靠的是微软公司为其提供软件,英特尔公司为其提供机芯。网络型结构使企业可以利用社会上现有的资源使自己快速发展壮大起来,因而成为目前国际上流行的一种新形式的组织设计。

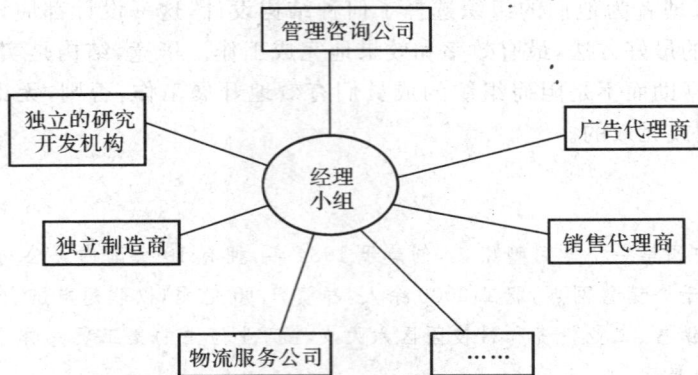

图 5-7　网络型组织结构示意图

网络型结构的优点是:组织结构具有更大的灵活性和柔性,以项目为中心的合作可以更好地结合市场需求来整合各项资源,而且容易操作,网络中的各个价值链部分也随时可以根据市场需求的变动情况增加、调整或撤并。另外,这种组织结构简单、精练,由于组织中的大多数活动都实现了外包,而这些活动更多的是靠电子商务来协调处理的,组织结构可以进一步扁平化,效率也更高了。

网络型结构的缺点是:可控性太差。这种组织的有效动作是靠与独立的供应商广泛而密切的合作来实现的,由于存在着道德风险和逆向选择性,一旦组织所依存的外部资源出现问题,如质量问题、提价问题、及时交货问题等,组织将陷于非常被动的境地。另外,外部合作组织都是临时的,如果网络中的某一合作单位因故退出且不可替代,组织将面临解体的危险。网络组织还要求建立较高的组织文化以保持一定的凝聚力,然而,由于项目是临时的,员工随时都有被解雇的可能,因而,员工的组织忠诚度也比较低。

网络型组织有时也被称为"虚拟组织",即组织中的许多部门是虚拟存在的,管理者最主要的任务是集中精力协调和控制好组织的外部关系。为了获取持续性的竞争优势,组织往往需要通过建立广泛的战略联盟来保持相对稳定的联合经营。早先的网络组织只适合于一些劳动密集型行业,如服装业、钢铁、化工业等。近几年来,随着电子商务的发展以及外部合作的加强,更多的知识型企业依靠 Intrenet 等信息技术手段,并以代为加工(OEM)、代为设计(ODM)等网络合作方式取得了快速响应市场变化的经营绩效。

2. 控股型结构

控股型结构,是在非相关领域开展多种经营的企业所常用的一种组织结构形式。由于经营业务的非相关或弱相关,大公司不对这些业务经营单位进行直接的管理和控制,而代之以持股控制。这样,大公司便成为一个持股公司,受其持股的单位不但对具体业务有自主经营权,而且保留独立的法人地位。

控股型结构是建立在企业间资本参与关系的基础上。由于资本参与关系的存在,一个企业(通常是大公司)就对另一企业持有股权。这种股权可以是绝对控股(持股比例大于50%)、相对控股(持股比例不足 50%,但可对另一企业的经营决策发生实质性的影响)和一般参股(持股比例很低,且对另一企业的活动没有实质性的影响)。

基于这种持股关系,对那些企业单位持有股权的大公司便成为母公司,被母公司控制和影响的各企业单位则成为子公司(指被绝对或相对控股的企业)或关联公司(指仅被一般参股的企业)。子公司、关联公司和母公司一道构成以母公司为核心的企业集团。

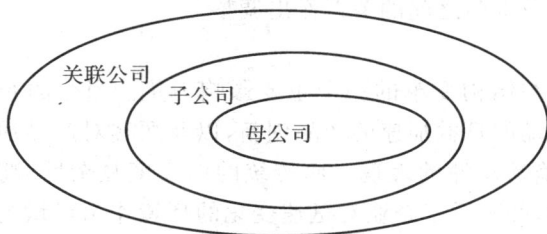

图 5-8 控股型组织结构

如图 5-8 所示,母公司,亦称为集团公司,处于企业集团的核心层,故称之为集团的核心企业。相应地,各子公司、关联公司就是围绕该核心企业的集团紧密层和半紧密层组成单位。此外,企业集团通常还有一些松散层的组成单位,即协作企业,它们通过基于长期契约的业务协作关系而被联结到企业集团中。这种契约关系,在前文的"网络型结构"中已予以介绍。

集团公司或母公司与它所持股的企业单位之间不是上下级之间的行政管理关系,而是出资人对被持股企业的产权管理体制关系。母公司作为大股东,对持股单位进行产权管理控制的主要手段是:母公司凭借所掌握的股权向子公司派遣产权代表和董事、监事,通过这些人员在子公司股东会、董事会、监事会中发挥积极作用而影响子公司的经营决策。

【即问即答 5-5】

"公司采用的组织形式主要取决于公司的规模",你认为这种说法正确吗?
中国政府组织结构式什么形式?你能画出来吗?

5.4 组织变革

5.4.1 组织变革的必要性和影响因素

任何设计得再完美的组织,在运行了一段时间以后也都必须进行变革,这样才能更好地适应组织内外条件变化的要求。组织变革实际上是而且也应该成为组织发展过程中的一项经常性的活动。也许因为组织变革要经常进行的缘故,有人甚至指出,"组织"的准确名称其实应该叫"再组织"。组织变革是任何组织都不可回避的问题,而能否抓住时机顺利推进组织变革则成为衡量管理工作有效性的重要标志。

诱发组织变革的需要并决定组织变革目标方向和内容的主要因素有:

1. 战略

企业在发展过程中需要不断地对其战略的形式和内容作出调整。新的战略一旦形成,组织结构就应该进行调整、变革,以适应新战略实施的需要。结构追随战略,战略的变化必然带来组织结构的更新。

企业战略可以在两个层次上影响组织结构:一是不同的战略要求开展不同的业务和管

理活动，由此就影响到管理职务和部门的设计；二是战略重点的改变会引起组织业务活动重心的转移和核心职能的改变，从而使各部门、各职务在组织中的相对位置发生变化，相应地就要求对管理职务以及部门之间的关系作出调整。

2. 环境

环境变化是导致组织结构变革的一个主要影响力量。当今的企业普遍面临全球化的竞争和由所有竞争者推动的日益加速的产品创新，以及顾客对产品质量和交货期的愈来愈高的要求，这些都是环境动态性的表现。而传统的以高度复杂性、高度正规化和高度集权化为特征的机械式组织，并不适于企业对迅速变化的环境作出灵敏的反应。为适应新的环境条件的要求，目前许多企业的管理者开始朝着弹性化或有机化的方向改组其组织，以使它们变得更加精干、快速、灵活和富有创新性。

环境之所以会对组织的结构产生重大影响，是因为任何组织都或多或少是个开放的系统。组织作为整个社会经济大系统的一个组成部分，它与外部的其他社会经济子系统之间存在着各种各样的联系，所以，外部环境的发展和变化必然会对组织结构的设计产生重要的影响。

3. 技术

组织的任何活动都需要利用一定的技术和反映一定技术水平的特殊手段来进行。技术以及技术设备的水平，不仅影响组织活动的效果和效率，而且会对组织的职务设置与部门划分、部门间的关系，以及组织结构的形式和总体特征等产生相当程度的影响。比如，信息技术的推陈出新，在促进传统非程序化决策向程序化决策的转化以及组织外部高强度的信息共享和交流的同时，使许多重大问题的决策趋于集中化而次要问题的决策可以分散化，这样就使长期管理实践中被作为一项组织原则提出来但很难实现的"集权与分权相结合"问题获得了解决的途径。

再从生产作业技术来看，组织将投入转换为产出所使用的过程和方法，在常规化程度上是各不相同的。越是常规化的技术，越需要高难度结构化的组织。反之，非常规的技术，要求更大的结构灵活性。计算机手段在生产作业活动中的更广泛、更深入的应用，促使生产技术向非常规化演进，相应地也促使管理组织结构变得更具柔性和有机性特征。

4. 组织规模和成长阶段

组织的规模往往与组织的成长或发展阶段相关联。伴随着组织的发展，组织活动的内容会日趋复杂，人数会逐渐增多，活动的规模和范围会越来越大，这样，组织结构也必须随之调整，才能适应成长后的组织的新情况。组织变革伴随着企业成长的各个时期，不同成长阶段要求不同的组织模式与之相适应。例如，企业在成长的早期，组织结构常常是简单、灵活而集权的。随着员工的增多和组织规模的扩大，企业必须由创业初期的松散结构转变为正规、集权的，其通常的表现形态就是职能型结构。而当企业的经营进入多元产品和跨地区市场后，分权的事业部结构可能更为适宜。企业进一步发展而进入集约经营阶段后，不同领域之间的交流与合作以及资源共享、能力整合、创新力激发问题愈益突出，这样，以强化协作为主旨的各种创新型组织形态便应运而生。总之，组织在不同成长阶段所适合采取的组织模式是各不一样的。管理者如果不能在组织步入新的发展阶段之际及时地、有针对性地变革其组织设计，那就容易引发组织发展的危机。这种危机的有效解决，必须依靠组织结构的变更。所以，哈佛大学葛雷纳教授指出，组织变革伴随着企业发展的各个时期，组织的跳跃式变革与渐进式演变相互交替,由此推动企业的发展。

5.4.2 组织变革的动力和阻力

1. 组织变革面临两种力量的对比

在现代社会,越来越多的组织面临着一种复杂、动态的多变性。如果说以前的管理特点是长期的稳定伴随着偶尔的短期的变革,今天的情形正好相反,往往是长期的变革伴随着短期的稳定。在这种情况下,管理者必须比以往任何时候更加关注变革和变革管理,帮助员工更好地理解不断变革中的工作环境,并采取措施激发变革的动力,克服变革的阻力,使组织在变革中求得繁荣和发展。

组织变革时常面临着动力和阻力这两种力量的较量。对待组织变革所表现出来的推动和阻止这两种不同的态度以及由此产生的方向相反的作用力量及其强弱程度的对比,从根本上决定了组织变革的进程、代价,甚至影响到组织变革的成功和失败。

组织变革的动力,指的是发动、赞成和支持变革并努力去实施变革的驱动力。总的说来,组织变革动力来源于人们对变革的必要性及变革所能带来好处的认识。比如,企业内外各方面客观条件的变化,组织本身存在的缺陷和问题,各层次管理者(尤其是高层管理者)居安思危的忧患意识和开拓进取的创新意识,变革可能带来的权利和利益关系的有利变化,以及能鼓励革新、接受风险、赞赏失败并容忍变化、模糊和冲突的开放型组织文化,这些都是可能形成变革的推动力量,引发变革的动机、欲望和行为。

组织变革中的阻力,则是指人们反对变革、阻挠变革甚至对变革的制约力。这种制约组织的力量可能来源于个体、群体,也可能来自组织本身甚至外部环境。组织变革阻力的存在,意味着组织变革不可能一帆风顺,这就给变革管理者突出了更严峻的变革管理的任务。成功的组织变革管理者,应该既注意到所面临的变革阻力可能会对变革成败和进程产生消极的不利的影响,为此要采取措施减弱行业转化这种阻力;同时变革管理者还应当看到,人们对待某种变革阻力并不完全都会是破坏性的,而是可以在妥善的管理或处理下转化为积极的建设性的。比如,阻力的存在至少能引起变革管理者对所拟订变革方案和思路予以更理智、更全面的思考,并在必要时作出修正,以使组织变革方案获得不断的完善和优化,从而取得更好的组织变革效果。

2. 组织变革阻力的主要来源

(1)个体和群体方面的阻力。个体对待组织变革的阻力,主要是因为其固有的工作和行为习惯难以改革、就业安全需要、经济收入变化、对未知状态的恐惧以及对变革的认知存有偏差等而引起。群体对变革的阻力,可能来自于群体规范的束缚,群体中原有的人际关系可能因变革而受到改变和破坏,群体领导人物与组织变革发动者之间的恩怨、摩擦和利益冲突,以及组织利益相关群体对变革可能不符合组织或该团体自身的最佳利益的顾虑等。

(2)组织的阻力。来自组织层次的对组织变革的阻力,包括现行组织结构的束缚、组织运行的惯性、变革对现有责权利关系和资源分配格局所造成的破坏和威胁,以及追求稳定、安逸和确定性甚于革新和变化的保守型组织文化等,这些都是可能影响和制约组织变革的因素。此外,对任何组织系统来说,其内部各部门之间以及系统与外部之间都存在着强弱程度不等的相互依赖和相互牵制的关系,这种联系是组织作为系统所固有的特征。然而,在一定期间内进行的组织变革,一方面出于克服和化解变革阻力的需要,另一方面也由于组织问题本质上是错综复杂的,因而很难一下子就全部解决的缘故,这样,具有一定广度深度的组织变革通常只宜采取分阶段有计划地逐步推进的渐进式变革策略。在这种策略下,每一计划的变革都只能针对有限的一些组织问题,这就难以避免系统内外尚未变革的要素对现有计划范围内的变革构成一种牵制和影响。这种制约力量需要管理者在设计组织变革方案时就事先予以周密的考虑,以便安排合适的变革广度、深度和进度。

(3)外部环境的阻力。组织的外部环境条件也往往是形成组织变革力量的一个不可忽视的来源。比如,与充分竞争的产品市场会推动组织变革相对比,缺乏竞争性的市场往往造成组织成员的安逸心态,束缚组织变革的进程;对经理人员经营企业之业绩的考评重视不足或者考评方式不正确,会导致组织变革压力和驱动力的弱化;全社会对变革发动者、推进者的期待和支持态度及相关的舆论和行动,以及企业特定组织文化在形成和发展中所根植的整个社会或民族的文化特征,这些都是影响企业组织变革成败的重要因素。

3. 组织变革阻力的管理对策

组织变革过程是一个破旧立新的过程,自然会面临推动力和制约力相互交错和混合的状态。组织变革管理者的任务,就是要采取措施改变这两种力量的对比,促进变革顺利进行。概括地说,改变组织变革力量及其对比的策略有三类:一是增强或增加驱动力;二是减少或减弱阻力;三是在增强动力的同时减少阻力。有实践表明,在不消除阻力的情况下增强驱动力可能加剧组织中的紧张状态,从而无形中增强对变革的阻力;在增强驱动力的同时采取措施消除阻力,会有利于变革的进程。

⤷【链　接 5-8】

美国某家地方图书公司在近十年来发展为一个跨7个地区,拥有47家分店的图书公司。下属分店,除了7个处于市镇闹区,其余分店都位于僻静地区。除了少出分店兼营一些其他商品外,绝大多数分店都专营图书。每个分店年销售量为26万美元,纯盈利2万美元,但3年来,公司的利润开始下降。

两个月前,公司新聘一位经理,与公司3位副经理和6个地区经理共同讨论公司的形势。新任经理认为,首先要做的是对公司的组织进行改革。就目前来说,公司的6个地区经理都全权负责各地区内的所有分店,并且掌握有关资金的信贷、各分店经理的任免、广告宣传和投资等权力。在阐述自己观点后,提出改组问题。

一位副总说:"我同意你改组的意见,但我认为我们需要是分权而不是集权。就目前情况,虽聘任各分店经理,但我们却没给他们进行控制指挥的权力,我们应该使他们成为一个有职有权,名副其实的经理,而不是只有虚名却做销售的工作。"

另一位副经理说道:"你们认为应该对组织结构进行改革,这是对的,但在如何改的问题上,我认为你们的看法是错误的。我认为我们不需要设立什么分店的业务经理,我们需要的是更多的集权。我们公司规模那么大,应该建立管理资讯系统。我们可以通过资讯系统在总部进行统一的控制指挥。广告工作应该由公司统一规划,如果统一集中,则不需要去花大精力聘请那么多的分店经理了。"

一位地区经理则说道:"如果我们采用第一种计划,那么所有的工作都推到分店经理身上;如果采用第二种方案,那总经理不就要包揽一切。我认为如果不设立一些地方性的部门,要管好这么多分店是不可能的。"

最后总经理发话:"我们只想把公司工作做得更好,我要对组织改革,并不是增加
人手或裁员,我只是认为,如果公司某些部门的组织能安排的更好,工作效率会更高。"

5.4.3 组织变革的过程

成功而有效的组织变革,通常需要经历解冻、改革、冻结这三个有机联系的过程。

1. 解冻

由于任何一项组织变革或多或少都会面临来自组织自身及其成员的一定程度的抵触
力,因此,组织变革过程需要有一个解冻阶段作实施变革的前奏。解冻阶段的主要任务是
发现组织变革的动力,营造危机感,塑造出改革乃是大势所趋,并在采取措施克服变革阻力
的同时具体描绘组织变革的蓝图,明确组织变革的目标和方向,以形成待实施的比较完善
的组织变革方案。

2. 改革

改革或变动阶段的任务就是按照所拟订变革方案的要求开展具体的组织变革运动或
行动,以使组织从现有结构模式向目标模式转变。这是变革的实质性阶段,通常可以分为
试验与推广两个步骤。这是因为组织变革的涉及面较为广泛,组织中的联系错综复杂,往
往"牵一发而动全身",这种状况使得组织变革方案在全面付诸实施之前一般要先进行一定
范围的典型试验,以便总结经验,修正进一步的变革方案。在试验取得初步成效后再进入
大规模的全面实施阶段。还有另一个好处,那就是可以使一部分对变革尚有疑虑的人们能
在试验阶段便及早看到或感觉到组织变革,并踊跃跻身于变革的行列,由此实现从变革观
望者、反对者向变革的积极支持者和参加者转变。

3. 冻结

组织变革过程并不是在实施了变革行动后就宣告结束,涉及人的行为和态度的组织变
革,从根本上说,只有在前面有个解冻阶段、后面有个冻结阶段的条件之下才有可能真正的
实现。现实中经常出现,组织变革行动发生之后,个人和组织都有一种退回到原有习惯了
的行为方式的倾向。为了避免出现这种情况,变革的管理者就必须采取措施保证新的行为
方式和组织形态能够不断地得到强化和巩固。这一强化和巩固的阶段可以视为一个冻结
或者重新冻结的过程。缺乏这一冻结的阶段,变革的成果就有可能退化消失,而且对组织
及其成员也将只有短暂的影响。

⇨【即问即答 5-6】

有人说:"组织的变革是公司发展的必然结果",你认为这种说法正确吗?

组织变革为什么要对组织先解冻?

5.5 组织文化

⇨【链 接 5-9】

20 世纪 70 年代,施乐公司经营陷入低谷。从 1980 年开始,新总裁大卫开始塑造
企业团队精神。施乐团队建设的一条重要原则就是鼓励员工之间"管闲事",对同事业

务方面的困难,应积极帮助。为此,施乐经常派那些销售业绩良好的员工去帮助销售业绩不佳的员工,他们认为,合作应从"管闲事"开始。施乐团队建设的第二条重要原则就是强调经验交流和分享。任何一位员工有创意且成功的做法,都会得到施乐公司的赞美和推广。施乐团队建设的第三条重要原则就是开会时允许参加者海阔天空的自由发挥,随意交流,并允许发牢骚、谈顾虑,即便是重要的会议也开得像茶馆那样热闹,经常是"说者无心,听者有意",启发出旁听者的火花般灵感,以至于思路大开。

团队建设离不开人。施乐选拔人才特别强调合作精神,常常把骄傲的人拒之门外。他们认为,骄傲的人往往对一个团队具有破坏力,哪怕是天才也不接受。施乐需要的是强化彼此成就的人,即合作终于一切。

施乐的团队建设并不排斥竞争,但强调竞争必须不伤和气,不但要公平,而且讲究艺术。例如,公司下属某销售区各小组间的竞争就明显幽默而有效率:每月底,累计营业额最底的小组得到特殊的奖品——一个小丑娃娃,而且以后一个月内必须在办公桌上"昭示"众人,直到有新的"中奖者"。各小组自然谁都不愿"中奖",为此,大家你追我赶,唯恐垫底"中奖"。

至1989年,施乐扭亏为盈,后逐渐在世界140个国家建立了分公司。

团队精神是一种优秀的组织文化,优秀的组织文化对企业发展至关重要。

组织具有自己的各种构成要素,把这些要素有机地整合起来除了要有一定的正式组织和非正式组织以及"硬性"的规模制度之外,还要有一种"软件"的协调力和凝合剂,它以无形的"软约束"力量构成组织有效运行的内在驱动力。这种力量就是被称为管理之魂的组织文化。

5.5.1　组织文化的概念及其特征

1. 组织文化的概念

文化一词来源于古拉丁文 cultura,本意是指"耕作"、"教习"、"开化"的意思。在中国古籍中最早把"文"和"化"两个字联系起来的是《易经》,"观乎天文,以察时变;观乎人文,以化成天下。"意思是指圣人在考察人类社会的文明时,用儒家的诗书礼乐来教化天下,以构造修身齐家治国平天下的理论体系和制度,使得社会变得文明而有秩序。

一般而言,文化有广义和狭义两种理解。广义的文化是指人类在社会历史实践过程中所创造的物质财富和精神财富的总和,狭义的文化是指社会的意识形态,以及与之相适应的礼仪制度、组织机构、行为方式等物化的精神。文化具有民族性、多样性、相对性、积淀性、延续性和整体性的特点。

对于任何一种组织来说,由于都有自己特殊的环境条件和历史传统,从而也就形成自己独特的哲学信仰、意识形态、价值取向和行为方式,于是每种组织也都具有自己特定的组织文化。正如美国哈佛大学教授迪尔和肯尼迪曾经指出的那样:"每个企业(事实上也是组织)都有一种文化。不管组织的力量是强还是弱,文化在整个组织中都有着深刻的影响,它实际上影响着企业中的每一件事:从某个人的提升到采用什么样的决策,以至职工的穿着和他们所喜爱的活动。"

对组织文化的界定向来是众说纷纭,莫衷一是。比较经典的是西方学者希恩于1984年下的定义:"组织文化是特定组织在适当处理外部环境和内部整合过程中出现的种种问题时,所发明、发现或发展起来的基本假说的规范。这些规范运行良好,相当有效,因此被用作教导新成员观察、思考和感受有关问题的正确方式。"

就组织特定的内涵而言,组织是按照一定的目的和形式而建构起来的社会集团,为了满足自身运作的要求,必须有共同的目标、共同的理想、共同的追求、共同的行为准则以及相适应的机构和制度,否则组织就会是一盘散沙。而组织文化的任务就是努力创造这些共同的价值观念体系和共同的行为准则。在这个意义上来说,组织文化是指组织在长期的实践活动中所形成的并且为组织成员普遍认可和遵循的具有本组织特色的价值观念、团体意识、行为规范和思维模式的总和。

2. 组织文化的主要特征

组织文化具有以下几个主要特征:

(1)超个体的独特性。每个组织都有其独特的组织文化,这是由不同的国家和民族、不同的地域、不同的时代背景以及不同的行业特点所形成的。如美国的组织文化强调能力主义、个人奋斗和不断进取;日本文化深受儒家文化的影响,强调团队合作、家族精神。

(2)相对稳定性。组织文化是组织在长期的发展中逐渐积累而成的,具有较强的稳定性,不会因组织结构的改变、战略的转移或产品或服务的调整而变化。一个组织中,精神文化又比物质文化具有更多的稳定性。

(3)融合继承性。每一个组织都是在特定的文化背景之下形成的,必然会接受和继承这个国家和民族的文化传统和价值体系。但是,组织文化在发展过程中,也必须注意吸收其他组织的优秀文化,融合世界上最新的文明成果,不断地充实和发展自我。也正是这种融合继承性使得组织文化能够更加适应时代的要求,并且形成历史性与时代性相统一的组织文化。

(4)发展性。组织文化随着历史的积累、社会的进步、环境的变迁以及组织变革逐步演进和发展。强势、健康的文化有助于组织适应外部环境和变革,而弱势、不健康的文化则可能导致组织的不良发展。改革现有的组织文化,重新设计和塑造健康的组织文化过程就是组织适应外部环境变化,改变员工价值观念的过程。

5.5.2　组织文化的基本要素

组织文化是一个有着丰富内涵的系统体系,其中包括许多相互联系相互制约的基本要素。迪尔和肯尼迪认为构成组织的要素有五种:(1)环境条件;(2)价值信仰;(3)英雄人物;(4)习俗礼仪;(5)文化网络。

而美国学者彼得斯和沃特曼认为至少有七种要素:(1)经营战略;(2)组织结构;(3)管理风格;(4)工作程序;(5)工作人员;(6)技术能力;(7)共同价值。这七种要素称之为"麦金瑟 7S 结构",如图 5-9 所示。

如果从现代系统论的观点看,组织文化的结构层次有三个:表层文化、中介文化和深层文化。

它的表现形态有:物化文化、管理文化、制度文化、生活文化、观念文化等。

它的构成要素有:组织精神、组织理念、组织价值观、组织道德、组织素质、组织行为、组织制度、组织形象等,由此构成一个有着内在联系的复合网络图,如图 5-10 所示。

如果从最能体现组织文化特征的内涵来看,组织文化的基本要素包括:

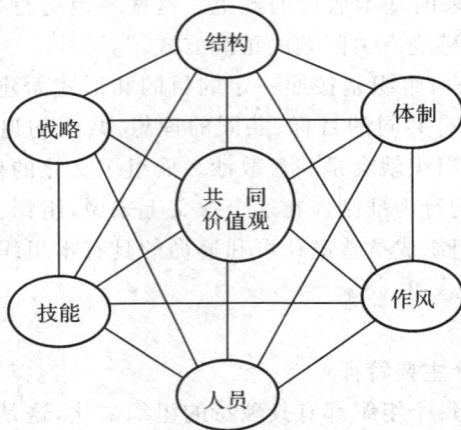

图 5-9　麦金瑟 7S 结构

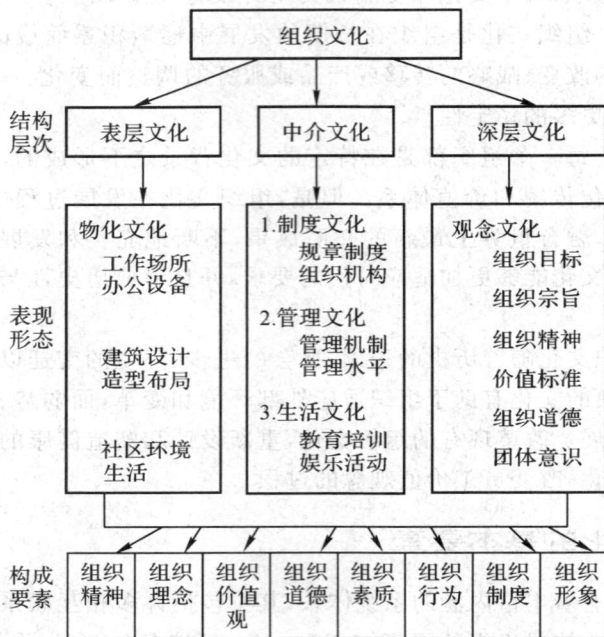

图 5-10　复合网络图

1. 组织精神

如同人类和民族有精神一样,组织作为有机体也是有精神的。正如美国管理学家劳伦斯·米勒在《美国企业精神》中所说:"一个组织很像一个有机体,它的机能和构造更像它的身体,而坚持一套固定信念,追求崇高的目标而非短期的利益,是它的灵魂。"

作为组织灵魂的组织精神,一般是指经过精心培养而逐步形成的并为全体组织成员认同的思想境界、价值取向和主导意识。它反映了组织成员对本组织的特征、地位、形象和风气的理解和认同,也蕴含着对本组织的发展、命运和未来所抱有的理想与希望,折射出一个组织的整体素质和精神风格,成为凝聚组织成员的无形的共同信念和精神力量。组织精神一般是以高度概括的语言精练而成的,如日本松下电器公司的"七精神":"工业报国、光明

正大、团结一致、奋发向上、礼节谦让、适应形势、感恩报国"。美国国际商业机器公司的精神"IBM 就是服务"等

2. 组织价值观

组织价值观是指组织评判事物和指导行为的基本信念、总体观点和选择方针。它的基本特征包括：

(1)调节性。组织价值观以鲜明的感召力和强烈的凝聚力,有效地协调、组合、规范、影响和调整组织的各种实践活动。

(2)评判性。组织价值观一旦成为固定的思维模式,就会对现实事物和社会生活作出好坏优劣的衡量评判,或者肯定与否定的取舍选择。

(3)驱动性。组织价值观可以持久地促使组织去追求某种价值目标,这种由强烈的欲望所形成的内在驱动力往往构成推动组织行为的动力机制和激励机制。

组织价值观具有不同的层次和类型,而优秀的组织总会追求崇高的目标、高尚的社会责任和卓越创新的信念。如美国百事可乐公司认为"顺利是最重要的";日本三菱公司主张"顾客第一";日本 TDK 生产厂则坚持"为世界文化产业作贡献"。

3. 组织形象

组织形象是指社会公众和组织成员对组织、组织行为与组织各种活动成果的总体印象和总体评价,反映的是社会公众对组织的承认程度,体现了组织的声誉和知名度。

组织形象包括人员素质、组织风格、人文环境、发展战略、文化氛围、服务设施、工作场合和组织外貌等内容,其中对组织形象影响较大的因素有五个方面。

(1)服务(产品)形象。对于企业来说,社会公众主要是通过产品和服务来了解企业的,又是在使用产品和享用服务的过程中不断形成对企业的感性化和形象化的认识。因此,那些能够提供品质优良、造型美观的产品和优质服务的企业,总是能够赢得良好的社会形象。

(2)环境形象。这主要指组织的工作场所、办公环境、组织外貌和社区环境等,它反映了整个组织的管理水平、经济实力和精神风貌。因为整洁、舒适的环境条件不仅能够保证组织工作效率的有效提高,而且也有助于强化组织的知名度和信赖度。

(3)成员形象。这是指组织的成员在职业道德、价值观念、文化修养、精神风貌、举止言谈、装束仪表和服务态度等方面的综合表现,是组织形象人格化的体现。一般而言,组织成员整洁美观的仪容、优雅良好的气质、热情服务的态度,再加上统一鲜明的着装,既反映了个人的不俗风貌,也反映了组织的高雅素质,有利于在社会公众之中树立良好的组织形象。

(4)组织领导者形象。组织领导者(也指企业家)的形象是指体现在他的领导行为、待人接物、决策规划、指导监督、人际交往乃至言谈举止之中的文化素质、敬业精神、战略眼光、指挥能力的综合体现。那些富有领导能力、公正可靠、气度恢弘、勇于创新、正直成熟、忠诚勤奋的组织领导者不仅能以无形的示范魅力潜移默化地影响组织中的每个成员,而且也会在社会公众中争取对组织的信赖和支持,有利于不断扩大和巩固组织的知名度。

(5)社会形象。这是指组织对公众负责和对社会贡献的表现。组织要树立良好的社会形象,一方面有赖于与社会广泛的交往和沟通,实事求是地宣扬自己的社会形象;另一方面在力所能及的条件下积极参与社会公益活动,例如支持教育科研文体事业,主动支援受灾地区,开展社区文明共建活动等。这样,良好的社会形象就会使组织在社会公众的心目中更加完美,使之增加对组织的认同理解。

5.5.3 组织文化的功能

从耗散结构的理论来看,功能是指一个自组织系统影响和改变其他系统以及抵抗与承受其他系统的影响和作用的能力,同时也是一系统从其他系统中取得物质、能量、信息而发展自己的能力。组织文化作为一种自组织系统,也具有许多独特的功能,其中突出的功能有以下几点。

1. 自我内聚功能

组织文化通过培育组织成员的认同感和归属感,建立起成员与组织之间的相互依存关系,使个人的行为、思想、感情、信念、习惯与整个组织有机地统一起来,形成相对稳固的文化氛围,凝聚成一种无形的合力与整体趋向,以此激发出组织成员的主观能动性,指向组织的共同目标而努力。正是组织文化这种自我凝聚、自我向心、自我激励的作用,才构成组织生存发展的基础和不断成功的动力。从这个意义上来说,任何组织若想取得非凡的成功,其背后无不蕴藏着强大的组织文化作为坚强的后盾。但是,要指出的是,这种内聚力量不是盲目的、无原则的、完全牺牲个人一切的绝对服从,而是在充分尊重个人价值、承认个人利益、有利于发挥个人才干的基础上而凝聚的群体意识。

2. 自我改造功能

组织文化能从根本上改变员工的旧有价值观念,建立起新的价值观念,使之适应组织正常实践活动的需要。尤其对于刚刚进入组织的员工来说,为了减少他们个人带有的家庭、学校、社会所养成的心理习惯、思维方式、行为方式与整个组织的不和谐或者矛盾冲突,就必须接受组织文化的改造、教化和约束,使他们的行为趋向组织的一致和谐。一旦组织文化所提倡的价值观念和行为规范被成员接受和认同,就会在不知不觉中作出符合组织要求的行为选择,倘若违反了组织规范,就会感到内疚、不安或者自责,这时会自动修正自己的行为。在这个意义上说,组织文化具有某种程度的强制性和改造性。

3. 自我调控功能

组织文化作为团体共同价值观,并不对组织成员具有明文规定的具体硬性要求,而只是一种软性的理智约束。它通过组织的共同价值观不断地向个人价值观渗透和内化,使组织自动地生成一套自我调控机制,以"看不见的手"操纵着组织的管理行为和实务活动。这种以尊重个人思想、感情为基础的无形的非正式控制,会使组织目标自动地转化为个体成员的自觉行动,达到个人目标与组织目标在较高层次上的统一。组织文化具有的这种软性约束和自我协调的控制机制,往往比正式的硬性规定有着更强的控制力和持久力,因为主动的行为比被动的适应有着无法比拟的作用。

4. 自我完善功能

组织在不断的发展过程中所形成的文化积淀,通过无数次的辐射、反馈和强化,会不断地随着实践的发展而更新和优化,推动组织文化从一个高度向另一个高度迈进。也就是说,组织文化不断的深化和完善一旦形成良性循环,就会持续地推动组织本身的上升发展,反过来,组织的进步和提高又会促进组织文化的丰富、完善和升华。国内外成功组织和企业的事实表明,组织的兴旺发达总是与组织文化的自我完善密不可分的。

5. 自我延续功能

组织文化的形成是一个复杂的过程,往往会受到社会的、人文的和自然环境等诸多因素的影响,因此,它的形成和塑造不是一朝一夕就能一蹴而成的,必须经过长期的耐心倡导和精心培育,以及不断地实践、总结、提炼、修改、充实、提高和升华。同时,正如任何文化都有历史继承性一样,组织文化一经固化形成之后,也会具有自己的历史延续性而持久不断地起着应有的作用,并且不会因为组织领导层的人事变动而立即消失。如美国英特尔公司的领导人历经数次变动,但其经过多年培育出来的开拓创新精神仍然存在,成为公司不断进取的精神支柱和追求卓越的公司信条。

5.5.4 塑造组织文化的主要途径

1. 选择价值标准

由于组织价值观是整个组织文化的核心和灵魂,因此选择正确的组织价值观是塑造组织文化的首要战略问题。

选择组织价值观有两个前提。

(1)要立足于本组织的具体特点。不同的组织有不同的目的、环境、习惯和组成方式,由此构成千差万别的组织类型,因此必须准确地把握本组织的特点,选择适合自身发展的组织文化模式,否则就不会得到广大员工和社会公众的认同与理解。

(2)要把握住组织价值观与组织文化各要素之间的相互协调,因为各要素只有经过科学的组合与匹配才能实现系统整体优化。

在此基础上,选择正确的组织价值标准要抓住四点。

①组织价值标准要正确、明晰、科学,具有鲜明特点。

②组织价值观和组织文化要体现组织的宗旨、管理战略和发展方向。

③要切实调查本组织员工的认可程度和接纳程度,使之与本组织员工的基本素质相和谐,过高或过低的标准都很难奏效。

④选择组织价值观要坚持群众路线,充分发挥群众的创造精神,认真听取群众的各种意见,并经过自上而下和自下而上的多次反复,审慎地筛选出既符合本组织特点又反映员工心态的组织价值观和组织文化模式。

2. 强化员工认同

一旦选择和确立组织价值观和组织文化模式之后,就应把基本认可的方案通过一定的强化灌输方法使其深入人心。具体做法包括:

(1)充分利用一切宣传工具和手段,大张旗鼓地宣传组织文化的内容和要求,使之家喻户晓,人人皆知,以创造浓厚的环境氛围。

(2)树立英雄人物。典型榜样和英雄人物是组织精神和组织文化的人格化身与形象缩影,能够以其特有的感染力、影响力和号召力为组织成员提供可以仿效的具体榜样,而组织成员也正是从英雄人物和典型榜样的精神风貌、价值追求、工作态度和言行表现之中深刻理解到组织文化的实质和意义。尤其是组织发展的关键时刻,组织成员总是以英雄人物的言行为尺度来决定自己的行为导向。

(3)培训教育。有目的的培训与教育,能够使组织成员系统接受和强化认同组织所倡导的组织精神和组织文化。但是,培训教育的形式可以多种多样,当前,在健康有益的娱乐活动中恰如其分地揉进组织文化的基本内容和价值准则,往往不失为是一种有效的方法。

3. 提炼定格

(1)精心分析。在经过群众性的初步认同实践之后,应当将反馈回来的意见加以剖析和评价,详细分析和仔细比较实践结果与规划方案的差距,必要时可吸收有关专家和员工的合理化意见。

(2)全面归纳。在系统分析的基础上,进行综合的整理、归纳、总结和反思,采取去粗取精、去伪存真、由此及彼、由表及里的方法,删除那些落后的、不为员工所认可的内容与形式,保留那些进步的、卓有成效的、为广大员工所接受的形式与内容。

(3)精练定格。把经过科学论证的和实践检验的组织精神、组织价值观、组织文化,加以条理化、完善化、格式化,再加以必要的理论加工和文字处理,用精练的语言表述出来。

建构完善的组织文化需要经过一定的时间过程。如我国的东风汽车公司经过将近30年的时间才形成"拼搏、创新、竞争、主人翁"的企业精神。因此,充分的时间、广泛的发动、认真的提炼、严肃的定格是创建优秀的组织文化所不可缺少的。

4. 巩固落实

(1)必要的制度保障。在组织文化演变为全体员工的习惯行为之前,要使每一位成员都能自觉主动地按照组织文化和组织精神的标准去行事,是几乎不可能的。即使在组织文化业已成熟的组织中,个别成员背离组织宗旨的行为也是经常发生的。因此,建立某种奖优罚劣的规章制度还是有一定的必要性。例如,就是在具有高度文明和高度内律的新加坡,其背后就有着近乎苛刻的处罚制度。

(2)领导的率先垂范。组织领导者在塑造组织文化的过程中起着决定性的作用,他本人的模范行为就是一种无声的号召和导向,对广大员工会产生强大的示范效应。所以任何一个组织如果没有组织领导者的以身作则,要想培育和巩固优秀的组织文化都是非常困难的。这就要求组织领导者观念更新、作风正派、率先垂范,真正肩负起带领组织成员共建优秀组织文化的历史重任。

5. 丰富发展

任何一种组织文化都是特定历史的产物,当组织的内外条件发生变化时,不失时机地调整、更新、丰富和发展组织文化的内容和形式总会经常地摆上议事日程。这既是一个不断淘汰旧文化性质和不断生成新文化特质的过程,也是一个认识与实践不断深化的过程,组织文化由此经过循环往复达到更高的层次。

以上塑造组织文化的途径如图 5-11 所示。

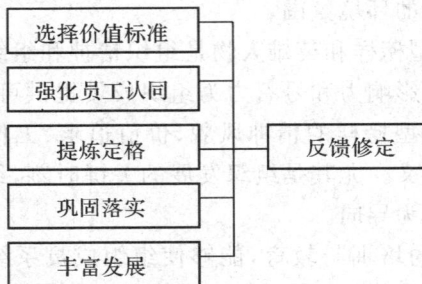

图 5-11　塑造组织文化途径

⤷【即问即答 5-7】

"企业文化是企业生存与发展的灵魂",谈谈你对此的看法。

组织文化有哪些功能,应该如何建设?

⤷【本章小结】

● 组织是人们为了实现某一特定的目的而形成的系统集合,它有一个特定的目的,由一群人所组成,有一个系统化的结构。组织工作做得好,可以形成整体力量的汇聚和放大效应。否则,就容易出现"一盘散沙",甚至造成力量相互抵消的"窝里斗"局面。

● 组织设计的任务包括:职务分析与设计、部门划分和层次设计、结构形成。组织设计的基本原则有如下几条:目标至上、职能领先原则,管理幅度原则,统一指挥原则,权责对等原则,因事设职与因人设职相结合原则。

● 管理层次与管理幅度存在互动关系,这种互动性决定了两种基本的管理组织结构形态:扁平结构形态和锥型结构形态。尽管组织扁平化是现代组织设计的一种趋势,但管理层次的缩减本质上依赖于管理幅度的拓宽。而有效的管理幅度是由主管人员的能力、下属人员的素质、工作的性质和条件以及外部环境等多方面因素共同决定的。

● 集权与分权反映组织中决策权限的集中与分散程度。组织在配置决策权限时不能过分集中,也不能过于分散,而应该遵循集权与分权有机结合的原则。绝对的集权与绝对的分权,都是不可取的。组织需视具体情况的不同来确定集权和分权的最合适的程度。

● 现实运行中的组织往往是正式组织与非正式组织并存的。正式组织与非正式组织之间存在着相互的影响作用。组织管理者必须以正确的态度来对待非正式组织。

● 职权是指组织中各个职位所拥有的正式合理合法的权力。直线与参谋是两类不同的职权关系。直线关系本质上是指挥和命令的关系,直线人员所拥有的是一种决策和行动的权力;而参谋关系则是一种服务和协助的关系,授予参谋人员的只是思考、筹划和建议的权力。参谋职权有一般建议权、强制协商权、共同决定权和职能职权等几种不同的强度或形态。

● 组织设计的结果可以形成不同的组织结构形式或组织模型。归纳起来,企业内部的组织形态主要有直线制、职能制、直线职能制、事业部制、矩阵制、学习型等,企业外部的中间性组织形态主要有网络型和控股型等。

● 组织设计并不存在某种统一的、唯一最好的方式。有效的组织设计必须使组织结构与特定的情境条件相一致,也就是必须遵循权变设计的原则。环境、战略、技术、规模和组织的成长阶段,这些就是影响组织设计发生变化的主要权变因素。而权变因素的变化或变迁,则提出了组织再设计的要求,从而引发了组织变革过程。

● 组织变革是在动力与阻力的此消彼长中逐渐推进的。管理者要采取有效措施改变这两种力量的对比,促进组织变革的顺利进行,成功的组织变革通常需要经历解冻、改革、冻结这三个有机关联的步骤。

● 组织文化是指组织在长期的实践活动中所形成的并且为组织成员普遍认可和遵循的具有本组织特色的价值观念、团体意识、行为规范和思维模式的总和。组织文化具有自我内聚、自我改造、自我调节、自我完善、自我延续的功能。组织文化可通过选择价值标准、强化员工认同、提炼定格、巩固落实、丰富发展等途径加以塑造。

⇨【习　题】

一、简答题

1. 为什么要建立组织？是否做任何一件事都必须建立一个组织？
2. 组织设计的任务是什么？组织设计应遵循哪些原则？
3. 管理幅度与管理层次有什么关系？其大小受哪些因素的影响？
4. 如何来判断一个企业是分权型企业还是集权型的企业？
5. 非正式组织是怎样对组织活动产生影响的？你认为应该如何正确对待非正式组织？
6. 如何恰当处理组织中直线与参谋间的矛盾，从而有效地发挥参谋人员的作用？
7. 事业部组织结构有何特点？如何克服其不足之处？
8. 什么是网络型组织结构？它有什么优点？
9. 事业部组织结构有何特点？如何克服其不足之处？
10. 促使组织变革的主要因素有哪些？
11. 组织变革的阻力有哪些方面？如何克服？
12. 现代信息与通信手段的推广应用会对组织设计产生什么样的影响？
13. 什么是组织文化？怎样描述一个组织的组织文化？
14. 联系实际谈谈塑造组织文化的途径。

二、案例分析

（一）惠普公司的变革

20世纪80年代以来，计算机行业成了面临环境急剧变化的典型例子。它对像IBM公司、数据设备公司和优利系统公司这样的大公司都造成了不利的影响，顾客需要已经从大型计算机转为小型机乃至更小的多用途的个人计算机。许多硬件成了日用品一样的商品，无论是低价的供货者，还是提供优质服务或持续创新的厂家，都可以加入争夺市场份额的行列。在这一时刻，惠普公司的管理当局看到了环境的变化并全力推进公司的变革，他们给员工授予充分的权力，简化了决策制定的过程，并大幅度削减了成本。虽然惠普公司仍然是一家大公司，但它的管理当局已经作出决定，绝不能使惠普公司成为行动缓慢者。高层经理们视察了全国的生产基地，收集了生产和销售第一线员工们的意见和建议。他们所到之处听到的是对于公司官僚行政机构的普遍抱怨，以及新项目得到批准的重重困难。于是，管理当局对组织进行了重组。他们撤销了两个高层管理委员会，取而代之的是一种跨职能领域和组织界限的团队结构。工作团队被授予前所未有的从设计新产品到分销全过程的充分的自主权。高层管理当局投入了大量时间向员工宣传，他们需要有一种高度的紧迫意识，勇于采取冒风险的行动。同时，需要认识到，在竞争者不断降价的新形势下，仅靠提供优秀产品是不够的。管理当局鼓励员工们寻找全新的办法，使公司从研究开发到行政管理和销售各项领域都能达到低成本。这些措施的结果，使惠普公司在其大部分产品的毛利都下降的情况下，得以取得较高的盈利率。

问　题

1. 从案例中看，惠普公司进行组织变革的动力主要来自于
   A. 组织规模的扩大和企业成长到相应阶段　　B. 技术

C. 环境因素　　　　　D. 战略的调整

2. 惠普公司进行的变革主要是哪一方面?

　　A. 管理　　　　B. 技术　　　　C. 结构　　　　D. 人员

3. 惠普公司撤销高层管理委员会的理由是

　　A. 它们成了少数人专制的工具

　　B. 委员会决策既费时又费钱,还会议而不决

　　C. 委员会造成了责任分裂

　　D. 随着情况的发展,委员会已结束其使命

4. 惠普公司的组织文化最接近下面哪一条?

　　A. 有紧迫感　　B. 勇于冒险　　C. 鼓励创新　　D. 以上都是

5. 惠普公司组建跨职能团队,目的是

　　A. 适应环境变化　　　　　B. 使工作过程更加合理

　　C. 减少由于职能分裂造成的问题　D. 以上都是

(二)泰康公司营销系统的组织

　　泰康医药科技有限公司(以下简称泰康公司)由国内某著名医药研究机构与外国公司在1995年合资创立。公司主要产品为国家二类降血脂药物××。××由该医药研究机构王教授于1994年研究开发成功。临床实试验表明,××对治疗高血脂疾病具有非常显著的疗效,对治疗糖尿病、降低胆固醇等也有一定效果。由于××通过大米发酵而不是化学合成方法获得,具有天然产物的特点,在安全性和有效性方面比进口的同类药物具有一定的优势,而且主要成分清晰、作用机理明确,是现代中药中的代表性品种。

　　××在国内市场刚刚上市,就引起了美国最大的食品增补剂销售商AMH的注意。AMH认真研究了产品的功能与特点,决定做该产品在美国销售的总代理,将该产品以食品增补剂名义在美国市场销售。1996—1998年,××产品在美国销售收入达千万美元。由于产品附加值非常高,而产品出口的销售费用非常低,所以,出口为公司创造了大量的利润。但是,1998年,××在美国市场销售的迅速上升引起了美国竞争对手的注意。美国降脂类药物的主要生产厂商MM公司向美国联邦食品与药物管理局(FDA)提供了××含有药物的有关证据。FDA以××含有药物成分而不适合作为食品增补剂在美国销售为由,暂时终止了××在美国市场的销售。

　　尽管泰康公司的产品在国际市场上的销售受阻,但1996—1998年国际市场销售获得的利润对泰康公司国内营销系统的建设起了关键性的支持作用。泰康公司从1996年开始在国内建设销售网络。为了节约营销网络建设费用,公司采用如下方式建设办事处:在主要城市招聘合适人选作为办事处经理;办事处经理负责招聘与管理医药代表、制定本地市场开发计划、开发本地市场、选择合适的医药公司作为向医院供货的渠道等任务。办事处的运行费用由公司总部从该办事处销售回款中按一定比例提取。这意味着办事处经理在办事处运行的起步阶段,需要垫支一定的市场开发和人员工资费用,并承担一定的风险。

　　由于产品本身疗效确切,安全性高,加之销售提成比例较高,所以,有许多具有丰富药品销售经验的人愿意销售该产品。到1999年泰康公司已经用较低的成本在全国主要省会城市建立起26个办事处,拥有医药代表280人左右,基本建立起了遍布全国的销售系统。在销售方面也取得了不错的业绩。2000年,公司实现销售收入从1995年的800万元提高到了1.2亿元左右。到2001年,尽管泰康公司总体发展顺利,公司决策者却为公司的销售系统的管理问题而困扰。

公司的整个销售系统大致构成如图 5-12 所示。

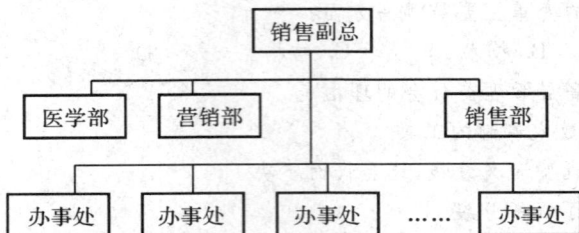

图 5-12

　　泰康公司总部设有医学部、营销部、销售部。医学部负责制定临床研究方案,收集、整理临床研究信息,并与竞争对手的产品进行比较,制定医学推广方案;营销部负责收集市场信息、制定营销政策;销售部负责销售后勤等工作。三个部门均对销售副总负责,就本职业务工作向销售副总提出建议。办事处则依然沿用以前的管理体制,其权力与职能基本没有变化。

　　泰康公司决策层对销售系统存在的问题,最关心的有两方面:一是如何进一步提高销售网络利用效率,降低销售成本问题。公司已经建立起遍布全国的销售网络,大约每个省设立一定办事处,每个办事处大约 10 人左右。每个医药代表负责一定区域的市场开发,及维系与医院、医生之间的关系。每个医药代表在他负责的区域内增加新品种销售的潜力很大,但是,让他负责更大区域、更多医院的市场开发的潜力却很小。也就是说,泰康公司的营销网络可以经营更多的品种,而公司目前仅有一个品种××,维持办事处运营的固定支出较高。在目前的问题并不严重,但如果公司产品销售下降,而新产品尚未推出,或推出的新产品附加价值太低,公司就会面临较大的压力。

　　对于如何提高公司销售系统能力利用不足的问题,公司高层曾经进行过多次讨论,提出过多种可供选择的方案,如购买新药证书,生产新品种;允许办事处代理其他公司的品种等。讨论最多的是,如何加快自己研究所的新药开发步伐,尽快推出新品种。

　　泰康公司设有现代中药研究所,目前拥有员工 28 人,其中博士 3 人,硕士 6 人,本科毕业生 10 人,专业领域分布在中药化学、中药药理、中药制剂、临床医学等,其他为辅助人员。研究所已经具备系统的中药研究开发能力,有两个品种已完成临床研究,一个品种正在进行临床试验。

　　困扰决策者的第二个问题是泰康公司的产品销售过分依赖办事处,而办事处的业绩则主要依赖医药代表。由于历史的原因,办事处经理负责招聘与管理医药代表,而公司则与医药代表缺乏直接的联系。××是处方药,主要由医生向患者推荐使用。医药代表的主要任务是向医生介绍产品的功能、特点、适用对象,以及新的临床试验的结果等信息,促使医生开本公司产品的处方。一个优秀的医药代表不仅与医生之间建立起工作上的联系,而且也会形成密切的私人关系。在公司现行管理体制下,客户资源主要掌握在医药代表手中。一个优秀医药代表离职,往往会对公司销售带来极大的负面影响。同样,医药代表又为办事处经理所控制,公司即便对某一办事处经理不满意,调整起来,难度也非常大。办事处经理常常以市场开发困难为由,要求公司增加费用提成比例。

　　医药代表收入有办事处经理决定,其收入大致由两部分构成:基本工资和奖金。基本工资通常较低,奖金的数额则取决于销售业绩。医药代表对自己的日常工作安排有较大的决定权,办事处主要以业绩为基础对医药代表进行考核。从客户方面看,医生、患者对泰康公司产品××认同度是很高的,但由于公司管理体制的原因,加之公司没有对公司品牌进行宣传,所以,医生、患者对泰康公司品牌的认同度较低。

为了解决公司对办事处和医药代表之间关系不平衡的问题,公司高层也曾讨论过多种方案。但由于公司目前只有一个品种,一旦市场销售出现大的波动,风险太高,一直未能真正采取措施。

问 题

1. 泰康公司××产品在美国市场销售受阻,但这次海外经营的经验却使公司受益,主要是因为:

   A. 公司由此知道了怎么利用销售代理商推销自己的产品

   B. 公司由此知道了中药新药的审批程序和标准

   C. 公司由此知道了要广聘具有丰富药品销售经验的人担任销售代表

   D. 公司由此知道了销售网络建设的重要性与方法

2. 下述关于泰康公司营销系统组织结构的判断哪个正确?

   A. 泰康公司营销系统的组织结构形式为职能制,职能经理容易形成对地区办事处的多头指挥,导致办事处无所适从

   B. 泰康公司营销系统的组织结构形式为直线制。销售副总管理幅度过宽,难以有效指挥和管理众多办事处

   C. 泰康公司营销系统组织结构形式为直线职能制。职能部门仅在销售副总授权情况下才有一定的指挥权。由于办事处经理权力较大,公司营销部门的作用是有限的

   D. 泰康公司营销系统组织结构形式为职能制。职能经理仅在销售副总授权情况下才有一定的指挥权。由于办事处经理权力较大,公司营销部的作用是有限的

3. 在下述权力中,从办事处经理手中收回哪种权力,阻力会最少?

   A. 医院、医生等客户信息的掌控

   B. 医药代表的聘用、考评、收入分配的决定

   C. 渠道(医药公司)选择

   D. 本地市场开发计划的制定

4. 下述关于对医药代表管理方式的评价,你认为哪一种是最恰当的?

   A. 医药代表的任务相对独立,监督的成本非常高,所以,过程管理不重要,只要以业绩为基础进行管理就够了

   B. 正因为医药代表的任务相对独立,办事处经理与代表各自掌握着不同的信息,所以严格的过程管理才非常重要

   C. 医药代表的任务相对独立,进行有效监督的成本非常高,所以,企业文化建设,特别是职业道德教育,才是医药代表管理的关键

   D. 医药代表不仅为公司创造销售业绩,也掌握客户信息,维系公司与客户之间的关系,所以结果控制与过程都很重要

5. 下述解决公司销售系统能力利用不足问题的方案,你认为哪个最可取?

   A. 辞退部分医药代表,减少人员,降低系统运行成本,提高销售系统的运行效率

   B. 暂时维持销售系统现状,力争使处于临床阶段的品种尽快上市,提高销售系统的利用效率

   C. 购并一家具有药品经营权的小型医药商业公司,利用公司的营销网络代理其他产品

D. 暂时允许办事处同时为其他公司销售产品,但减少给办事处费用提成比例

(三)美国商业电脑和设备公司的分权制

由于拥有最优的新产品、有创造性的营销办法和对顾客的良好服务态度,美国商业电脑和设备公司发展成为这一领域的第一流公司,年销售额超过 10 亿美元,获得高额利润,同时公司股票的价格也不断提高。它成为投资者最喜爱的公司之一,投资者欣赏它的高速发展和高效益。可是总经理很快发现,曾经一度适合于该公司的组织结构,已不再适合需要了。

多年来,公司一直是按照职能原则组织起来的,设有主管财务、销售、生产、采购、工程和研究与发展等方面的副总经理。在发展过程中,公司的产品系列已不只是商业电脑,而扩大到包括电子打字机、复印机、电影摄影和放映机、电脑自控机床和电子计账机。随着时间的推移,总经理已开始关心这样一些问题:(1)现行的组织结构没有规定总经理办公室之下各部门应负的利润责任。这不适合于目前在国外经营上处事应极为机动的特点;(2)似乎各部门强调小团体垒"墙"相隔。因而不利于销售、生产和工程各部门之间的有效协作;(3)在总经理办公室之下的各级似乎无权作出很多决策。

因此,总经理把公司分散成 15 个自主的国内和国外分公司,各分公司都负有利润责任。然而,当改组方案实施后,他开始感到对这些分公司不能恰当地加以控制,采购和人事管理职能大量重叠;各分公司经理不顾总公司的政策和战略而自己做主经营业务。总经理显然已感到,公司正在分解成若干独立部分。

在分析了因分公司建立犯错误和造成损失而陷入困境的一些大公司的情况后,总经理认为,自己在分权制方面走得太远了。因此他收回了委派给分公司经理的一些职权,要求他们在下述重要事情的决策上要得到最高管理部门的批准:(1)超过 1 万美元的基本建设投资;(2)新产品的引进;(3)销售与价格战略和政策的变动;(4)工厂扩建;(5)人事政策的变动。

当看到他们的一些自主权被取消时,分公司经理感到不愉快是可以理解的。他们公开抱怨,公司是在忽上忽下的过程中,先是分散后又集中,弄得下面无法工作。总经理对此非常担忧,但又不知该怎么办。

问　题

1. 总经理将公司划分成 15 个分公司的做法是对的吗?
2. 总经理现在应该怎么办?

三、讨论题

1. 以你所在的组织为例。描述组织中的哪些结构因素属于官僚主义模式,哪些属于行为模式? 按照你的看法,这一组织的结构更加偏向官僚主义模式还是行为模式? 为什么?

2. 通过互联网或图书馆了解某一公司的战略和组织设计。你能看出企业战略和结构之间的关系吗? 向全班报告你的发现。

3. 你所在的大学采用哪种组织形式? 你所在的城市的政府呢? 其他你所熟悉的组织呢? 在这些组织的形式间有哪些共同点和不同点?.

4. 如果你知道某个公司是矩阵型结构,你将会更有兴趣在那里工作或对在那里工作的兴趣不大? 解释你的选择。为在矩阵型组织里更有效地工作,你将做哪些准备?

四、实训题

目的

● 明晰决定组织结构的因素。

● 对组织的运作机制增进了解。

● 检查组织内的工作关系。

指示

● 画出你所在商学院的组织结构图。确信包括了学院内所有的直线和参谋职位。标出指挥链和管理的层级。注意不同的管理跨度。是否有需要考虑的咨询小组、特别工作小组或委员会？

● 回顾教材中有关组织结构的内容，分析你们学院组织结构的长处和弱点。现在从头再画一张组织结构图，把你认为有助于提高学院质量的改革添加进去，并列出应做的改革和原因。

讨论问题

● 你所在的商学院组织得好吗？为什么？

● 学院是怎样设计它的结构来满足学生、系、员工、管理层和社区的需要？

第6章

领 导

≫ ≫ ≫   ≫

- 领导理论
- 激励理论
- 沟通理论

学习目标

知识目标：了解领导、激励和沟通的基本内容和基本特点；理解领导、激励和沟通的基本含义。

技能目标：掌握领导、激励和沟通的基本方法。

能力目标：应用所学的领导、激励和沟通知识对社会组织进行观察，识别被观察组织领导、激励和沟通掌握组织设计的基本方法。

导入语

通达公司是一家中等规模的汽车配件生产集团。最近，对该公司的三个重要部门的经理进行了一次有关领导类型的调查。

一、张良

张良对他部门的产出感到自豪。他总是强调对生产过程、出产量控制的必要性，坚持下属人员必须很好地理解生产指令以得到迅速、完整、准确的反馈。当遇到小问题时，张良会放手交给下级去处理，当问题很严重时，他则委派几个有能力的下属人员去解决问题。通常情况下，他只是大致规定下属人员的工作方针、完成怎样的报告及完成期限。张良认为只有这样才能导致更好的合作，避免重复工作。

张良认为对下属人员采取敬而远之的态度对一个经理来说是最好的行为方式，所谓的"亲密无间"会松懈纪律。他不主张公开谴责或表扬某个员工，相信他的每一个下属都有自知之明。

据张良说，在管理中的最大问题是下级不愿意接受责任。他讲到，他的下属可以有机会做许多事情，但他们并不是很努力地去做。

他表示不能理解在以前他的下属如何能与毫无能力的前任经理相处，他说，他的上司对他们现在的工作运转情况非常满意。

二、李竟

李竟认为每个员工都有人权，他偏重于管理者有义务和责任去满足员工需要的学说。他说，他常为他的员工做一些小事，如给员工 2 张下月在文化城举行的艺术展览的入场券。

他认为,每张门票才 15 元,但对员工和他的妻子来说其价值却远远超过 15 元。通过这种方式,也是对员工过去几个月工作的肯定。

李竟说,他每天都要到工场去一趟,与至少 25% 的员工交谈。

李竟说,他已经意识到在管理中有不利因素,但大都是由于生产压力造成的。他的想法是以一个友好、粗线条的管理方式对待员工。他承认尽管在生产效率上不如其他单位,但他相信他的员工有高度的忠诚与士气,并坚信他们会因他的开明领导而努力工作。

三、宋浩

宋浩说他面临的基本问题是与其他部门的职责分工不清。他认为不论是否属于他们的任务都安排在他的部门,似乎上级并不清楚这些工作应该谁做。

宋浩承认他没有提出异议,他说这样做会使其他部门的经理产生反感。他们把宋浩看成是朋友,而宋浩却不这样认为。

宋浩说过去在不平等的分工会议上,他感到很窘迫,但现在适应了,其他部门的领导也不以为然了。

宋浩认为纪律就是使每个员工不停地工作,预测各种问题的发生。他认为作为一个好的管理者,没有时间握紧每一个员工的手,告诉他们正在从事一项伟大的工作。他相信如果一个经理声称为了决定将来的提薪与晋职而对员工的工作进行考核,那么,员工则会更多地考虑他们自己,由此而产生很多问题。他主张,一旦给一个员工分配了工作,就让他以自己的方式去做,取消工作检查。他相信大多数员工知道自己把工作做得怎么样。

如果说存在问题,那就是他的工作范围和职责在生产过程中发生的混淆。宋浩的确想过,希望公司领导叫他到办公室听听他对某些工作的意见。然而,他并不能保证这样做不会引起风波而使情况有所改变。他说他正在考虑这些问题。

由以上案例我们可以引发如下思考:"什么是领导?""怎样才能做一个好的领导者?"企业界人士及管理理论研究者纷纷发表大量的专著和论文讨论这些问题。认为有效的领导者有着特殊的品质。领导的效用是决策收益、决策成本和决策能力的函数。领导的有效性离不开激励与沟通。现代领导理论下的权变因素和环境变量共同决定了适当的领导方式对于业绩的影响。

学习目标:掌握指导与领导工作的要领及要求,领悟有关领导理论的研究及领导方法和领导艺术,掌握激励理论的主要内容,了解沟通联络的概念及内容。

🌀 关键词

领导与权力　领导理论　激励理论　沟通理论

6.1　领导理论

领导是管理工作的一个重要职能。无论是一个国家、一个企业,还是社会组织,其兴衰成败都与其领导者水平的高低关系极大。权力是领导工作的基础,是领导者实现目标的手段。

6.1.1　领导与权力的关系

6.1.1.1　领导的含义

"领导"在汉语中可以作名词用,即领导者的简称,也可以作动词用,即"领导者"的一种行为过程。管理学研究的领导是后者,是作为管理的一种职能来理解的。所谓领导就是领导者通过先行、沟通、指导、灌输和奖惩等手段对人们施加影响的过程,从而使人们积极主动地为实现组织或群体的目标而努力。

首先,权力在领导者和其他成员之间的分配是不平等的。正是靠着权力的影响力,领导者获取人们的信任,把人们吸引到他的周围来,使人们心甘情愿地追随领导者制定的目标。其次,领导是一种艺术创造过程。领导者面临千变万化的组织环境,领导工作是不可能通过简单的既定程序来完成,领导过程本质上是艺术创造的过程。再次,领导的目的是通过影响部下来达到组织目标的过程。领导是目的性非常强的行为,它的目的在于使人们情愿地、热心地为实现组织或群体的目标而努力。

【链接 6-1】

有一个人去买鸟,第一只鸟商开价 500 元,原因是该鸟有操作电脑的本事;第二只鸟开价 1000 元,原因是该鸟不但会操作电脑,还有编程的本事;第三只鸟什么也不会,商人却要 2000 元,原因很简单,因为前两只鸟称呼第三只鸟为 CEO。这个故事形象的说明了领导者的价值,以及与一般管理者的区别。

【即问即答 6-1】

管理者就是领导者吗?

领导与管理两者有着本质的区别。从共性上来看,两者都是一种在组织内部通过影响他人的协调活动,来实现组织目标的过程。两者基本的权力都是来自于组织的岗位设置。从差异性上看:(1)领导是管理的一个方面,属于管理活动的范畴。除了领导,管理还包括其他内容,如计划、组织、控制等。(2)管理的权力是建立在合法的、强制性权力基础上的;而领导的权力既可以是建立在合法的、强制性基础上,也可以建立于个人的影响力和专家权力等基础上。

因此,领导者不一定是管理者,管理者也并不一定是领导者。两者既可以是合二为一的,也可以是相互分离的。有的管理者可以运用职权迫使人们去从事某一件工作,但不能影响他人去工作,他并不是领导者;有的人并没有正式职权,却能以个人的影响力去影响他人,如非正式组织中的首脑,他是一位领导者。为了使组织更有效,应该选取领导者来从事管理工作,也应该把每个管理者都培养成好的领导者。

6.1.1.2 领导的作用

领导的作用就是在先行、沟通、指导、灌输和奖惩部下为实现组织目标而努力的过程中,具有的指挥、协调和激励三方面的作用。

指挥作用,是指领导者需要头脑清醒、胸怀全局,能高瞻远瞩、运筹帷幄地帮助部下认清所处环境,指明活动的目标和达到目标的路径。

协调作用,是指领导者需要在各种因素的干扰下,来协调部下之间的关系和活动,朝着共同的目标前进。

激励作用,是指领导者通过为部下主动创造能力发展空间和职业发展生涯等行为影响部下的内在需求和动机,引导和强化部下为组织目标而努力的行为活动。

⇨ 【链 接 6-2】

韩 信 点 兵

司马迁《史记·淮阴侯传》记载：韩信是我国古代杰出的军事家,他作为统帅带领汉军打垮了楚霸王项羽强大的武装力量,为刘邦统一天下,建立汉朝立下大功,因而被封为楚王。

汉高祖刘邦在位几年后,有人上书说韩信居功自傲,要谋反,刘邦对韩信早就有顾忌知心,为防止韩信造反,他就设置圈套将韩信抓了起来。不久,刘邦又赦免了韩信,但是撤掉了他的王位,只给了他一个淮阴侯的封号。韩信知道刘邦忌才妒能,心中闷闷不乐,于是经常托病不去朝见皇帝。

刘邦反而经常找找韩信谈话,议论各位将军才能的大小。一次,刘邦问韩信："像我这样的人,能带多少兵?"韩信说："你最多只能带十万人。"刘邦又问："那你呢?"韩信答话："我带兵多多益善。"刘邦吓了,说："你带兵多多益善,怎么又被我抓住了呢?"韩信说："陛下虽然不能带更多的兵,但您却善于统帅和指挥将领,所以我就被您抓住了。"

⇨ 【即问即答 6-2】

领导是实现组织目标所必须履行的职能吗?

领导工作有哪些作用?

6.1.1.3 领导与权力

权力的本质就是一个人影响他人的能力,只有当一个人控制了你所期望拥有的事物时,他才拥有对你的权力。领导与权力是有差别的,最主要的差别在于目标的相容性。权力只需要依赖性,并不要求构成权力关系的双方有着一致的目标。领导则要求领导者与被领导者有着相互一致的方向;否则,领导工作就失去了意义。然而,权力对于领导工作是极为重要的。首先,领导过程中影响他人的基础是权力,任何领导者的影响力都是依赖于正式权力或非正式权力来实现的。其次,组织中权力的配置决定了领导工作的方式。管理制度中权力的集中与分散是造成集权式领导者与民主式领导者的重要原因。再次,正确地对待权力是领导工作成功的保证。

1. 领导权力的构成

(1)权力的来源

目前对于权力来源的解释理论依据主要是 J. R. P. 弗兰奇和 B. 瑞文在《社会基础权力》一书中提出的五种来源:强制权、奖赏权、法定权、专家权和感召权。

强制性权力,也称为惩罚权。它是指通过精神、感情或物质上的威胁,强迫下属服从的一种权力。从组织的角度来讲,如果 A 能解雇 B 或使其停职、降级,并且 B 很在乎他的工作,那么 A 对 B 就拥有了强制性权力。同样,如果 A 能给 B 分派他不喜欢的工作或以 B 感到尴尬的方式对待 B,那么 A 对 B 也拥有强制性权力。惩罚权源于被影响者的恐惧,部下感到领导者有能力将自己不愿意接受的事实强加于自己,使自己的某些需求得不到满足。惩罚权在使用时往往会引起愤恨、不满,甚至报复行动,因此必须谨慎对待。

奖赏性权力。它是基于被影响者执行命令或达到工作要求而给其进行奖励的一种权力。在组织情境中,奖赏可以是金钱、良好的绩效评估、职位晋升、有趣的工作任务和良好的工作环境,如友好的同事、有利的工作转换等。奖赏权的关键是奖赏内容与被影响者的需求相一致,奖赏权的大小取决于人们追求这些东西的程度。例如,领导者给予某部属一些重要责任,自认为对部属是一种信任与提拔,但部属却认为这样会使自己太累,心里感到不高兴。在这种情况下,领导者实际上没有真正实施奖赏权。

法定性权力。它是指组织内各管理职位所固有的法定的、正式的权力。按照组织条例或法规的规定,你的主管作为你的上级,就合法地掌握对你所做的事情的决定权和指挥权。合法权源于被影响者内在化的价值观,部属认为领导者有合法的权力影响他,他必须接受领导的影响。

以上三种权力都与组织中的职位联系在一起,是从职位中派生出的权力,因此统称为职位权力。

专家性权力。它是指由个人的特殊技能或某些专业知识而产生的权力。由于世界的发展日益取决于技术的发展,专门的知识技能也由此成为权力的主要来源之一。工作分工越细,专业化越强,目标的实现就越依赖专家。因此,正如医生具有特殊的技能,由此也具有专家性权力,大多数人都听从于医嘱。计算机专家、税收会计师、太阳能工程师、工业心理学家以及其他各种专家都会因为他们的技能而获得一定的专家性权力。

感召性权力。这是与个人的品质、魅力、经历、背景等相关的权力,也常被称为个人的影响权。一些体育、文艺明星,传奇的政治领袖都具有这种权力,有着巨大而神奇的影响力。它是建立在超然感人的个人素质之上的一种无形的,很难用语言来描述或概括的权力。

专家性权力和感召性权力都是与组织的职位无关的权力,因此也称为非职位权力。这种权力是由于领导者自身的某些特殊条件才具有的。例如,领导者具有高尚的品德、丰富的经验、卓越的专业能力、良好的人际关系、特殊的个人背景以及善于激励成员的管理能力等。

(2)权力的基础

权力的依赖关系性质和程度的差异往往是由相互关系中所流动资源的稀缺程度、重要程度和替代性程度的依赖关系所决定的。

如果没有人对于你掌握的资源感兴趣,那就谈不上依赖。要想产生依赖,必须使人感觉到你掌握的资源的重要。重要性反映了个人或部门在一个公司主要活动中扮演的角色。对重要性的一种衡量方式就是个人或部门对组织最终产生的影响程度。越是重要的个人或部门,其权力就越大。

如果你所掌握的是某种充足性资源,拥有这种资源就不会增加你的权力。对于富豪来说,掌握金钱的人不再对其有影响力。因此,拥有稀缺资源才能使他人依赖于你。在现代企业中,协调性知识成为稀缺资源,因此拥有协调性知识的"知本家"替代了资本的拥有者,成为企业权力的核心。

不可替代性也决定了权力的大小。如果某一雇员或部门不能被轻易地替代,他的权力就要大一些。例如:当电脑刚问世时,编程是一项专门化的工作,只有具备高水平的人才能从事这种职业。由于独具编程知识,所以编程人员控制着组织电脑的使用。大约10年之后,电脑编程成为一个极其普通的工作。程序人员可以很容易地被替代,所以编程部门的权力便下降了。

2. 领导者应正确对待权力

领导者为了确保在实际工作中能够正确运用组织所赋予的职位权力和其个人的影响力,必须掌握正确对待权力的三条原则:

(1)慎重用权,不可滥用权力。领导者一旦滥用权力,不但会阻碍组织目标的实现,还会导致人际关系恶化、组织凝聚力下降,最终会导致领导者权力的丧失。好的领导者是用一种慎重小心的态度对待权力,该使用时使用,而决不夸大炫耀。但在确实需要使用权力时,领导者又要当机立断、雷厉风行地使用权力来维护组织和个人的利益。

(2)客观公正用权。领导者运用权力最重要的原则是廉明,客观一致地使用权力,即运用权力时是不徇私情、不谋私利的,是按照组织条例规定或法规的规定来办事的。

(3)例外处理。规章制度是组织成员应当共同遵守的行为准则,领导者必须维护规章制度的严肃性,按照规章制度的要求来正确使用手中的权力。但在特殊情况下,他应当有权进行特殊事情特殊处理。例外处理不是为了破坏规章制度,而恰恰是为了使规章制度在执行过程中表现得更加合理,更加符合实际情况。

【链 接 6-3】

一位从其他分支机构调任的经理接受北京分公司的业务,为了突显自己的能力,不仅将其前任经理的功绩全部抹杀,将积累下来的业绩归为己有,甚至对其个人进行恶毒的人身攻击。最后这位经理在下属心目中没有丝毫的威信,被下属炒了鱿鱼。领导者的道德品质是构成领导者自身影响力的首要因素。道德败坏、品质低下的部门经理是永远树立不了个人威信的,也就不具备自身影响力。

【即问即答 6-3】

你在组织里见过多少种权力?试分析为什么要有这些权力?应如何运用它们?

6.1.2 传统的领导理论

6.1.2.1 领导特质理论

这种理论假设领导者在个人品质方面具有与生俱来的特质,即领导者是天生的而非塑造出来的。在探索成功领导者具备的共性的特质上,研究人员采用了两种方法:一是将领导者与非领导者的特质相比较;二是把有效领导者的特质与无效领导者的特质相比较。

关于领导特质论的大部分研究都是采用此类分离特质方法。从 1904 年至 1948 年,理论界进行了 100 多种有关领导特性的研究,但遗憾的是众多的努力都以失败告终。人们没有找到一些特质因素总能对领导者与下属,以及有效领导者与无效管理者进行区分。直到 20 世纪 70 年代中期,人们看到了虽然没有哪一种特性确保成功领导,但是某些性格特点还是有潜在的作用。到了 90 年代,研究者发现领导者存在着六项特质,即进取心、领导愿望、正直与诚实、自信、智慧和工作相关知识。这些个性特点能够将有效的领导者与其他人区别开来,但它们的有效性是来自一种后天的习惯,是一系列实践的综合,是能够通过努力得到的。

1. 进取心:进取心是指能够反映高水平努力程度的一系列个性特点。努力进取包括对成功的强烈欲望、不断地努力提高、抱负、精力、毅力、主动性等。

2. 领导愿望:领导者有强烈的愿望去影响和领导别人,表现为乐于承担责任并在领导过程中获得满足和利益。

3. 诚实与正直:正直即言行一致,诚实可信。对领导者来说,诚实与正直能激发别人的信任。

4. 自信:自信能让领导者克服困难,在不确定的情况下敢于作出决策。领导者为了使下属相信他的目标和决策的正确性,必须表现出高度的自信。

5. 智慧:领导者需要具备足够的智慧来收集、整理和解释大量信息,并能够确立目标、解决问题和作出正确的决策。

6. 业务知识:领导者必须有足够的业务知识才能解释大量的信息,作出富有远见的决策。

☞【链接6-4】

柯达公司的战略目标已经从影像演变为"信息影响",公司的培训体系也随着改变。柯达对全球未来的领导人提出了"以增长为目标的领导力",包括9种领导力特质。这种领导人素质包括:

以变应变:事情的发展总是在预想和控制之外,因此必须灵活的应对不断变化的新问题和新局面。

眼光向外:要熟知客户市场和竞争对手等外部环境,从用户的角度来看待产品。

洞悉全局:了解柯达在其所服务地市场切点,从全局考虑什么对公司有利。

沟通信息:要自由、开放地同投资者、客户、员工、政府以及相关社区沟通有关业务增长的举措、目标、问题和成就等重要信息。

鼓舞士气:有根据的自信来对于组织目前状况和未来发展的了解,面对挑战,要有自信,相信柯达能够成为最好的。

争做赢家:头脑中要时刻牢记柯达要提供世界上最好的产品和服务。

恪守价值观:要恪守柯达的六大核心价值观:尊重个人、刚直不阿、相互信任、信誉至上、自强不息和论绩嘉奖。

注重增长:不断寻找新的机会推动业务增长。

推动变化:不能闭门造车,不但要走出去,还要走在前面。

这9种领导力特质是培养柯达"将才"必不可少的标准,是柯达人傲视全球影像市场的"独孤九剑",要求每一位柯达经理都必须具备这9种领导力,才能保持柯达的行业领袖地位。

柯达在罗切斯特美国总部设有专门的领导人培训与发展中心,并设有专门的培训课程,为柯达全球区域总裁以上的高级领导人提供专业培训。它还开设有全球领导人论坛。如今,柯达正致力于将这种培训推广到全球更基层的经理人员。

☞【即问即答6-4】

领导者是天生的还是后天培养的?

你周围接触的领导具有怎样的特质?

6.1.2.2 领导职能理论

领导职能理论的研究者把目光集中于具体的领导者表现出的行为本身上,希望了解有效领导者的行为是否有什么独特之处。比如,他们如何分配任务、如何与下属及员工沟通、如何激励下属和员工、如何完成任务等。有别于天赋的特质,行为是可以学习的。因此,行为理论所带来的实际意义将与特质论截然不同,对于个体可以进行适当的培训而使人们成为领导者。

行为理论成果众多,最为流行的是密歇根大学的研究和俄亥俄州立大学的研究,以及在此基础上发展的管理方格理论。

1. 俄亥俄州立大学的研究

20 世纪 40 年代末期,俄亥俄州立大学的研究人员弗莱里曼和他的同事们对领导者行为进行了全面的研究,提出领导行为方式的"定规维度"和"关怀维度"。

定规维度代表的是为了达到组织目标,领导者界定和构造自己与下属的角色的倾向程度。它包括试图设立工作、工作关系和目标的行为。具有高定规特点的领导者会向小组成员分配具体工作,要求员工保持一定的绩效标准,并强调工作的最后期限。

关怀维度代表的是一个人具有信任和尊重下属的看法与情感的程度。高关怀的领导者帮助下属解决个人问题,他友善而平易近人,公平对待每一个下属,并关心下属的生活、健康、地位和满意度等。

以关怀维度和定规维度概念为框架,可以确定领导者在每种维度中的位置。如图 6-1 所示,根据这样的分类,领导者可以被分成四种基本类型:高关怀—高定规型、高关怀—低定规型、低关怀—高定规型和低关怀—低定规型。大量研究发现,一个在定规和关怀方面均高的领导者(高—高型领导者),常常比其他三种类型的领导者(高定规、低关怀或二者均低)更能使下属达到高绩效和高满意度。

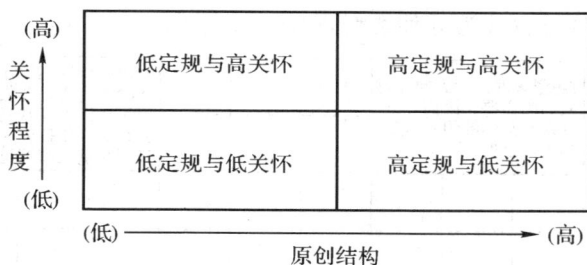

图 6-1 俄亥俄州立大学的领导风格研究

总之,俄亥俄州立大学的研究说明,高—高型风格能够产生积极效果,但同时也发现了足够的特例表明这一理论还需加入情境因素。例如在军队基层组织之中和在大公司的非生产性监督人员和管理者之中,其结论差异是非常明显的。空军部队的士兵往往会认为,高关怀维度的空军指挥官不如任务导向的指挥官有效。

【链接 6-5】

深圳某报曾报道这样一个案例:当地的一家工厂经常发现有驻厂的员工偷偷跑回家。经调查,发现这些员工有一个共同的特点,就是刚刚结婚不久。这家工厂没有选择通过完善制度来杜绝这一现象,而是特批一笔资金,在工厂边上建造一排"夫妻房",

专门提供给这些情况特殊的员工。作为回报,这家工厂的效率在这个策略实施后提高了近三成,比任何激励或考核的效果都明显。张瑞敏曾说过,他在海尔,第一是设计师,第二是牧师。当相当多的领导把注意力集中在完善各式各样的制度以改善企业管理时,张瑞敏高明的意识到,领导者职责的一个重要部分是对文化的阐释和发展。制度永远是冷冰冰的,而企业传播关怀的媒介,就只有文化,因为很难想象可以将为员工建夫妻房写入某项制度中去。如果领导者拥有了关怀,企业就有了灵魂,这种关怀就像蜂王用来维系工蜂工作的化学物质一样,使企业从一台冰冷的机器,变成一个有生命的组织,可以自我修复和治愈,而不必等到病入膏肓时再寻找英雄来拯救。

2. 密歇根大学的研究

在俄亥俄州立大学研究的同时,密歇根大学调查研究中心由 R·李克特在 1947 年开始进行着相似性质的研究,目的是确定领导者的行为特点与满意水平和工作绩效的关系。

密歇根大学的研究小组研究的结果发现领导行为可以划分为二个维度,即员工导向和生产导向。员工导向的领导者被描述为重视人际关系,他们总会考虑到下属的需要,并承认人与人之间的不同。相反,生产导向的领导者倾向于强调工作的技术或任务事项,主要关心的是群体任务的完成情况,并把群体成员视为达到目标的工具。密歇根大学研究者的结论对员工导向的领导者十分有利,他们与高群体生产率和高工作满意度成正相关。而生产导向的领导者则与低群体生产率和低工作满意度联系在一起。

3. 管理方格理论

管理方格理论是由布莱克和莫顿设计出来的,用来衡量领导者对员工与生产的关心程度,是对俄亥俄州立大学和密歇根大学研究的理论发展。它将领导的职能行为特征划分成工作导向的管理和员工导向的管理两个维度,将领导的风格表示为一个连续统一体,每种风格分别划分成 9 个等级,从而产生了 81 种不同的领导方式,界定了管理行为的范围。在图中最具有代表性的领导方式为五种类型,如图 6-2 所示。

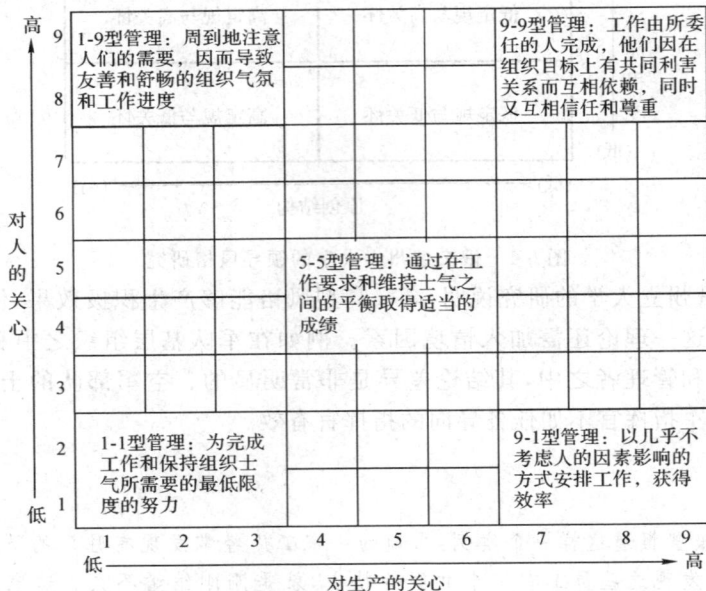

图 6-2　管理方格图

（1—1）贫乏型领导：管理者既不关心人，也不关心任务或生产。这种方式有时也称为放任式管理，因为领导者事实上根本没有发挥领导的作用。

（1—9）乡村俱乐部型领导：管理者较少关心生产，但对人高度关心。

（9—1）任务或权威型领导：管理者只关心生产与工作效率，但对人却漠不关心。

（5—5）中庸之道型领导：管理者对生产和员工都能够给予适当程度的关心。

（9—9）团队或民主型领导：管理者无论对生产，还是对员工的士气与满意度都表现出高度的关心。

布莱克和莫顿坚持认为，风格9—9是最有效的管理风格。这种管理风格能改进组织绩效，减少缺勤和离职率，使员工满意度提高。事实上能够成功地同时履行这两种职能的人应当是非常有效的领导者。然而实践中，一个领导者所拥有的气质、技巧或时间，使其往往只能充当好一个角色，但这并不意味着这个群体就一定会士气低落。已经有研究发现，最有效的群体能够分摊领导职能：一个人（通常为管理者或正式领导）履行完成任务的职能，另一位群体成员来履行社会职能。

⇨【链 接 6-6】

三 种 不 同 的 领 导 方 式

A厂长——乡村俱乐部型

某汽车公司装配厂的A厂长，从一上任开始，就不同意公司裁员的做法，他给厂里每个人机会以充分证明自己的价值。在他任职期间，全厂5000名职工中只有极少数人被解雇。他首先为职工们建造了供职工们使用的餐厅和卫生间。午餐时，他还亲自上餐厅，跟员工们打成一片。他倾听他们的抱怨，征求他们的意见和合理化的建议，鼓励班组定期开会来解决共同的问题。通过"一日厂长制"等活动，创造一切可能的机会让职工参与全厂的长远规划。A厂长不仅坚持每天2小时在现场走动办公，而且还为管理人员和一线员工安排不断解决问题的对话，通过对话，希望管理人员知道他们为一线工人提供的服务时怎样的"不到位"，从而激发职工对企业的忠诚。

A厂长对下属关怀备至，下属遇到什么难处都愿意和他说，只要常理该办的，他总是很痛快地予以解决。职工私下说他特别会笼络人。当然A厂长也承认装配厂生产率暂时不如其他同类企业，但他坚信只要他的职工有高昂的士气，一定会取得高的绩效。

B厂长——任务型

某钢厂B厂长认为对下属人员采取敬而远之的态度对一个厂长来说是最好的领导方式，所谓的"亲密无间"只会松懈纪律。他一天到晚绷着脸，下属人员从未见他和他们谈过任何工作以外的事情，更不用说和下属开玩笑了。他到哪个部门谈工作，一进门大家的神情就变得严肃起来，大家都不愿和他接近。B厂长把全厂的工作任务始终放在首位，在他看来，作为一个好的领导，无暇去握紧每个职员的手，告诉他们正在从事一项伟大的工作。所以他总是强调对生产过程、产量控制重要性，坚持下级必须很好的理解生产任务目标，并且质量保证地完成。他经常直接找下属布置工作，中层管理人员常常抱怨其越级指挥，是他们无所适从。B厂长手下的几员大将被架空已经成为家常便饭。职员们有困难想找厂里帮助时，B厂长一般不予过问。久而久之，B厂长感到在管理中最大的问题是下属不愿意承担责任,他们对工作并非很努力地去做,全厂的工作也只是推推动动,维持现有局面而已。

C 厂长——团队型

C 是一位经验丰富的企业家。当某市齿轮厂严重亏损、濒临倒闭时,他开始出任该厂的厂长。他的管理哲学是:"管理既是无情的,又是有情的。对工人既要把螺丝拧得紧紧的,又要给予其温暖。"C 厂长对下属完全信赖,倾听下情并酌情采用。通过职工参与制,让下属参与生产和决策并给予物质奖赏。所形成的全厂长远规划,请职工们"评头论足",厂里上下级信息够痛快。鼓励下级自己做出相应的决定。他认为:生产效率的提高,不在于什么奥秘,而在于职工及其领导人之间的那种充满人情味的关系。同时他为员工做出表率,B 厂长深有感触地说:"走得正,行的端,领导才有威信,说话才有影响,群众才能信服,才能对我行施权力颁发通行证。"

他到该厂上任后不久采取了一系列措施。诸如树立效益、以人为本的观念;推行融效率与人于一体的目标管理法,通过对每个管理人员和职工为各自的部门和个人设置目标,并负责完成,想方设法提高工厂的生产率;遵循系统管理和专业化分工的原则,综合考虑管理幅度和层次的合理规划,以及职权划分,建立了责权明确、分工合理的组织结构体系;突出了产品质量和降低成本两个重点。

在 C 厂长上任后的一年里,齿轮厂的生产绩效有了明显的提高。

☞ 【即问即答 6-5】

为什么只有将以人为重和以工作为重结合起来才能实施有效的领导?
为什么说管理方格理论是对于培养有效管理者有用的工具?

☞ 【链 接 6-7】

全面质量管理和以员工为中心的领导

改进质量运动的某些方面与以员工为中心的领导风格存在内在的一致性。在全面质量管理体系下(TQM),管理者职能的优先顺序要重新调整:他们的决策和控制职能缩小了,而作为教练的角色扩大了。随着"思考者"与"执行者"的界限越来越模糊,工作专业化无论在水平方向还是垂直方向上都明显降低了。例如,销售一线的工作团队与其他从事沟通与协调工作的部门或单位的工作团队的职能会出现交叉。

研究者还发现,如果没有员工的参与,即使最好的质量计划也注定会失败。在联合有限公司——一家位于堪萨斯州维茨塔的航空机械零件供应商,管理者深知员工参与的价值。1987 年,公司发起了一个"最佳工作质量计划",旨在降低由于高废品率、高返工率以及高客户退货率造成的过高成本。这个计划设定了一个可以达到的质量目标:0.5%的次品率。根据朱兰与戴明咨询公司的指导,该计划鼓励员工大胆创新,承担风险。

尽管在培养员工工作承诺感的过程中存在一个试错阶段,但是,公司的废品率和返工率还是很快下降到 0.25%,员工的离职率也迅速下降。公司制定了具体目标,并通过晚餐、电影票、储蓄债券等奖励形式强化员工的行为,而且提供连续的反馈以对工作过程进行改进。最终,工作群体终于达成对质量的承诺。在此过程中,管理当局的态度也相当重要:公司把它的员工看作宝贵的人力资源,而不仅仅是要加以最小化的劳动成本。公司对组织任务的高度承诺和激励,促进了质量的全面提高和实现长远目标能力的持久改进。

6.1.2.3 领导方式理论

所谓领导方式、领导风格或领导作风,就是对不同类型领导行为形态的概括。在管理实践中,不同的领导者或同一领导者在不同的工作情景下采取何种领导风格,这往往与他们对权力的运用方式有关。在基于权力运用的分类上勒温和利克特的理论具有一定的代表性。

1. 勒温的三种领导方式

心理学家勒温在实验研究基础上,把领导者的行为方式划分为专权式、民主式和放任式。

(1)所谓专权式领导是指领导者个人决定一切,布置下属执行。领导者除了工作命令外,从不把更多的消息告诉下级,下级没有任何参与决策的机会,只能奉命行事;主要靠行政命令、纪律约束、训斥惩罚来维护领导者的权威,很少或只有偶尔的奖励;领导者与下级保持相当的心理距离。

(2)所谓民主式领导是指领导者在采取行动方案或作出决策之前会主动听取下级意见,或者吸收下级人员参与决策制定。领导者尽量照顾到组织每个成员的能力、兴趣和爱好;对下属工作的安排并不具体,个人有相当大的工作自由,有较多的选择性与灵活性;主要运用个人的权力和威信,而不是靠职位权力和命令使人服从;领导者积极参加团体活动,与下级无任何心理上的距离。

(3)所谓放任式领导是指领导者极少运用其权力影响下属,而给下级以高度的独立性,以致达到放任自流的程度。

勒温根据实验得出的结论是:放任式的领导方式工作效率最低,只能达到组织成员的社交目标,但完不成工作目标;专权式的领导方式虽然通过严格管理能够达到既定的任务目标,但组织成员没有责任感,情绪消极,士气低落;民主式领导方式工作效率最高,不但能够完成工作目标,而且组织成员之间关系融洽,工作积极主动、富有创造性。

2. 利克特的四种领导方式

美国密歇根大学的伦西斯·利克特教授及其同事,经过长期的领导方式研究,提出了领导的四种基本行为方式:

(1)专制—权威式。采用这种领导方式的领导者非常专制,决策权仅限于最高层,对下属很少信任,激励也主要是采取惩罚的方法,沟通采取自上而下的方式。

(2)开明—权威式。采用这种方式的领导者对下属有一定的信任和信心,采取奖赏和惩罚并用的激励方法,有一定程度的自下而上的沟通,也向下属授予一定的决策权,但自己仍牢牢掌握着控制权。

(3)协商式。这种方式的领导者对下属抱有相当大但并不完全的信任,主要采用奖赏的方式来进行激励,沟通方式是上下双向的,在制定总体决策和主要政策的同时,允许下属部门对具体问题作出决策,并在某些情况下进行协商。

(4)群体参与式。采用这种方式的领导者对下属在一切事务上都抱有充分的信心与责任,积极采纳下属的意见,更多地从事上下级之间以及同级之间的沟通,鼓励各级组织作出决策。

利克特的调查结论是采用第四种方式的主管人员较其他方式的领导者能取得更大的成绩。实行群体参与领导方式的企业,生产效率要比一般企业高出10％～40％。利克特把这些主要归因于员工的高程度参与管理以及在实践中的高程度相互支持。利克特认为单纯依靠奖惩来调动员工积极性的管理方式已经过时,只有依靠民主管理,从内在的因素来调动员工的积极性,才能使其潜力充分地发挥出来。

⑥▷【即问即答 6-6】

　　　　你认为上述领导方式中哪一种最好? 请说明理由。
　　　　请分析你周围的领导是属于哪种领导方式。

6.1.3　权变领导理论

权变领导理论认为,领导行为的有效性不单纯是领导者个人行为,某种领导方式在实际工作中是否有效主要取决于具体的情景和场合,因此没有最好的领导模式,只有最合适的领导模式。菲德勒模型、情境理论、路径—目标理论和参与理论是权变领导理论的主要代表。

6.1.3.1　菲德勒模型

弗雷德·菲德勒模型是第一个综合的领导权变模型。它认为良好的群体绩效只能通过如下两种途径取得:要么使管理者与管理环境相匹配,要么使工作环境与管理者相匹配。菲德勒模型将确定领导者风格的评估与情境分类联系在一起,并将领导效果作为两者的函数进行预测。

1. 确定领导者风格。菲德勒认为,影响领导成功的关键因素之一是领导者的基本领导风格。为监测领导者的基本领导风格,他设计了最难共事者(LPC)问卷,通过问卷询问领导者对最不愿与自己合作的同事(LPC)的评价。如果回答者评价这位最难共事者大多用含敌意的词句(即在LPC问卷表上打"低分"),说明该领导者没有将同事的工作表现与人品好坏区分开来,因此,作出"低LPC分"型评价的领导者是趋向于任务导向型的领导方式。同样对自己认定的与之共事必带来不良绩效的最难共事者,如果对这个人的评价多使用善意的词句(即在LPC问卷表上打"高分"),则反映出该人的领导方式是趋向于关系导向型的,因为该领导人心中已清楚地认识到工作表现差的同事并不见得人品就不好。

2. 确定情境。在LPC问卷的基础上,菲德勒列出三个评价领导有效性的关键要素,即职位权力、任务结构和领导与成员的关系。

职位权力是指领导者所拥有的权力变量的影响程度。职位权力越大,群体成员遵从指导的程度越高,领导的环境也就越好;反之,则越差。

任务结构是指任务的明确程度和部下对这些任务的负责程度。如果这些任务越明确,而且部下责任心越强,则领导环境越好;反之,当任务是非结构性的时候,群体的角色越模糊,则领导环境就越差。

领导与成员的关系是指领导对于下属信任、信赖和尊重的程度。如果管理者与群体成员之间能够相互尊重、相互支持、相互信任、密切合作则关系是好的。这种关系对于领导者的权力和工作有效性的影响最大,领导可以通过非正式的方式来影响下属;相反,不被员工喜欢或信任的领导者,只能依靠命令才能完成群体任务。

3. 领导者与情境的匹配。菲德勒根据领导情境中的三个变量组合成 8 种不同的环境条件。

根据关于领导情境的八种分类和关于领导类型的两种分类(高 LPC 值的领导和低 LPC 值的领导),菲德勒对 1200 个团体进行了抽样调查,得出了以下结论:领导环境决定了领导的方式。在环境较好的 1、2、3 和环境较差的 7、8 情况下,采用低 LPC 领导方式,即工作任务型的领导方式比较有效;在环境中等的 4、5、6 情况下,采用高 LPC 领导方式比较有效,即人际关系型的领导方式比较有效,如图 6-3 所示。

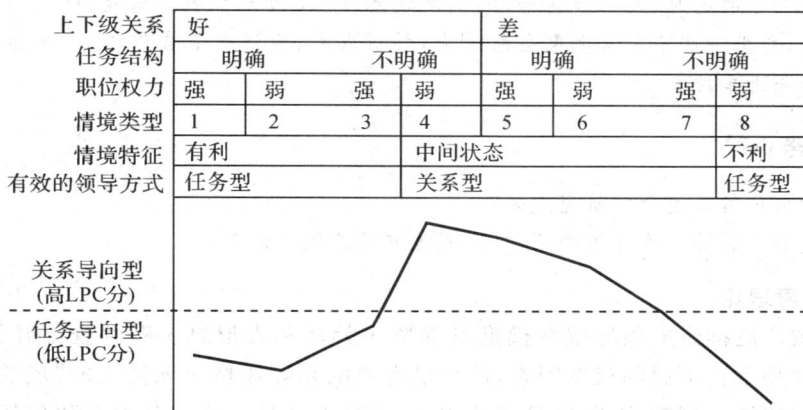

上下级关系	好				差			
任务结构	明确		不明确		明确		不明确	
职位权力	强	弱	强	弱	强	弱	强	弱
情境类型	1	2	3	4	5	6	7	8
情境特征	有利		中间状态				不利	
有效的领导方式	任务型		关系型				任务型	

图 6-3　菲德勒权变领导模型

4. 菲德勒模型的发展。菲德勒和乔·葛西亚在原来的模型基础上进一步提出了认知资源理论。这一理论基于两个假设:第一,睿智而有才干的领导者相比德才平庸的领导者能制定更有效的计划、决策和活动策略;第二,领导者通过指导行为传达了他们的计划、决策和策略。在此基础上,菲德勒和葛西亚阐述了压力和认知资源(如经验、奖励、智力活动)对领导有效性的重要影响。新理论的三项发展:第一,在支持性、无压力的领导环境下,指导型行为只有与高智力结合起来,才会导致高绩效水平;第二,在高压力环境下,工作经验与工作绩效之间成正相关;第三,在领导者感到无压力的情况下,领导者的智力水平与群体绩效成正相关。

⇨【链接 6-8】

　　有个实力较强的应用科学研究所,所长是一位有较大贡献的专家,他是在"让科技人员走上领导岗位"的背景下,被委任为所长的,没有领导工作的经历。他上任后,在科研经费划分、职称评定、干部提升等问题上,实行"论资排辈"的政策;在成果及物质奖励等问题上则搞平均主义;科研项目及经费只等上级下拨。广大的中青年科技人员由于收入低且无事可做纷纷到外面从事第二职业,利用所里的设备和技术捞私利,所里人心涣散。

　　上级部门了解情况后,聘任了一位成绩显著的家用电器厂长当所长,该厂长是一位转业军人,是当地号称整治落后单位的铁腕人物。新所长一上任,立即实施一系列新的规章制度,包括"坐班制",并把中青年科技人员集中起来军训,以提高纪律性;在提升干部、奖励等问题上,向"老实、听话、遵守规章制度"的人倾斜。这样一来,涣散的状况有所改变,但大家还是无事可做,在办公室看报纸,谈天,要求调离的人员不断增加,员工与所长也是经常出矛盾。一年后,该所长辞职,并留下"知识分子太难管"的感叹。

上级部门进行仔细的分析和研究后,又派一位市科委副主任前来担任所长。该所长上任后,首先进行周密的调查,然后在上级的支持下,进行了一系列有针对性的改革,把一批有才能、思想好、有开拓精神的人提拔到管理工作岗位,权力下放到科室、课题组;奖励、评职称实行按贡献大小排序的原则;提倡"求实、创新"的工作作风;在完成制定科研任务的同时,大搞横向联合,制定优惠政策,面向市场。从此,研究所的面貌焕然一新,所里一些不正常现象自然消失,科研成果、经济效益成倍增长,成为远近闻名的科研先进单位。

➡ 【即问即答 6-7】

你如何理解菲德勒的研究成果?

费德勒把领导方式分为哪两种,用哪种方式工作才最有效?

6.1.3.2　情境理论

另一个被广泛推崇的领导权变模型是保罗·赫塞和肯尼思·布兰查德开发的情境领导理论。该模型重视下属的权变因素,认为最有效的领导风格应随员工的"成熟度"的变化而变化。根据情境模型理论,随着员工的成长,领导者与员工之间的关系要经历四个阶段:领导者要因此而不断改变自己的领导风格,领导生命也随之呈现出周期性的变化,所以情境模型也被称为领导生命周期模型,如图 6-4 所示。

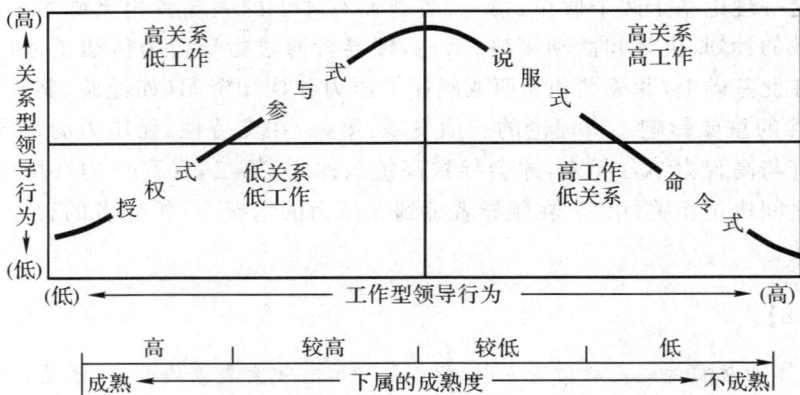

图 6-4　领导生命周期模型

1. 命令式阶段。在员工进入组织的最初阶段,管理者采用任务导向的领导风格最为合适。管理者告诉员工组织中的规则和运作程序,指导他们怎样进行工作。

2. 说服式阶段。在下属开始理解他们的工作任务时,任务导向的领导风格仍是必要的。当管理者对员工熟悉和信任后,希望激发他们更大程度的努力时,管理者对员工的信任与支持也在增加。这时,管理者需要加强关系导向的领导行为。

3. 参与式阶段。当员工的工作成熟度得到提高以后,他们开始产生更高的成就动机,开始积极寻求承担更大的责任。领导者应当积极地转变角色,要与下属共同决策并提供便利条件与沟通。

4. 授权式阶段。当下属在心理上和工作上成熟度都得到了极大的提高时,领导者的任务就是授权,不需要做太多事情。情境领导模型提供了一种动态的领导风格模型。事实上,今天的环境就是处于弹性、变化之中,管理者只有不断地评估下属的工作和心理的成熟度,才能确定哪种领导风格的组合是最为适当的。

⇨ 【链 接 6-9】

　　某校校长管理教师分为三种:对年轻教师,尤其是新来的教师,他每月交代一次任务,并告诉他们怎样去具体完成。对中年教师,他很关心他们的生活,教学工作上喜欢听取他们的意见。对老教师,除关心他们的身体外,对日常教学工作,校长一概不问。

⇨ 【即问即答 6-8】

　　怎样解释有效的管理者应当是先观察,后领导?
　　下属的成熟度对领导方式起重要的作用,成熟度取决于哪些方面?

6.1.3.3　路径—目标理论

路径—目标理论是由罗伯特·豪斯、马丁·伊文斯建立的领导权变模型。它的基础是俄亥俄州立大学的领导研究与激励的期望理论。路径—目标理论的基本观点是,领导者的工作实质就是帮助下属达到他们的目标,并提供必要的指导和支持以确保他们各自的目标与组织总目标的一致。

路径—目标理论假设存在四种有关的领导行为:指示型领导、支持型领导、参与型领导和成就导向型领导。

路径—目标理论还假设存在两类情境作为领导行为与结果之间的中间变量:(1)下属的权变因素,它包括下属的控制点、拜权主义倾向、经验和感知的能力。(2)环境的权变因素,它包括任务结构、正式权力系统、工作群体。

在考虑下属的权变因素决定了各种领导方式的恰当性上,路径—目标理论提出下面的建议:

1. 指示型领导方式对拜权主义者更合适,因为拜权主义者尊重权威。

2. 参与型领导方式对"内在控制点"类型的人更合适,因为这些个人更愿意对自己的生活施加更多的影响。

3. 指示型领导方式在下属能力较低时更合适,它帮助人们理解应当做什么。

在考虑环境权变因素的影响上,路径—目标模型也引申出一些结论:

1. 相比具有高度结构化和安排完好的任务来说,当任务不明或压力过大时,指示型领导导致了更高的满意度。

2. 当下属执行结构化任务时,支持型领导导致了员工高绩效和高满意度。

3. 对经验丰富的下属,指示型的领导可能累赘多余。

4. 组织中正式权利关系越明确,领导者越应表现出支持型行为,降低指示型行为。

5. 当任务结构不清时,成就导向型领导将会提高下属的努力水平,从而达到高绩效的预期。

↪【链 接 6-10】

唐 太 宗 知 人 善 用

在一次宴会上，唐太宗对王珪说："你善于鉴别人才，尤其是善于评论。你不妨从房玄龄开始，做一一评论，评一下他们的优缺点，同事和他们相互比较一下，你在哪些方面比他们优秀？"

王珪回答说："孜孜不倦的办公，一心为国家操劳，凡是知道的事没有不尽心尽力去做，这方面我比不上房玄龄。常常留心向皇上直言建议，认为皇上能力德行比不上饶舜，这方面我比不上魏征。文武全才，既可以在外打仗做将军，又可以进入朝廷搞管理担任宰相，在这方面，我比不上李靖。向皇上报告国家公务，详细明了，宣布皇上的命令或者传达下属官员的汇报，能坚持做到公平公正，这方面，我不如温彦博。处理繁重的实务，解决难题，办事井井有条，这方面我也比不上戴胄。至于抨击贪官污吏，表扬清正廉书，疾恶如仇，好善喜乐，这方面比起其他几位能人来说，我也有一技之长。"唐太宗非常赞同他的话，而大臣们也认为王珪道出了他们的心声，都说这些评论是正确的。

↪【即问即答 6-9】

路径—目标理论与情境理论有何异同？

6.1.3.4　领导者—参与模型

与豪斯的路径—目标理论相同，领导者—参与模型也反对把领导者的行为看做是固定不变的，他们认为，领导者可以根据不同的情境调整他的领导风格。

领导者—参与模型由弗洛姆—叶顿模型和弗洛姆—亚戈模型组成。

1. 弗洛姆—叶顿模型。1973 年由弗洛姆和叶顿共同提出。该模型用一系列权变因素的问题来分析领导的情境，以此来决定领导合适的风格。这个模型分离出五种领导风格和七项权变因素，他们构成了一个从集权型（AI、AII）到咨询型（CI、CII）再到充分参与型（GII）领导方式的连续统一体。

↪【链 接 6-11】

领 导 决 策 风 格 的 类 型

AI：管理者自己根据当时能够获得的信息，自行作出决策。

AII：管理者从下属那里获得必要的信息，然后自己作出决定。他们要求下属提供信息时，可能告诉也可能不告诉下属问题是什么。下属在决策过程中的角色很清楚，只是提供决策所需要的信息，而不是提出或评价解决问题的方案。

CI：管理者以个别接触而不是以群体会议的方式，让下属明白当前问题之所在是向他们征求解决问题的意见和建议，然后自己作出决策；决策可能包含了下属的意见，也可能没有。

CII：管理者让下属以群体的方式了解问题，集体提出意见或建议；管理者收集意见与建议后自行作出决策,决策可能反映,也可能不反映下属的影响。

　　GII:领导者和下属作为一个群体,共同分享、共同面对问题,共同提出各种解决方案,并加以评价、权衡,力图对解决方案达成共识。管理者并不试图对群体施加影响以采纳他们自己偏爱的方案,他们接受并实施群体一致支持的解决问题的方案。

　　2. 弗洛姆—亚戈模型。弗洛姆—亚戈模型继承了弗洛姆—叶顿模型的基本思想。在此基础上提出决策的有效性取决于决策的质量、对决策承诺的程度、决策所耗用的时间等因素,并将权变的因素扩张为 12 项,其中 10 项是按 5 级量表评定的(只有 TC、CP 是按照"是与否"两级量表评定的):

- QR(质量要求):此项决策的技术质量有多重要?
- CR(承诺要求):下属对此项决策的承诺有多重要?
- LI(领导者的信息):是否拥有充分的信息作出高质量的决策?
- ST(问题结构):问题是否结构清楚?
- CP(承诺的可能性):自己作决策,下属是否一定会对该决策作出承诺?
- GC(目标一致性):解决此问题后所达成的组织目标是否是下属所认可的?
- CO(下属的冲突):下属之间对于优选的决策是否会发生冲突?
- SI(下属的信息):下属是否拥有充分的信息进行高质量的决策?
- TC(时间限制):是否有相当紧迫的时间约束限制了下属的能力?
- CP(地质的分散):把地域上分散的下属召集到一起的代价是否太高了?
- MT(激励—时间):在最短的时间内作出决策有多重要?
- MD(激励—发展):为下属的发展提供最大的机会有多重要?

弗洛姆和亚戈认为,领导的效用是决策收益、决策成本和决策者能力的函数。领导的有效性等于决策的有效性减去决策成本,再加上参与决策人的能力的开发而实现的价值。因此,考虑领导的有效性应当全面地来看,不能只看决策的收益,即使领导者作出的决策是高度有效的,但是,如果这些决策对发展其他人的能力没有作用或者作用极小,或者决策过程成本是昂贵的,这些决策仍然会降低组织的整体人力资本水平。

↪【即问即答 6-10】

　　怎样理解弗洛姆—叶顿模型里的"领导决策风格类型"?

6.2　激励理论

↪【链 接 6-12】

　　湖北某高校系全国著名重点大学,该校于 1997 年正式通过"211 工程"立项,成为国家"十一五"期间重点建设的大学之一。学校共有正副教授三百多名,教员七八百名,长期以来,学校走教学与科研相结合的路子,教员既是教学骨干,又是科研人员。

　　1998 年 10 月的某天,校长突然收到来自学生的匿名信。信中抱怨授课教师水平差且不负责任。事后,校长了解教师有关教学工作情况。经过调查,从 1995 年开始,由于学校工资水平较低,正副教授开始下海,或科研,对教学和年轻教师的培养较少,而部分年轻教师缺乏热情,或外出兼职,或讲课应付了事,学生对此反映强烈。

于是,经研究,决定搞教师专聘制。为体现多劳多得,有劳有得的分配原则,设置上岗教师岗位,约为全校教师总数的1/3。这一决定受到学校各单位一致好评。但就岗位设置数量问题反应不一,有认可,有人认为1/3数量太少,特别是较年轻的院系。最终1/3专聘制仍决定执行,各方给予极大关注,各院系在具体实施过程中遇到前所未有的阻力。

无论该案例中专聘岗位能否起到调动教师教学和科研积极性的作用,有关激励理论在组织实际工作中的运用,了解激励措施的制定与组织成员的需求相关性,对企业发展意义重大。

领导与激励工作密切相关。领导者要影响工作的绩效,就必须能够了解被领导者的愿望,根据组织活动的需要和个人素质与能力的差异帮助他们实现各自的愿望,以此提高下属的工作积极性。成功的管理者必须知道用什么样的方式有效地调动下属的工作积极性。

6.2.1　动机与激励

6.2.1.1　激励的含义

所谓激励就是鼓舞、指引和维持个体努力行为的驱动力。组织激励就是调动下属的工作积极性,把潜在的能力充分地发挥出来,使其朝着组织所期望的目标表现出积极主动的、符合要求的工作行为。

现代心理学研究表明,人们之所以会产生一些特定的有意识的行为是由其动机决定的。动机是驱使人产生某种行为的内在力量,它是由人的内在需要所引起的,当需要未被满足时就会产生紧张,进而激发个体的内驱力,这种驱动力将导致寻求特定目标的行为。例如,饥饿会使人去寻找食物,孤独会使人去寻求关心。美国管理学家罗宾斯认为,处于紧张的状态之中的个体为了缓和这种紧张状态而努力,紧张程度越大,努力程度越高。如果最终目标实现需要得到满足,紧张就得以解除。动机、需求和行动之间的关系如图6-5所示。

组织激励过程首先就是要诱发和刺激员工未被满足的需要,使其处于紧张的状态之中,产生行为的动力。当组织诱发和刺激员工的紧张程度越大,则其工作的积极性就会越大,其潜能就越得以充分的发挥。

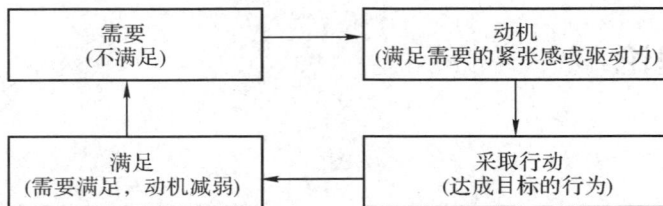

```
┌─────────────┐         ┌──────────────────────┐
│    需要      │────────▶│        动机           │
│  (不满足)    │         │ (满足需要的紧张感或驱动力) │
└─────────────┘         └──────────────────────┘
       ▲                           │
       │                           ▼
┌─────────────┐         ┌──────────────────────┐
│    满足      │◀────────│       采取行动         │
│(需要满足,动机减弱)│       │   (达成目标的行为)      │
└─────────────┘         └──────────────────────┘
```

图 6-5　激励过程与人的行为规律

其次,组织激励过程是要使这种解除紧张的努力指向组织目标。组织激励本身就包含了组织目标与个体目标的相容。组织中无激励的行为和有激励而无效果的行为,都说明组织激励的机理出现了问题。例如,领导者打算通过增加额外的休息日来提高员工的劳动生产率,但结果可能有效,也可能无效。因为在一定的环境下,员工可能更愿意保持以往的工作日,希望提高薪水,而不是增加闲暇支出。

再次,组织激励力是取决于某一行动的效价和期望值。所谓效价,是指个人对达到某种预期成果的偏爱程度,或某种预期成果可能给行为者带来的满足程度;期望值则是某一具体行动可带来某种预期成果的概率,即行为者采取某种行动,获得某种成果从而带来某种心理上或生理上满足的可能性。显然,能够满足某一需要的行动对特定个人的激励力是该行动可能带来结果的效价与该结果实现可能性的综合作用的结果。激励力、效价和期望值之间的相互关系可表示为:激励力＝某一行动的效价×期望值。

6.2.1.2　激励假设

1. 人性的假设

激励理论都要以人性的假设为前提。当前关于人性的假设经历了从传统模式、人际关系模式到人力资源模式的转变。

传统模式的假设是,经理人员比员工更理解工作,员工的本性是懒惰的,只有通过金钱刺激才能驱动他们努力工作。这种模式认为,公司以高工资作为回报,要求员工服从管理者的权威。从实践上看,对销售人员按定额基数的完成情况来付酬,可以视为这种理论的一种应用。

人际关系模式研究者发现,很多工作因为重复与枯燥,降低了对员工的激励程度,而社会交往则会创造和保持激励;管理者们对员工关心体贴,改善了他们的工作环境,所以,他应该接受管理者的权威,接受已经由管理者规定好的工作条件。在实践中沿用这一理论的做法包括:意见箱、公司制服、公司简报以及员工参与绩效评价过程。

人力资源模式发现,人们并不是天生厌恶工作的,人们愿意为自己的目标作出贡献。绝大多数的人可以运用自己的创造力、责任感进行自我指导和自我控制来完成工作。人力资源模式认为,管理者的基本任务就是发现未开发的人力资源;创造轻松愉快的氛围,使员工的能力得到发挥;鼓励员工充分参与,不断地扩大自我指导和自我控制的范围。

2. 激励理论前提假设

要理解激励理论需要了解一些基本假设。

(1) 激励只是决定个体绩效的诸多因素之一。影响个体绩效的还有能力、资源和其他条件,只有激励对于提高员工的绩效往往是不够的。

(2) 激励是一种供给不足的短缺资源,需要定期补充。激励能量满足热力学定律,它的流动具有不可逆的方向性。组织具有较高的激励能量,就像冬季房屋里的暖气,会慢慢逃逸,激励的影响力随时间的过去也会消失。组织只有不断地提供新的激励能量,员工才能获得持续的动力。激励的理论和实践是一个永无休止的过程。

(3) 激励作为一种工具,它应当渗透到组织管理各职能之中。计划、组织、领导、控制、创新等职能都要加入激励的因素。

组织激励按其性质可以分成"内容激励理论"和"过程激励理论"。"内容激励理论"关注于管理者通过提供何种诱导和刺激才能产生现实的动机,导致行为的产生。它对员工的各种需要的内容和性质进行研究,回答"员工为什么会努力工作","是什么吸引着员工努力工作"等与动机形成有关的问题。这方面的代表性成果有需要层次理论和双因素理论等。"过程激励理论"是研究管理者如何将动机转化成实现目标的特定的行为,以及此行为对其个人需要的满足状况又是如何影响下一回的行为等激励过程的问题。这方面的代表理论有期望理论、公平理论和强化理论等。

▷【即问即答 6-11】

　　作为管理者,你认为可以通过哪些因素来影响下属的行为?
　　请解释激励是怎样一个心理过程。

6.2.2　内容激励理论

6.2.2.1　需要层次理论

　　美国社会心理学家亚伯拉罕·马斯洛提出,每个人都有五个层次的需要:生理的需要、安全的需要、社交或情感的需要、尊重的需要、自我实现的需要。

　　1. 生理的需要是最基本的需要,如衣、食、住、行等。

　　2. 安全的需要是保护自己免受身体和情感伤害的需要。

　　3. 社交的需要包括友谊、爱情、归属及接纳方面的需要。

　　4. 尊重的需要分为内部尊重和外部尊重。内部尊重因素包括自尊、自主和成就感;外部尊重因素包括地位、认可和关注或者说受人尊重。

　　5. 自我实现的需要包括成长与发展、发挥自身潜能、实现理想的需要。这是一种追求个人能力极限的内驱力。

　　在这五个层次的需要中,马斯洛把生理需要、安全需要称为人的基本的低层次的需要,而把社交需要、尊重需要和自我实现需要称为较高级的需要。高层需要是从内部使人得到满足,而低层次的需要主要是从外部使人得到满足。

　　马斯洛的需要层次理论是建立在其理论的基本假设基础上的。马斯洛认为:(1)人的行为受到人的需要欲望的影响和驱动,但只有尚未满足的需要才能够影响人的行为,已满足的需要不能起激励作用。(2)人的各种需要由于重要程度和发展顺序的不同,可以形成一定的层次性。人的五种需要按照由低到高的顺序,可以排列为金字塔状的层次结构,只有当较低层次的需要得到满足后,才会产生更高层次的需要。(3)人的行为是由主导需要决定的。对于具体的人来说,并不是在任何条件下都同时具有这五种需要且保持它们之间的同等的需要强度。对人的行为方向起决定作用的就是这个人在这一时期的主导需要。马斯洛的需要层次对于激励理论有着突出的贡献,它指明了人的需要的基本类型;划分了人的需要的两大层次性,指出了只有在低层次的需要得到满足之后,高层次的需要才可能被人关注;需要层次理论还促使人们开始关注个人发展和自我实现的重要性。

▷【链 接 6-13】

　　某职高班主任工作的安排一直是个大问题,尽管班主任的每月津贴提高再提高,甚至提高到与本校中层领导的岗位津贴相近,但绝大部分的教师尤其是中青年教师还是非常不愿意承担班主任工作。每新学期前,负责学生工作的副校长都要花大量的精力做教师方面工作,但效果不理想。考虑到中青年教师最关心、最需要的是顺利获得职称的教师,必须要担任过至少一届班主任工作。新的规定出台后,中青年教师担任班主任工作的积极性很快被调动起来。

　　马斯洛认为,人在同一时候总有许多种需要,但每一时期总有一种需要占支配地位,对行为起决定作用。如果管理者能了解职工的主导需要,根据需要采取措施满足或影响这种需要,就能大大的调动员工的积极性。

⇨【即问即答 6-12】

需要层次理论的主要贡献是什么? 对以后的激励理论有何影响?

6.2.2.2　双因素理论

双因素理论是美国心理学家弗雷德里克·赫兹伯格和其助手于 20 世纪 50 年代后期提出的。赫兹伯格认为影响人们行为的因素主要有两类:保健因素和激励因素。保健因素是那些与人们的不满情绪有关的因素,如公司的政策、管理和监督、人际关系、工作条件等。保健因素处理不好,会引发员工对工作不满情绪的产生;处理得好,则可以预防或消除这种不满。但这类因素并不能对员工起激励的作用,只能起到保持和维持工作现状的作用。所以保健因素又称为"维持因素"。

激励因素是指那些与人们的满意情绪有关的因素。激励因素主要包括这些内容:工作表现机会和工作带来的愉快,工作上的成就感,由于良好的工作成绩而得到的奖励,对未来发展的期望,职务上的责任感等。赫兹伯格认为如果激励因素处理得好,能够使人们的行为得到切实的激励。当然,如果不提供这些因素员工也不会即刻产生不满的情绪。如果处理不当,其不利效果顶多只是没有满意情绪,而不会导致不满。如图 6-6。

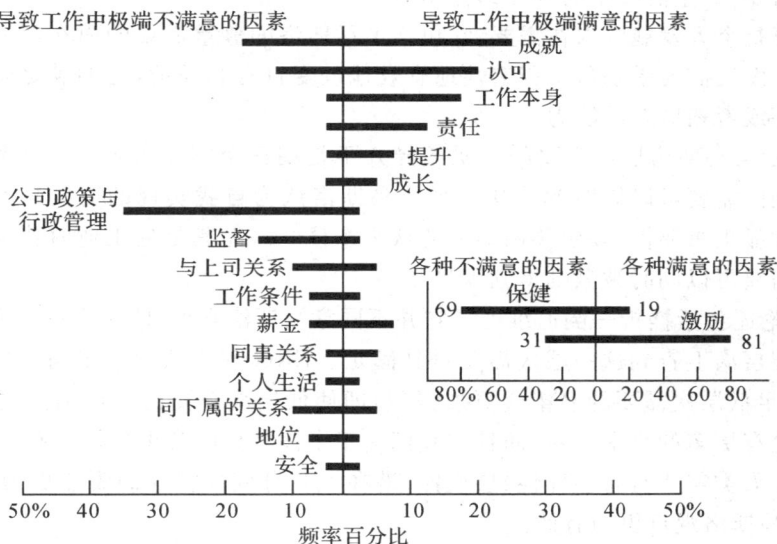

图 6-6　赫兹伯格双因素图

赫兹伯格双因素理论的重要意义,在于它强调了来自保健因素的外在奖励和来自激励因素的内在奖励的重要区别;管理者要调动员工的积极性,必须在做好外在奖励的同时,还要重视内在奖励;为以后的理论如海克曼和奥德海姆模型打下了基础。

⇨【链 接 6-14】

甲公司拟高薪聘请一位博士来担任产品研发工作,该先生到公司考察了一下,发现该公司科研设备落后、工作条件不完善、工作环境较差,到此工作很难有所成就。因此就没有接受甲公司的高薪聘请,而是选择一家科研条件完善、科研设施先进、领导创新意识比较浓厚、薪酬待遇低得多的企业工作。甲公司始终没有聘用到合适的人才。

赫茨伯格的双因素激励理论认为,对于高级知识分子,物质需要的满足是必要的,没有他会导致不满,但是即使获得满足,它的作用往往是很有限的,他们往往更加注重的是公司是否具备能使他们获得成就和空间发展的各种条件。是否具备这些条件是吸引、留住他们的最重要的前提条件。因此,要调动高级知识分子的积极性,领导者就要创造条件,为他们扫除成功道路上的障碍,让他们工作起来如鱼得水,使他们的才能得以充分发挥。

【即问即答 6-13】

晋升机会是激励因素还是保健因素?为什么?
双因素理论中的保健因素和激励因素分别包括哪些?

6.2.2.3　ERG 理论

耶鲁大学的克莱顿·爱尔德佛发展了马斯洛的需要层次理论,提出了需要的 ERG 理论。它主要是针对理解员工的工作需要,提出员工有三类核心的生存、联系、成长的需要。

生存需要指所有物质和生理的欲望。它包括了马斯洛所说的生理需要和安全需要。

联系需要包括与他人的联系以及在相互交流思想和感情中获得满足。这类需要和马斯洛的社会需要、尊重需要中的外在部分相对应。

成长需要是个人发展的内在需要,它包括了马斯洛的尊重需要的内在部分和自我实现需要的特征。发展需要激励员工创造性地有效地改变自身和环境,它的满足来自于个人能力的充分发挥或者拓展新的能力。

ERG 理论与马斯洛层次需要的本质差异并不是用三个需要代替五个需要,而是 ERG 证实不同类型的需要可以同时起作用。虽然马斯洛认为自我实现的需要只有在其他需要都满足之后才显出重要性,爱尔德佛却坚持认为个体——尤其是后工业时代的员工的生存需要和发展需要可以同时被激励得到满足。

ERG 理论还包括挫折—倒退维度。它并不同意马斯洛观点,即认为一个人会滞留在某一特定的需要层次上直到这一层次需要得到满足。ERG 理论认为如果高层次需要得不到满足,那么满足低层次需要的愿望会更加强烈,即使低层次需要已经得到满足。ERG 理论比马斯洛理论有更多的科学支持;而且与我们关于个体差异的常识更加一致。ERG 理论与我国学者关于人类需要具有多样性、层次性、潜在性和可变性特征的观点更为接近。因此,ERG 理论比马斯洛观点更为有效。

【即问即答 6-14】

ERG 理论与需要层次理论的区别在哪里?
ERG 理论比马斯洛需求理论科学在哪里?

6.2.2.4　麦克莱兰德理论

麦克莱兰德理论也称为三种需要理论或后天需要论,它是由美国管理学家大卫·麦克莱兰德提出的。大卫·麦克莱兰德认为存在一些基本的需要引导着人的行为,即成就的需要、归属需要和权力需要。同时,麦克莱兰德理论的前提假设是这些需要是后天获得的,它们在个体中如何达到平衡也是因人而异的。

成就需要是对成就的强烈愿望和对成功及目标实现的执著。有些人追求的是个人的成就而不是成功后的报酬,他们有一种欲望想将事情做得比以前更好、更有效率,这种内驱力就是成就需要。实证研究表明,高度的成就需要同工作中的高绩效是相联系的。那些在富于竞争性的工作中取得成功的人,他们对取得成就的需要远远高于平均水平。

归属需要指被他人喜欢和接受的愿望。高归属需要者喜欢合作而不是竞争的环境,希望彼此间的沟通和理解。毋庸置疑,很多人都需要和他们的同事保持密切联系。有着强烈归属需要的人可能是成功的"整合者",如品牌管理人员和项目管理人员等。他们能够协调组织中几个部门的工作,具有过人的人际关系技能,能够与他人建立积极的工作关系。

权力需要是影响和控制他人的愿望。权力需要常常表现为"双刃剑",当这种需要表现为对他人恶意的控制和利用,对组织来说就是一种不利的"个人化权力";如果权力需要可导致组织和社会的建设性改进,那么它就是一种积极的"社会化权力"。有着强烈权力需要的人,会有较多的机会晋升到组织的高级管理层。原因在于,成就的需要可以通过任务本身得到满足,而权力的需要只能通过上升到某种具有高于他人的权力层次才能得到满足。麦克莱兰德理论的重要性在于,它表明了使员工与其工作相匹配的重要性。麦克莱兰德通过二十多年的研究指出,高成就需要者更喜欢个人责任、能够获取工作反馈和适度冒险性的环境。与具有高度成就需要的员工不同,高归属需要感的员工则喜欢安定、保险系数高和可预见的工作场所。麦克莱兰德的研究还表明,下属的三种基本的激励需要是可以通过培训来培育和激发的。在一定程度上,管理者能够通过创造适当的工作环境来提高员工的成就需要;管理者可以赋予员工一定程度的自主权和责任感,逐步使其工作更具挑战性。

⇨ 【即问即答 6-15】

管理者是否都需要具备较强的成就需要?

员工是否比较看重归属需要?

6.2.3 过程激励理论

过程激励理论主要研究管理者所提供的激励因素能否发挥作用,以及是如何发挥激励作用的。有效的管理者不仅应该知道给员工激励什么,更应该知道应如何激励才能更有效果。

6.2.3.1 期望理论

组织中常常会出现这样一种情况,即面对同一种需要以及满足同一种需要的活动,为什么不同的组织成员会有不同的反应:有的人情绪高昂,而另一些人却无动于衷呢?这些问题是需要激励理论难以回答的,由维克多·弗鲁姆在 20 世纪 60 年代中期提出的期望理论给出了自己的解释。

期望理论认为,只有当人们预期到某一行为能够带来既定的成果,并且它对个人具有吸引力时,人们才会采取特定的行动,以达到组织的目标。根据期望理论的研究,在一项工作上人们受到激励的程度(激励力 M),取决于经努力后取得成果的价值(效价 V)与他对实现目标的可能性的估计(期望值或称期望率 E)的乘积。用公式可以表示为:

$$M = V \times E$$

也就是说,如果个体越是认为一项工作及其结果能够给自己带来满足程度的评价,那么其效价就越高。如果个体越是认为自己能够顺利完成某项工作,那么其期望值也就越高。

期望理论的基础是自我利益,它假设每一员工都在寻求获得最大的自我满足。期望理论的核心是双向期望,管理者期望员工的行为,员工期望管理者的奖赏。期望激励的前提是管理者应当知道什么对员工最有吸引力。管理学家科恩认为,根据期望理论的真谛,管理者应就任务分配、工作目标、员工需要以及完成特定工作后员工个人的成长机会等,与员工进行商议。

期望理论的倡导者纳德勒和罗拉认为,管理者在同员工打交道时,必须同时对许多因素加以注意:(1)根据每位员工对报酬价值的估价决定报酬形式。若想使报酬成为激励因素,必须使之适合于报酬的对象。管理者可以通过观察员工在不同条件下的反应和询问他们需要哪种报酬,来决定给员工以何种报酬。(2)决定期望的绩效。管理者必须明确自己需要什么样的绩效,这样就能告知员工若想得到报偿,该做些什么。(3)设置的目标要可以达到。如果员工们觉得要达成这个目标太困难了或不可能,他们受到的激励就很低。(4)把报酬和绩效联系起来。若想保持激励力量,短期内一定要对成功实现的绩效给予适当报偿。(5)分析哪些因素会抵消报酬的效价。工作环境中的一些因素与管理者的报酬体系之间存在冲突,可能会要求管理者对报酬做些调整。(6)确保报酬要足够大。小的报酬只能产生小的激励力量。

☞【链 接 6-15】

　　　　一家制药业的巨无霸刚刚获得了一项评审极其严格的质量产品奖。广大的员工废寝忘食,牺牲了个人正常休息时间,最终获得该奖。当宣读获得这个奖项的人员及公司名称的时候,大家都兴奋不已。公司领导决定召集全体员工开庆祝会。他们把员工召集到自助餐厅,总裁表达了对每位员工的感谢,并说明这个奖对公司的意义。最后,他总结性的说:"为了庆祝这次巨大的成功,大家都会得到一份很有意义的礼物。"此时,从他后面传来一句:"现在就发吧。"于是,总裁示意公关部经理解开了罩在神秘礼物上的帷幕。竟然是无数个塑料杯子搭建起来的金字塔造型。会场上先是死一般的寂静,接着爆发出震耳欲聋的喊声,员工们看到的仿佛是一个巨大的发霉的圣诞水果蛋糕。

　　　　后来,大家还是排着队,陆续领走自己的杯子,在员工摇着头或苦笑着领走奖品时,可怜的CEO好像只剩下最后一点呼吸了,员工的表情也让他心凉。最后的几个星期,杯子就成为公司里新的质量象征品。

☞【即问即答 6-16】

　　　　在布置一项重大任务时,为什么常常要进行动员和形势分析?
　　　　期望模式中四个因素需要兼顾那三方面的关系?

6.2.3.2　公平理论

公平理论是美国心理学家亚当斯在1965年首先提出来的,它主要研究相对报酬对工作积极性的影响。公平理论的前提假设是,工作激励的一个主要影响因素是个体对所得报酬是否公平、是否公正的估价。

所谓的公平就是个体在工作中的投入与工作所得报酬之间的比率。根据公平理论,当个体获得报酬时,他们并不只是关心所得报酬的绝对量,而且还将自己所获报酬与所付出的努力之比值,与其他人相比来判定其所获报酬是否公平或公正。亚当斯提出"贡献率"的基本观点可以表述为下面的公式:

$$O_p/I_p = O_x/I_x$$

在上式中,O_p 为自己对所获报酬的感觉,O_x 为自己对他人所获报酬的感觉,I_p 为自己对投入的感觉,I_x 为自己对他人投入的感觉。如果 $O_p/I_p = O_x/I_x$,那么人们会认为两者关系是公正的或是公平的,他可能会为此而保持工作的积极性和努力程度;如果 $O_p/I_p > O_x/I_x$,说明员工得到了过高的报酬或付出的努力较少,员工一般会自觉增加投入量;如果 $O_p/I_p < O_x/I_x$,说明员工自己所获报酬相对于自己的投入较少,员工会对组织的激励措施不满,管理人员对此应特别引起注意。

员工选择的与自己进行比较的参照类型有四种:(1)员工在当前组织中不同职位上的经验;(2)员工在当前组织以外的职位或情境中的经验;(3)员工所在组织中其他人或群体的经验;(4)员工所在组织之外的其他人或群体的经验。在组织中任期较短的员工可能由于缺乏内部其他人的信息,他们往往依赖于自我的经验,任期较长的员工更多是与自己同事做比较。高层次的员工可能掌握了更多其他组织的信息,甚至是全球范围内的情况,因此他们往往与组织之外的其他人或群体比较。

对公平的评价并不客观,公平是主观的愿望或感觉。即使是员工投入的时间和精力没有他人多,但他仍有可能觉得应该获得较高的报酬,因为他可能会过高地评价自己的能力。这一现象会使公平理论操作起来有一定的难度。

近年来的公平理论研究不仅着眼于分配公平,而且还注意到了程序公平的内容。因为,管理者如果想在组织内吸引人才、留住人才和激励员工、减少员工的不满意度,其关键就在于让员工相信管理者能提供程序性公平,即用来确定报酬的程序的公平。事实上,即使人们认为他们得到的产出不公平,但是只要程序公平,他们也会认为.已获得了公平。因此,程序公平更能影响员工的组织承诺和对管理者的信任。

公平理论告诉管理人员,工作任务以及公司的管理制度都有可能产生某种关于公平性的影响作用。当员工的离职率普遍上升时,说明企业组织已经对员工产生了强烈的不公平感,它可能不仅是组织的激励措施不当,或许组织中的程序公平也遭到了破坏,也就是说企业的现行管理制度存在缺陷。

【链接6-16】

A 先 生 的 烦 恼

A先生已经在一家IT公司工作了5个年头。在这期间,他从普通编程人员升到了资深的程序编制分析员。他对自己所服务的这家公司相当满意,很为工作中的创造性要求所激励。

一个周末的下午,A先生和他的朋友及同事N先生一起运动,B先生告诉他,在他所在的部门新雇佣了一位刚从大学毕业的程序编制分析员,起薪只比A先生现有的工资少200元。尽管A先生是个好脾气的人,但当他听到这一消息也不禁发火。A先生实在是有些迷惑不解,他感到这里一定有问题。

周一的早晨,A先生找到了人事部主任C先生。C先生抱歉地说确有其事。但试图向A先生解释公司的处境:现在编程分析员在市场上相当紧俏。为使公司能吸引合格的人员,不得不提供较高的起薪。

A先生问能否相应的提高他的工资。C先生回答:你的工资按照正常绩效评估时间评定后再调。你干得非常不错,相信老板到时会给你提薪的。A先生离开办公室,对自己的公司前途顿生疑虑。

【即问即答 6-17】

造成员工不公平感的原因是什么?
请分析公平理论在人力资源管理中如何有效应用?

6.2.3.3　强化理论

美国心理学家斯金纳、桑迪克等人提出。他们认为,个体对外部事件或情境(刺激)所采取的行为或反应,取决于特定行为的结果。当行为的结果对他有利时,这种行为会重复出现。当行为的结果不利时,个体可能会改变自己的行为以避免这种结果,这就是著名的效果法则。强化激励理论认为,管理者可以利用效果法则,通过对工作环境和员工行为结果的系统管理来修正员工行为,使其符合组织目标。有四种常见的修正行为的方法:

1. 正强化。正强化就是应用有价值的结果从正面鼓励符合组织目标的行为,以增加这种行为重复出现的可能性。包括:表扬、推荐信、优秀绩效评估和加薪等。

2. 负强化。负强化也称为规避性学习,它是员工改变自己的行为结果以规避不愉快的结果。负强化是事前的规避,它通常表现为组织的规定所形成的约束力。员工为了取消或避免不希望的结果而对自己的行为进行约束。

3. 惩罚。惩罚就是运用消极的结果以阻止或更正不当的行为。例如对员工批评、斥骂、处分、降级、撤职或者是减薪、扣发奖金、重新分派任务、解雇等。它与负强化不同,负强化只是包含了惩罚的威胁,而惩罚则是落实对组织不利行为的惩罚措施。"杀鸡儆猴"中的"杀鸡"就是惩罚,"儆猴"则是负强化。

4. 忽视。忽视是对于行为不给予强化的结果。当这种情况出现,动机就会弱化,行为也会逐渐消退或消除。比如,对出色的工作不予表扬,对他人的帮助忘记致谢等。忽视就是对员工行为的"冷处理",以达到行为的自然消退。

强化理论认为,在塑造组织行为的过程中,惩罚往往会对员工的心理产生不良的副作用。因此,应当重点放在积极的强化,而不是简单的惩罚上。创造性地运用强化手段对于管理者是十分必要的。在现代扁平化组织中,管理者不能像过去那样多地指望通过加薪、提升来激励员工。因此,创造性地设计出新的强化方法和奖励措施,例如才智的挑战、更大的责任、弹性的工作时间等仍然是管理者的重要的课题。

【链接 6-17】

塑造组织行为的汉默尔规则

规则1:不要对所有的个体给予同样的奖励。为了使行为强化有效,奖励应基于工作绩效。对每个人都给予同样的奖励,实际上是强化了不好或中等表现,忽视了突出表现。

规则 2:注意忽视强化对于员工行为产生的影响。管理者作出反应或者不作出反应都会影响下属行为。没表扬一个理应受到表扬的下属,会导致他下一次工作时不那么努力。

规则 3:一定要让人们清楚如何做才会得到奖励。组织应建立一个行为标准,让每个人都知道怎么做才能得到奖励,下属也可以相应调整他们的工作方式。

规则 4:务必告诉下属他们错在哪里。如果管理人员收回对下属的奖励,却不对其说明这样做的理由,下属会迷惑不解,他也许会感到自己被愚弄了。

规则 5:不要当众惩罚一个员工。训斥下属也许是制止不当行为的一种有用方式。但是,当众指责会使下属感到屈辱,并且可能引起工作团队内全体成员对管理者的不满。

规则 6:要公正。一种行为应得到与其结果相对应的奖励。没有奖励应得到奖励的人,或是过度奖励不值得奖励的下属,都会削弱奖励的强化效果。

⇨【即问即答 6-18】

工作努力并有成果不表扬,或工作拖拉不批评会带来什么后果?

什么是效果法则?

6.2.4 管理实践中的激励方法

在实践过程中,管理者运用激励理论创造出一系列激励技术和有效的实施方案。

6.2.4.1 目标激励

一个为员工所接受的清楚的目标,可以使员工受到激励。所以,目标激励是至关重要的、有效的激励手段。目标管理理论将目标的具体性、参与决策、明确时间规定、绩效反馈作为目标激励的四个组成部分。目标设定需要相当的管理技术。具体的、有挑战性的、可实现的目标总是在某些具体条件下更有效;在群体之中,成员之间的相互协作对群体的绩效至关重要;当员工们亲自参加目标的确定时,士气会更高,也会产生更大的责任感来完成目标。

6.2.4.2 员工参与计划

现代管理实践突出了员工参与对于员工绩效的激励意义,员工参与计划已经成为企业的普遍形式。管理者鼓励员工的参与是基于这样的理念:通过员工参与企业的管理,可以增加员工自主性,提高员工的责任感,加强员工之间和员工与管理者之间的联系,从而使得他们的成就需要、归属需要和权力需要得到满足,员工积极性会更高,对组织更忠诚,对工作更满意。

目前常见的员工参与形式主要有:(1)员工持股制、员工投资基金制度;(2)员工董事会制;(3)劳资协商委员会、工作委员会;(4)自律性工作小组、工作丰富化制度、质量圈等。

质量圈是目前应用最为广泛的员工参与形式。在 20 世纪 50 年代,质量圈在日本得到充分的使用,因此,它常常被认为是日本企业获取低成本、高质量产品的技术。质量圈一般由 8~10 个员工和管理者组成共同承担责任的工作群体。典型的质量圈运作程序是通过定期讨论质量问题,探讨问题的成因,推荐解决问题的方案,形成解决问题的措施。一般认为,质量圈能够促进员工、技术人员、管理人员之间的交流,能够激发员工的积极性和创造性,提高产品的质量和生产的效率。

成功的参与管理应当建立在民主管理的基础上,组织内的成员相互了解、相互支持、团体决策,并且有一个为全体成员认可的高标准的目标。

6.2.4.3　工作设计和工作满意度

现代企业管理实践注重内在激励的力量,也就是来自工作本身的驱动力。内在激励是创造性激励的基础。管理者赋予员工挑战性的问题、创造新东西的机会,这种工作本身就能增加人们在工作上投入的时间和精力,提高员工工作积极性和成就感。

良好的工作设计能够带来高激励、高绩效和高满意度,并减少旷工和工人流动率。无激励性工作的一个典型就是高度专业化装配线工作,每个工人重复着枯燥的动作,感到索然无味并失去工作的兴趣。对原有工作重新构造或重新设计可以通过工作轮换和工作丰富化来完成,即员工可以从一个工作到另一个工作或者增加更高责任的工作。灵活的工作日程是满足员工想得到更多闲暇时间的需要。这一激励计划既满足兼职员工的需要,同时又消除了员工因长期从事某种工作而导致的枯燥和单调。

6.2.4.4　职工持股计划与股票期权制

员工持股计划就是给予员工部分企业的股权,允许他们分享改进的利润绩效。采用这种激励计划,员工成为所有者,要分担企业的盈亏,因此他们工作更加积极努力。但要使这种激励计划有效进行,管理人员必须向员工提供全面的公司财务资料,赋予他们参加主要决策的权力。

股票期权制就是赋予获受人按照约定的价格在未来一定期限内购买一定数量股票的权力。股票期权制在发达国家中已经成为奖励企业高级管理人员的重要手段,据对美国最大的前10家公司的CEO调查表明,以股票期权为主的长期收益激励占其报酬结构的96%以上。当今期权激励之所以能够成为重要的激励手段,首先是因为股票期权激励最大限度地降低了获受人的风险,如果企业的股票没有上涨,股票期权的获受人并不会因此有所损失;其次,股票期权能够减少资方的风险,避免经理人员的短期行为和"内部人控制"所带来的风险;再次,股票期权可以充分挖掘经理人员和企业员工的潜力,因为只有企业高增长,才能给经理人员带来高回报。

6.2.4.5　灵活多样的薪酬管理方式

进入20世纪90年代以来,西方企业在薪酬管理上提出了一系列形式新颖的激励计划,这些计划主要包括绩效工资、分红、员工持股、总奖金、知识工资和灵活福利等。

1. 绩效工资。它是根据企业中员工贡献的绩效而相应给予的奖励,所以也称为奖励工资。

2. 分红。分红是员工和管理人员在特定的单位中,当单位绩效打破预先确定的绩效目标时,接受奖金的一项激励计划。

3. 总奖金。总奖金是以绩效为基础的一次性现金支付计划。

4. 知识工资。知识工资是指一个员工的工资随着他能够完成的任务的数量增加而增加。知识工资增加了公司的灵活性和效率。

5. 灵活的工作日程。灵活的工作日程主要是让员工自己选择工作的时间,对于传统固定的八小时工作制加以修改。

这些激励计划的最明显特点就是增加企业的吸引力,特别是对于吸引和留住知识工人、熟练的技术工人具有显著的益处,它也可以降低员工的搜寻成本和培训成本。

6.2.4.6 团队管理与员工激励

20 世纪 90 年代以来,企业组织中的团队正在改变着传统企业组织的运作模式,有效地提高了组织的绩效。团队管理被 CEO 们看成是"未来的推动力"。

所谓团队是由两个或两个以上致力于共同目标的彼此相互影响的个人组成的单位。团队有正式团队和非正式团队两类。正式团队产生完成特定的组织目标的任务,如项目小组、委员会等。质量小组就是常见的正式团队。非正式团队产生于人们之间的相互交往和相互联系。

成功的团队管理首先要以绩效为主。有效团队的关键要素是树立共同的目标。有清晰、强烈、激励的目标和有效的战略绩效,人们才会团结在一起形成一股强大的力量,完成超群的工作。同时,激励团队合作,使团队成员之间相互负责,而不是只对管理者负责,将激发相互的承诺和信任。再次,确立团队规范和角色,加强团队成员技能的融合和水平,消除团队绩效的障碍,增强团队的凝聚力,是提高团队管理质量的重要途径。

【即问即答 6-19】

你认为哪些激励方法比较有效?

有效激励的原则是什么?

6.3 沟通理论

领导工作离不开沟通,信息的有效传递是确保领导工作顺利开展的基础。

【链 接 6-18】

天讯公司是一家生产电子类产品的高科技民营企业。近年来,公司发展迅猛,然而最近公司出现一些传闻。公司总经理 A 先生为了提高企业竞争力,在以人为本,创新变革的战略思想指导下,制定两个战略方案:一是引人换血计划,年底从企业外部引进一批高素质专业人才和管理人才,给公司输入新鲜血液;二是内部人员大洗牌计划,年底通过绩效考核调整现有人员配置,内部选拔人才。A 总经理向秘书 B 先生谈了自己的想法,让他行文并打印。中午在公司附近的餐厅吃饭,B 先生遇到公司副总经理 C 先生,B 对 C 低声说到:最新消息,公司内部人员将有大变动,老员工可能要下岗,我们要有所准备啊。这话恰好让财务处会计 D 先生听到,他又把这个消息告诉其主管 E 先生。E 先生听到后,愤怒地说道:"我真不敢相信公司会做这样的事情,换新人,辞旧人。"这消息传来传去,两天后又传回到 A 总经理耳朵里。公司上下员工都处于十分紧张的状态,唯恐自己被裁,根本无心工作。

A 总经理经过全面调查,终于弄清事情真相。为澄清传闻,他通过各部门负责人把两个方案的内容发给全体职工。他把所有员工召集在一起讨论这两个方案,员工各抒己见,但一半以上的员工赞成第二个方案。最后 A 总经理说:"由于我的工作失误引起了大家的担心和恐慌,很抱歉。我制定这两个方案的目的就是想让大家参与决策,来一起为公司的人才战略出谋划策。"

通过民主决议,该公司最终采取第二个方案,由此,公司的人员配置率得到大幅的提高,公司的运作效率和经营效率也因此大幅地增长。

管理者每天的工作都离不开沟通,沟通时信息的传递和交换,管理沟通方式在企业所扮演的角色以及管理层正确对待管理沟通的态度与方法,对企业发展相当重要。

6.3.1　沟通的原理

6.3.1.1　沟通的含义和重要性

沟通就是信息的传递与理解的过程。

管理沟通在今天变得非常重要。首先,有效沟通可以降低管理的模糊性,提高管理的效能。组织内外存在大量的模糊的不确定信息。沟通可以澄清事实、交流思想、倾诉情感,从而降低信息的模糊性,为科学决策奠定基础。其次,沟通是组织的凝聚剂、催化剂和润滑剂,沟通可以了解员工的愿望,满足员工的需要,从而改善组织内的工作关系,充分调动下属的积极性。再次,沟通是组织与外部环境之间建立联系的桥梁。组织间的沟通可以降低交易成本,实现资源有效配置,提高组织的竞争能力。

6.3.1.2　沟通的过程

1. 沟通过程模型:沟通是一个复杂的过程,沟通过程的模型可以用图 6-7 反映出来。

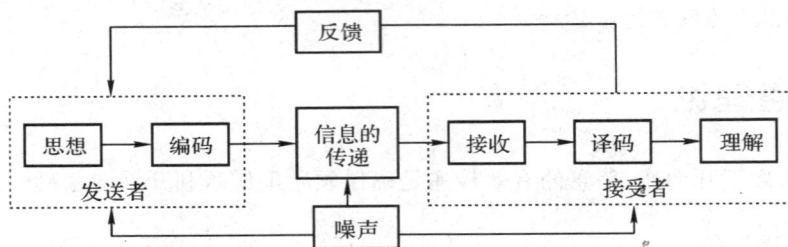

图 6-7　沟通过程

(1)发送者发出信息。信息发送者出于某种原因,希望接受者了解某个信息,发送者明确自己要进行沟通的内容。

(2)编码。发送者将这些信息译成接受者能够理解的一系列符号,如语言、文字、图表、照片、手势等。需要发出的信息只有编码才能传递。

(3)传递信息。通过某种通道将信息传递给接受者,由于选择编码的方式不同,传递的方式也不同。传递的方式可以是书面的,也可以是口头的,甚至还可以通过形体动作来表示。

(4)解码。接受者将通道中加载的信息翻译成他能够理解的形式。解码的过程包括接收、译码和理解三个环节。

(5)反馈。接受者将其理解的信息再返送回发送者,发送者对反馈信息加以核实和作出必要的订正。反馈的过程只是信息沟通的逆过程,它也包括了信息沟通过程的几个环节:发出信息、编码、传递信息、解码和再反馈。反馈构成了信息的双向沟通。

2. 沟通障碍:噪声的干扰会破坏沟通的有效性。所谓噪声是指一切干扰、混淆或者模糊沟通的因素,它既包括了来自沟通过程系统外在因素的影响,也包括系统内部的功能上的扰动因素。

　　沟通的五个环节都会受到噪声的干扰。发送者不能明确所要沟通的内容,或者不能正确编码就会造成发出的信息失真;通道的选择不利和传递中信号的遗失又会造成信息传递的失真;接受者在接受、翻译、理解过程中的不当往往带来信息接收的失真;同样,反馈也会带来反馈失真。由于存在信息的发出失真、传递失真、接受失真和反馈失真,因此,无障碍沟通变得十分困难。正视有效沟通的困难性,提高沟通能力已成为衡量领导者水平的重要尺度之一。

6.3.1.3　沟通网络

　　沟通的网络是指由若干环节的沟通路径所组成的总体结构,信息往往是经过多个环节的传递,才最终到达接受者。因此,恰当地选择网络对于有效沟通是至关重要的。信息沟通网络的基本形式有五种:链型、Y 型、轮型、环型和网型,如图 6-8 所示。

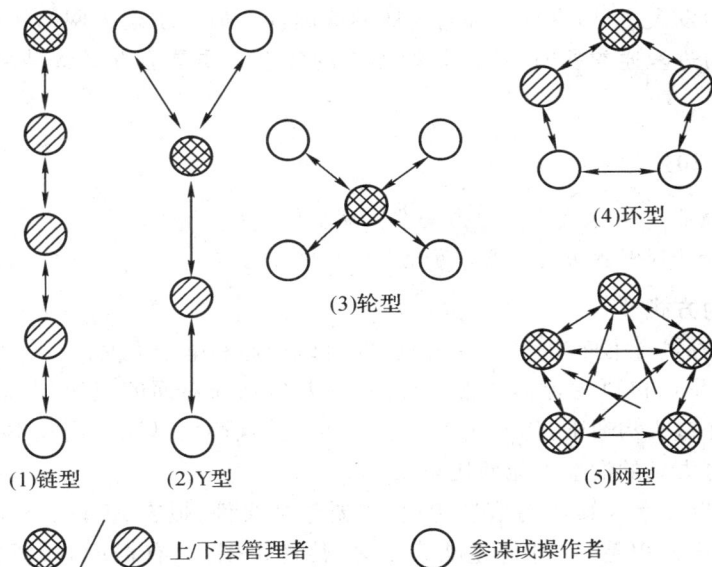

图 6-8　五种信息沟通的形式

　　1. 链型。链型是信息在沟通成员间进行单线、顺序传递,形如链条状的沟通网络形态。在这种单线串联连接的沟通网络中,成员之间的联系面很窄,平均满意度较低。信息经层层传递、筛选,容易失真。在现实组织中,严格按直线职权关系和指挥链系统而在各级主管人员间逐级进行的信息传递就是链型沟通网络应用的实例。

　　2. Y 型。Y 型网络中有一个成员位于沟通网络的中心,成为网络中因拥有信息而具有权威感和满足感的人。此网络中组织成员的士气比较低,同时,与轮型网络相比较,增加了中间的过滤和中转环节,容易导致信息曲解或失真,因此沟通的准确性也受到影响。现实中经常看到的是倒 Y 型网络形态。比如,主管、秘书和几位下属构成的倒 Y 型网络,就是秘书处于沟通网络中心地位的一个实例,由此不难理解为何秘书人物的职位并不高却常拥有相当大的权力。

　　3. 轮型。这种网络中的信息是经由中心人物而向周围多线传递的。此网络中只有领导人物是各种信息的汇集点与传递点,其他成员之间没有相互的交流关系,所有信息都是通过他们共同的领导人进行交流的,因此,信息沟通的准确度很高,解决问题速度快,主管人员控制力强,但其他成员满意度低,领导者可能面临着信息超载的负担。一般地说,轮型网络适合于组织接受紧急任务,需要进行严密控制,同时又要争取时间和速度的情形。

4. 环型。环型网络可以看做是将链型形态下两头沟通环节相连接而形成的一种封闭式结构,它表示组织所有成员间都不分彼此地依次联络和传递信息。环型网络中的每个人都可同时与两侧的人沟通信息,因此大家地位平等。在环型沟通网络的组织中,集中化程度比较低,具有较高的满意度。但由于沟通的渠道窄、环节多,信息沟通的速度和准确性都难以保证。

5. 网型。这是一个全方位开放式的沟通网络系统,所有成员之间都能进行相互的不受限制的信息沟通与联系。采取这种沟通网络的组织,集中化程度低,成员地位差异小,有利于提高成员士气和培养合作精神。同时,这种网络具有宽阔的信息沟通渠道,成员可以直接、自由而充分地发表意见,有利于提高沟通的准确性。但由于这种网络沟通的渠道太多,易造成混乱,沟通过程通常费时,从而影响工作的效率。委员会方式就是网型沟通网络的应用实例。

⇨ 【即问即答 6-20】

简述沟通的过程,良好的沟通与哪些方面密切相关?

你倾向于认同哪种沟通方式?为什么?

6.3.1.4　沟通的方式

常见的沟通方式有书面沟通、口头沟通、非言语沟通和电子沟通。

口头沟通就是以口语为媒体的信息传递,主要包括面对面的交谈、电话交谈、开会、讲座、讨论会等。在口头沟通下,沟通比较迅速、灵活,并且可以迅速得到反馈。但是,信息经过多人传送,信息失真的潜在可能性比较大。

书面沟通是以文字为媒体的信息传递,主要包括文件、报告、信件、书面合同等。以书面方式沟通具有比较规范、信息传递准确度高、传递范围广、有据可查、便于保存等特点。但书面沟通耗费了更多的时间、缺乏反馈。

非言语沟通是指非口头和非书面形式进行的沟通,如刺耳的警笛、十字路口的红绿灯、谈话的语调、演员的手势等都是非言语沟通。体态语言和语调是日常沟通中使用最广泛的非言语沟通形式。研究表明在面对面的交谈中,信息的 55% 来自面部表情和身体言语,38% 来自语调,只有 7% 真正来自词汇。恰当地使用非言语沟通形式可以提高沟通的效果。

电子沟通是以电子符号的形式通过电子媒体而进行的沟通,如电报、电话、电子邮件、计算机网络、录音录像等。随着现代信息和通信技术的发展,电子媒体在现代信息沟通中将扮演越来越重要的角色。

6.3.2　人际沟通

组织中最普遍的沟通形式就是成员间的人际沟通。组织中人际沟通的有效性主要表现在 7 个方面,也被称为 7C 原则。(1)可依赖性(credibility)。沟通的发送者与接受者之间建立彼此信任的关系。(2)一致性(context)。沟通的方式与组织内外环境相一致。(3)内容(content)。沟通的内容具有意义。(4)明确性(clarity)。所用言语或语词是双方共同认可的,避免了模棱两可、含糊不清、容易产生歧义的言语。(5)持续性与连贯性(continuity and consistency)。沟通过程可以重复与强化传送的内容,建立反馈的机制。(6)渠道(channels)。选择能够充分提高沟通目的和效率的渠道。(7)接收者的接收能力(capability of audience)。充分考虑接收者的接收能力,即员工的成熟度。

6.3.2.1　人际沟通的障碍

人际沟通过程中,各种噪声的干扰构成了对组织成员有效沟通的挑战。信息的发出失真、传递失真、接受失真和反馈失真主要根源于人际因素、文化因素和结构因素所带来的威胁。

1. 人际挑战:沟通的人际因素是指个体认知差异和个体间的关系所造成的沟通障碍。个体人格特质会导致:低适应,表现为紧张、自我怀疑、喜怒无常等;低社交,表现为羞怯、不自信、退缩等;低责任心,表现为冲动、粗心、无责任心等;低合作性,表现为独立、冷漠、粗鲁等;低心智开放,表现为迟钝、平淡、没有想象力等。

个体的知觉错误会导致:高期望效应,会左右人的预先的目标;知觉定式,会将对象归类,强加在某种品质上;晕轮效应,将在印象的基础上加以评价;投射效应,将在他人身上看到自己特质的倾向;选择性知觉,只接受期望的信息等。个体的各种知觉错误都会影响沟通中的信息的编码、发送、接受和理解等。

2. 文化挑战:文化是人类特有的适应环境的能力,是人类各种行为背后的驱动力。当信息从一种文化模式传递到另一种模式时,文化的差异就会筑造人际沟通的障碍。不同文化的差异通过自我意识与空间、交流与语言、衣着与打扮、食品与饮食习惯、时间与时间意识、各种不同的季节观念、人们的各种关系、价值观与规范、信仰与态度、思维过程与学习、工作习惯与实践等方面表现出来。

3. 组织结构挑战:组织结构因素包括地位差别、信息传递链、团体规模和空间约束四个方面。地位的高低对沟通的方向和频率有很大的影响;一般来说,信息通过的等级越多,到达目的地的时间也越长,信息失真则越大。这种信息连续地从一个等级到另一个等级时所发生的变化,称为信息链传递现象;当工作团体规模较大时,人与人之间的沟通也相应变得较为困难,其中部分的原因是由于沟通渠道的增长大大超过人数的增长;企业中空间约束不利于员工之间的交流,限制了他们的沟通。

6.3.2.2　改进人际沟通技能的技巧

要达到有效沟通,就要应对来自人际沟通过程中的人际挑战、文化挑战和组织结构的挑战。因此,在很大程度上就是要处理好沟通过程中五个方面的问题:克服认知差异、抑制情绪化反应、保持积极倾听和建设性反馈、获取沟通的信任、避免沟通中言语与非言语的矛盾。

1. 克服认知差异:沟通人际挑战往往会以认知差异的形式表现出来。为了克服认知和语言上的差异应注意:(1)发送者应该使信息清晰明了,尽可能使具有不同观点和经验的接受者都能够理解。(2)只要有可能,就应该尽力了解沟通对象的背景,尽可能设身处地地从别人的角度看待问题,有助于降低信息沟通的模棱两可。(3)当传递的主题不清楚时,适当提问是至关重要的。(4)为了克服语言上的差异,要求接受者确认或重述信息的要点是很有益处的。要鼓励接受者提出疑问,对不清楚的要点加以澄清。(5)对信息的各种相互替代的表达方式保持敏感也是有益的。

2. 抑制情绪化的反应：情绪化的反应，比如愤怒、爱、戒备、憎恨、嫉妒、恐惧、窘迫等，会使信息的传递严重受阻或失真。处理情绪因素的最简单方式就是暂停进一步的沟通直到恢复平静。管理者应该尽力预期员工的情绪化反应，并做好准备加以处理。管理者也需要关注自己情绪的变化，以及这种变化如何影响他人。

3. 保持积极倾听和建设性反馈：事实上，"听"并不是件容易的事情。积极倾听不是被动地听，而是集中精力对信息进行主动的搜寻。在积极倾听中，信息的发送者和接受者都在思考。积极倾听还伴随着建设性反馈（言语的和非言语的），只发送无反馈，犹如对牛弹琴。

4. 避免言语沟通与非言语沟通的矛盾：言语沟通与非言语沟通的矛盾往往造成人们对信息理解的困难。降低沟通中的不一致的关键是对其保持警觉，防止发送错误的信息。手势、衣着、姿势、面部表情及其他重要的非言语媒介都应与言语信息"一致"。分析别人的非言语沟通方式，并将所学到的方法应用于自己同别人交往的过程，对改进自己的沟通会有所帮助。

5. 获取沟通的信任：一个人的可信度是其谦逊、公正和善意逐渐为人所承认的长期过程的结果。世上没有创造充满信任气氛的捷径，与沟通对象之间的和谐关系只有经过前后一致的行为才能逐步形成。发送者的可信度受其发送信息时所处环境的影响。这里的环境是指进行沟通的工作关系的历史。如果员工曾多次遭到管理者的轻视或管理者不履行其诺言，管理者与这些员工的沟通效果就会大打折扣。

【链接 6-19】

提高积极倾听的十个关键

1. 寻找兴趣点。要多想一想发言者说的什么对我有用。

2. 评判内容而不是传送。不要太关注发言者的性格、特殊习惯、声音或服装等，要把注意力放在发言者说的是什么上。

3. 沉着。在完全理解发言者说的是什么以后再作评价，不要被他表面上的言语打动。

4. 注意领会要点。不要太拘泥于事实和细节，要把注意力放在中心思想上。

5. 灵活应变。准备多种记录方法并选择适合发言者风格的方法。

6. 集中注意力。排除外界干扰，要离谈话者更近一点，不要看其他材料。

7. 训练自己的大脑。要培养勇于挑战困难的信心。

8. 保持头脑开放。在敏感的问题上不要过于感情用事，不要让情绪影响到对问题的理解。

9. 利用思维速度的优势。人们思维的速度是讲话速度的 4 倍，把省下来的时间用在思考讲话者说了什么。

10. 努力去听。投入一定的精力，不要只是表面上表现出倾听的热情。倾听是一项艰苦的工作，但你得到的会超过你付出的。

6.3.3　组织沟通

组织沟通包括组织内沟通和组织间的沟通。组织内沟通是指组织中以工作团队为基础单位对象进行的信息交流和传递的方式;组织间沟通就是组织之间如何加强有利于实现各自组织目标的信息交流和传递的过程。管理者不但要具备良好的人际沟通的技能,还应当学会管理组织内沟通和组织间的沟通。

6.3.3.1　组织内沟通的形式

按照沟通信息的流向和正式程度,组织内的沟通可以分成纵向沟通、横向沟通和非正式沟通。

1. 纵向沟通。组织中的纵向沟通是指沿着命令链进行的向上和向下的沟通。向下沟通是信息从组织的最高管理层开始,通过各个管理层次向下流动的过程。向下沟通的主要内容可以是建议、指导、通知、命令、员工业绩评价等,沟通的目的是把与组织目标和有关的信息提供给员工。向上沟通是沟通信息从组织的底层向较高管理层流动的过程,它通常包括进度报告、建议、解释以及关于支援和决策方面的请求等。上行沟通雇员有机会向上反映问题,管理者也可以准确地了解下属的情况,就此减轻员工的挫折感,增强参与意识,提高士气。有效的上行沟通同下行沟通一起形成双向的沟通渠道。

2. 横向沟通。组织中的横向沟通是指沟通信息在层级结构的同一水平上的流动。横向沟通经常发生于工作群体内部成员之间、两个工作群体之间、不同部门的成员之间以及直线部门和参谋部门的员工之间等。横向沟通能够产生组织内不同部门间的信息共享、相互协作;它还有助于消除组织内部的冲突;通过朋友和同事间的交流,横向沟通产生社会和情感的支撑。因此,横向沟通可以避免纵向沟通中信息流动过于缓慢的弊端,减轻管理者的沟通负担。它能够帮助员工提高士气和效率,增加员工满意感。

3. 非正式沟通。纵向沟通和横向沟通都是组织中的正式沟通,它们是通过组织中正式渠道来进行的。在组织中还存在一些非官方的、私下的沟通,这种非正式渠道的沟通就称为非正式沟通。典型的非正式沟通形式是小道消息。与正式沟通相比,非正式沟通具有信息交流速度快,效率较高,能够满足员工情感需要和不确定性等特点。美国学者凯什·戴维斯提出了四种可能的传言链:单线传言链是信息按照一人传一人方式,依次传递;闲谈传言链是由一人把取得的信息告知所有其他成员;随机传言链中信息拥有者在传递信息时并无选择性;积聚传言链中,人物 A 将信息传递给经过选择的有限人员,其中的部分人员又将信息有选择地传递给其他人。戴维斯认为积聚传言链是组织中占据主导地位的传言模式。

6.3.3.2　组织沟通的障碍

如同人际沟通一样,在组织沟通过程中各种噪声也干扰组织沟通的有效性。正式沟通也会因为各种因素的影响而常常失去效率。

1. 影响组织沟通的因素。在组织沟通过程中,同样受到了来自人际因素、文化因素和结构因素等一般因素的挑战。除此之外,一些组织特有因素也构成了对组织沟通的挑战。管理学家雷蒙·莱西卡认为有四个组织因素影响着组织沟通的有效性:正式的沟通渠道、组织的权力结构、工作专门化以及"信息所有权"。

正式沟通渠道影响组织沟通的有效性表现在两个方面:其一,随着组织的发展和成长,正式沟通渠道的覆盖范围越来越广。大型组织中进行有效的沟通,通常比在一个小型组织中进行沟通困难得多。其二,正式沟通渠道妨碍信息在组织的各个层次间的自由流动。有时在正式渠道中,高层管理者会得不到本应得到的信息。

组织的职权结构也影响沟通的有效性。组织中地位和权力的差异往往可能决定了某些人之间的沟通进行比较顺畅。沟通的内容和准确性也会受到职权结构的影响,有些高层主管人员同基层的谈话会变得具有形式化和繁文缛节的特点。

同一工作群体的成员常常使用相同的术语,拥有同样的目标、任务、知识背景和近似的处事风格。因此,工作专门化会使不同群体内部的沟通变得更为容易。相反,会使得差异度较高的群体间沟通受到抑制。

信息所有权是指个人拥有与工作有关的私人信息和知识。拥有这种信息和知识的个人,会在组织中获得专家权力。具备专家权力的个人很多是不愿意别人来共享"私人知识"。所以,组织内完全公开的沟通往往难以实现。

2. 正式沟通过程中的常见障碍。

第一个常见问题是沟通信息不完全。当管理者没有给员工提供完成任务所必需的信息时,向下沟通就会出现问题。管理者通常对向下沟通的准确性和完整性过度乐观。事实上,他们有时可能没能向下传达重要的信息,也可能没有给员工足够的指导,以使其完成任务。不完整的向下沟通会使员工对工作感到困惑和无能为力。

第二个常见问题是管理者和下属之间、下属与下属之间缺乏公开性。管理者可能认为有些和下属没有关系,他们不会与员工真正信息共享,即使在非常重要信息上仍然会有所扣留。在沟通过程中,现代的员工会对管理者缺乏公开性感到很失望。特别是在组织面临危机或重大变革时候更是如此。

第三个常见问题是信息过滤。信息过滤在组织沟通中有多种情形:(1)组织结构的信息传递链现象使得信息失真率大大提高。(2)由于员工具有成就愿望,加之管理者和员工之间缺乏信任和害怕承担后果的心理,人们总是喜欢报喜不报忧,防止对他们不利信息的传播。(3)横向权力的不平均配置,人们出于维护权力的需要也会使得横向沟通的准确性受到限制。信息过滤给组织带来了严重的问题,它会带来组织沟通失效。

▷【链 接 6-20】

A 先生是一家电子零部件制造公司的首席执行官,他一直认为自己是一个"易接近,好相处,善于沟通的人"。他的公司绝大多数员工均来自全国各地,甚至有来自俄罗斯、越南等国家的人。最近,公司的员工开始抱怨公司的一侧缺少停车位。按照往常出现了问题要与员工讨论的情形一样,A 先生召开了员工会议,他要求员工不要把车停在为客户预留的车位上。有些员工误解了 A 先生的话,认为他告诉他们不要驾车来上班。A 先生是开放式管理的坚定支持者,他定期向员工公开账目,让员工们共享公司的财务信息,使他们感到自己是公司的一份子。最近,A 先生召集员工开会,会上他陈述了一系列财务数字。然后,A 先生问各位是否理解了这些数字的意义,所有的人都一致点头。A 先生后来说:"我当时没有意识到,他们点头主要是处于礼貌。"他本想让员工们看到他们行动给公司带来的财务结果,并由此激励员工,但他没有取得预期的效果。

6.3.3.3　组织间的沟通

所谓的组织间沟通是组织同其利益相关者进行的有利于实现各自组织目标的信息交流和传递的过程。组织间沟通的宗旨是充分利用社会的各种资源,协调各方利益,实现组织共生的可持续发展。

20世纪90年代以来,组织间的沟通日益成为组织沟通中重要的一环。许多企业管理者和管理学者现在都认为,全方位的信息共享对于组织来说是至关重要的。组织间沟通理论假设组织与其利益相关者之间是异质的,以个性化方式而存在的。换句话说,组织信息沟通的对方都有存在价值。组织沟通的目的不是追求消除对方、兼并对方,而是组织间对资源的共同合理的利用,组织可持续地长久地发展。

组织间沟通思想是企业长期竞争发展的产物。20世纪初,世界企业主要生存于相对狭小的市场区域中,竞争的驱动力并不强大,企业重点在于内部信息沟通。但随着竞争力量的逐步加大,以及生产要素流动的便利性和壁垒存在,单一的企业内部开发活动不足以支撑企业占领市场的需要。企业并购的理念也随之占了上风,管理者力图通过一体化将外部组织资源纳入到企业内部,实现市场内部化,从而避免来自供应商、顾客、潜在进入者、替代品生产者和同业生产者的竞争压力。但是,20世纪60年代美国第四次并购浪潮以后,企业的一体化并购弊病也暴露出来,高度资产专用化的风险、管理成本的增加和内部摩擦产生的影响成本的增加足以使企业的竞争优势荡然无存。现实迫使企业家们转向承认外部组织资源存在的合理性,寻求与利益相关者的沟通,达到共同发展之目的。20世纪90年代以来,通信和计算机技术的飞速发展,也为组织间沟通的理念提供了物质和技术的支持。

6.3.3.4　提高组织沟通的效率

提高组织沟通的效率根本上是要进行有效的纵向沟通、横向沟通和组织间沟通,消除组织沟通过程的障碍。

1. 管理纵向沟通。公开式管理近年来被认为是管理纵向沟通的有效方法。公开式管理是指与组织内的所有员工共享重要的信息并共同发掘它在管理上的意义的管理实践。需要共享的信息包括财务目标、收入表、预算、销售额和销售预测以及其他有关公司的绩效和前景的数据。

近年来一批企事业单位通过公开管理获得了成功,像阿莫科、唐利、巴克斯特尔保健和AES等大公司。一位管理者这样说:"为什么你把比分告诉队里面5%的人而不告诉剩下95%的人?"事实说明,完善的沟通系统可以使员工理解工作的意义,认清完成了预定的目标会得到什么回报,并促使每个人都来关心公司的业务。它可以激发人们思考如何以不同的方式为公司作贡献,学习新的技能,通过苦干和巧干提高工作绩效。

▷【链接 6-21】

公 开 式 管 理 原 则

1. 将公司管理转化成员工也可以获胜的竞争。
2. 翻开书,同员工分享财务和经营信息。
3. 教会员工读懂公司的财务报表。
4. 向员工展示他们的工作是如何影响公司的财务状况的。

5. 建立非财务指标同财务状况的关系。

6. 确定需要优先考虑的领域并授权员工们设法改进。

7. 共同考察结果并注意保持员工们的责任心。

8. 公布结果并庆祝取得的成功。

9. 根据员工对财务指标的贡献分配奖金等报酬。

10. 同员工分享对公司的所有权。

2. 进行团队对话。团队对话被认为是现代组织内横向沟通的重要形式。进行有效的团队对话首先是构建团队沟通规范，排除障碍。沟通规范就是形成清楚的惯例：轮流发言，积极倾听，以支持的立场来提问，提问题帮助别人理清思路和问题等。要避免钻牛角尖，贴标签，对发言者评头论足，对话题不感兴趣，开小差，感情用事，给发言者加脚注等不良习惯。其次，促使成员参与沟通。使每个成员都有说话的可能；给成员留有空间；保持成员平衡的心理等，创造一个更有利于平等沟通的氛围。再次，有效的团队对话还包括成功地引发沟通对话，进行合作性分析等。

3. 创造竞争中的合作。当前管理实践的全新观念就是建立竞争者之间的战略联盟。企业战略联盟是指由两个或两个以上有共同战略利益和对等经济实力的企业（或特定事业和职能部门），为达到拥有市场、共同使用资源等战略目标，通过各种协议、契约而结成的优势互补、风险共担、生产要素水平式双向或多向流动的一种松散的合作模式。

它实质上是以合作代替对抗，是更高形式的激烈竞争的开始。有人说，竞争对手之间"没有永久的敌人"。日本有的管理学者认为企业之间的竞争呈相互攻击性是一种必然存在，但这种攻击性主要体现在产品质量、服务、创新和发明上，而不要攻击竞争对手本身。因为那种把竞争对手置于死地的做法，一是会导致两败俱伤，造成资源的浪费；二是失去竞争对手，也就失去了外部压力，自己也就没有了发展的压力。只有联合起来才可以取得双赢，求得共同发展。所以人们称企业战略联盟为"双赢"的战略。竞争中合作，合作中竞争，已经成为世界经济发展的一种必然性趋势。

➷【即问即答 6-21】

你如何看待组织间的沟通？怎样提高组织沟通的效率？

在生活中，你是如何与同学及授课老师沟通，怎样培养正确的沟通技巧？

➷【本章小结】

领导权力可以来自于法定权力、奖惩权力，也可以来自于个人的专家权力和感召力。有效的领导者一般具有特殊的后天品质，他们正直、热情、自信，敢于承担风险，具有专业知识和人格魅力。领导的有效性是领导风格与情境的相适应。激励是决定个体绩效的因素之一。马斯洛的需求层次理论、赫茨伯格的双因素理论、ERG理论和期望理论、公平理论等为管理者提供了不同的诱发和刺激员工需求的手段和方式。管理者要按照员工的不同类型，利用各种激励方法不断地激励员工，才会使他们持续性地创造更高的工作绩效。有效的沟通可以增进员工对组织目标的认同、建立融洽的工作关系。沟通有着多种不同的网络和方式。人际沟通的有效性受到人际因素、文化因素、结构因素的挑战。有效的沟通应当克服认知的差异，抑制情绪化的反应，保持积极的倾听和建设性的反馈，避免表达方式上的矛盾。

⇨【习　题】

一、知识题

(一)单项选择

1. 复杂人假设认为(　　　)。

　　A. 大多数人都是为了满足基本的生理需要和安全需要,所以他们将选择那些在经济上获利最大的事去做

　　B. 工人与工人之间的关系所形成的影响力,比管理部门所采取的管理措施和奖励具有更大的影响

　　C. 大多数人在解决组织的困难问题时,都能发挥较高的想象力、聪明才智和创造性

　　D. 人在同一个时间内会有多种需要和动机,这些需要和动机相互作用、相互结合,形成了一种错综复杂的动机模式

2. 民主式领导方式的特点之一是(　　　)。

　　A. 领导者预先安排一切工作的程序和方法,下属只能服从

　　B. 分配工作时尽管照顾到个人的能力,兴趣和爱好

　　C. 对工作事先无布置,事后无检查,权力完全给予个人,一切悉听尊便

　　D. 领导方法的选择取决于环境和个性

3. 由自我实现人假设所产生的管理措施为(　　　)。

　　A. 应以金钱收买员工的效力和服从

　　B. 管理人员在进行奖励时,应当注意集体奖励,而不能单纯采取个人奖励

　　C. 在管理制度上给予工人更多的自主权,实行自我控制,让工人参与管理和决策,并共同分享权力

　　D. 管理人员应事先为工人设计具体的行为模式,让工人按此模式实现自身的价值

4. 麦格雷戈的×理论是对哪一种人性假设的概括(　　　)。

　　A. 经济人　　　　B. 社会人　　　　C. 自我实现人　　　　D. 复杂人

(二)多项选择

1. 根据费德勒模型,影响领导形态有效性的环境因素有(　　　)。

　　A. 领导者和下属的关系　　　　　　B. 职位权力

　　C. 领导者的个人特性　　　　　　　D. 任务结构

2. 李柯特把领导方式分为(　　　)。

　　A. 剥削式集权领导　　　　　　　　B. 仁慈式集权领导

　　C. 协商式民主领导　　　　　　　　D. 放任式领导

　　E. 参与式民主领导　　　　　　　　F. 专制式领导

3. 领导行为四分图中领导行为分为四种类型,即(　　　)。

　　A. 高体贴与低组织　　　　　　　　B. 高体贴与高组织

　　C. 高关系与低任务　　　　　　　　D. 低关系与低任务

　　E. 低体贴与低组织　　　　　　　　F. 低体贴与高组织

（三）填空

1. 领导者的影响力主要来自于_____和_____两种。

2. 将人看作社会人是根据_____提出来的。

3. 从人性的假设角度看，管理_____的重点放在工作上；管理_____主要是建立亲善的感情和良好的人际关系；而管理_____应重在创造一个使人得以发挥才能的工作环境。

4. 利克特把领导者分为两种基本类型，即_____的领导与_____的领导。

5. _____和_____在管理方格中列出了五种典型的领导方式。

（四）是非判断

1. 权变理论认为，任何领导形态均可能有效，其有效性完全取决于是否适应所处的环境。

2. 领导即领导者。

（五）简答题

1. 什么是领导？权力与领导的关系是什么？

2. 有效领导者的品质特征有哪些？

3. 什么是领导者职能的两大行为特征？必须由一名领导者同时具有两种特征吗？

4. 领导者的风格具有哪些基本形式？利克特认为哪一种最有效？

5. 菲德勒模型的基本假设是什么？工作情境是如何决定领导者风格的有效性的？

6. 情境理论和路径—目标理论确定了几种领导风格？这些模型认为哪些权变因素有助于确定最有效的领导方式？

7. 什么是激励？如何认识激励过程与人的行为规律的关系？

8. 阐述需要层次理论、双因素理论的基本内容。比较 ERG 理论与马斯洛的需要层次理论的异同。

9. 阐述麦克莱兰德理论的主要内容和意义。

10. 分析个人努力、工作绩效与个人目标之间的关系是如何影响个体行为绩效的？

11. 讨论组织中不公平感受会引发的员工行为的种种变化。

12. 讨论在实践中如何实施目标激励、员工参与计划、工作设计和工作满意度、职工持股计划、薪酬管理、团队管理等激励手段。

13. 简述沟通的过程和沟通的重要性。

14. 简述五种信息沟通的形式及其特点。

15. 描述人际沟通过程的共同的障碍，如果出现应当如何克服？

16. 影响组织沟通有效性的因素是什么？如何提高组织沟通的效率？

17. 在当前的管理实践中，为什么要加强组织间的沟通？

二、案例分析

（一）苏兰的职业生涯规划

苏兰，今年 22 岁，就读于某名牌大学人力资源管理学院，即将获得学士学位。在过去的两年里，她每年暑假都在保险公司打工，因此她在这里做过许多不同类型的工作。目前，她已接受该公司的聘请,毕业之后加入该保险公司,担任保险单更换部的主管。

　　苏兰所在的保险公司有 5000 多名员工。公司奉行员工的个人开发,自上而下都对所有员工十分信任,这已成为公司的经营哲学。苏兰将要承担的工作要求她直接负责 25 名职员。他们的工作不需要什么培训而且具有高度的程序化,但员工的责任感十分重要,因为更换通知要先送到原保险单所在处,要列表显示保险费用与标准表格中的任何变化;如果某份保险单因无更换通知的答复而将被取消,还需要通知销售部。

　　苏兰工作的群体成员全部为女性,年龄跨度 19~62 岁,平均年龄为 25 岁。其中大部分人是高中学历,以前没有过工作经验,她们的薪金水平为每月 800~1000 元。苏兰将接替梅芬的职位。梅芬为保险公司工作了 37 年,并在保险单更换部做了 17 年的主管工作,现在她退休了。苏兰去年夏天曾在梅芬的群体里工作过几周,因此比较熟悉她的工作风格,并认识大多数群体成员。她预计除了王芳之外,其他将成为她下属的成员都不会有什么问题。王芳今年 50 多岁,在保险单更换部工作了 10 多年,而且作为一个“老太太”,她在员工群体中很有分量。苏兰断定,如果她的工作得不到王芳的支持,将会十分困难。

　　苏兰决心以正确的步调开始她的职业生涯。因此,她一直在认真思考一名有效的领导者应具备什么样的素质。

问　题

　　1. 影响苏兰成功地成为领导者的关键因素是什么?

　　2. 你认为苏兰能够选择领导风格吗? 如果可以,请为她描述一个你认为有效的风格。如果不可以,请说明原因。

（二）李厂长的用人之道

　　助理工程师黄大佑,一个名牌大学高才生,毕业后工作已 8 年,于 4 年前应聘到一家大厂工程部负责技术工作,工作诚恳负责,技术能力强,很快就成为厂里有口皆碑的“四大金刚”之一,名字仅排在厂技术部主管陈工之后。然而,工资却同仓库管理人员不相上下,夫妻·小孩三口尚住在来时住的那间平房。对此,他心中时常有些不平衡。

　　李厂长,一个有名的识才老厂长,“人能尽其才,物能尽其用,货能畅其流”的孙中山先生名言,在各种公开场合不知被他引述了多少遍,实际上他也是这样做了。4 年前,黄大佑调来报到时,门口用红纸写的“热烈欢迎黄大佑工程师到我厂工作”几个不凡的颜体大字,是李厂长亲自吩咐人事部主任落实的,并且交代要把“助理工程师”的“助理”两字去掉。这确实使黄大佑当时工作特别卖劲。

　　两年前,厂里有指标申报工程师,黄大佑属于有条件申报之列,但名额却让给一个没有文凭、工作平平的同志。他想问一下厂长,谁知,他未去找厂长,厂长却先来找他了:“黄工,你年轻,机会有的是。”去年,他想反映一下工资问题,来这里工作的一个目的不就是想得到高一点工资,提高一下生活待遇吗? 但是几次想开口,都没有勇气讲出来。因为厂长不仅在生产会上表扬他的成绩,而且,曾记得,有几次外地人来取经,李厂长当着客人的面赞扬他:“黄工是我们厂的技术骨干,是一个有创新的……”哪怕厂长再忙,路上相见时,总会拍拍黄工的肩膀说两句,诸如“黄工,干得不错”,“黄工,你很有前途”。这的确让黄大佑兴奋,“李厂长确实是一个伯乐”此言不假,前段时间,他还把一项开发新产品的重任交给他呢,大胆起用年轻人,然而……

　　最近,厂里新建好了一批职工宿舍,听说数量比较多,黄大佑决心要反映一下住房问题,谁知这次李厂长又先找他,还是像以前一样,笑着拍拍他的肩膀:"黄工,厂里有意培养你入党,我当你的介绍人。"他又不好开口了,结果家没有搬成。

深夜,黄大佑对着一张报纸的招聘栏出神。第二天一早,李厂长办公台面上放着一张小纸条:"李厂长:您是一个懂得使用人才的好领导,我十分敬佩您,但我决定走了。"

问　题

1. 根据马斯洛的理论,住房、评职称、提高工资和入党对于黄工来说分别属于什么需要?
2. 根据公平理论,黄工的工资和仓库管理员的不相上下,是否合理?
3. 李厂长的激励手段有什么问题?他应该使用什么样的激励方式才能留住黄工?

(三)奥斯特曼的沟通方式

联合制造公司总经理奥斯特曼对随时把本公司经济上的问题告诉雇员们的重要性非常了解。她知道,由于市场价格不断跌落,公司正在进入一个困难的竞争时期。同时她也清楚,为了保住她的市场份额,必须降低本公司产品的出售价格。

奥斯特曼每月向所有雇员发出一次定名为"来自总经理部"的信,她认为这是传递信息的一种好方式。然而,一旦出现了重要情况,她还要把各部门负责人召集到会议室里,在她看来,这样做会使这些负责人感到他们是管理部门的成员并参与了重大决策的制定。根据会议的礼仪规定,所有与会人员都要在预定时间之前就座,当奥斯特曼夫人进来时要起立致意,直至得到允许后再坐下。这次会议,奥斯特曼进来后只简单地点了点头,示意他们坐下。

"我叫你们都来,是想向你们说明我们所面临的可怕的经济形势。我们面对的是一群正在咬我们脚后跟的恶狼一样的对手。他们正在迫使我们以非常低的价格出售我们的产品,并且要我们按根本不可能实现的日期交货。如果我们这个大公司——自由企业的一个堡垒——还打算继续存在下去,我们所有的人就都要全力投入工作,齐心协力地干。下面我具体地谈谈我的意见。"

然后,奥斯特曼用严厉的目光向在座的人扫视了一下,似乎在看是否有人敢讲什么。没有一个人说话,因为他们都知道,发表任何意见都会被奥斯特曼夫人看成是持有不同意见。

"首先,我们这里需要想像学。我们需要积极思想的人,而且所有的人都应当通力合作。我们必须要使生产最优化,在考虑降低成本时,不能对任何一个方面有所疏忽。为了实现降低成本的应急计划,我在公司外聘请了一个最高级的生产经理。

我们要做的第二件事是最大限度地提高产品质量。在我们这个企业里,质量就是一切。每部机器都必须由本部门的监督员按计划进行定期检验。只有经过监督员盖章批准后,机器才能开始运转,投入生产。在质量问题上,再小的事情也不能忽视。

在我的清单上所列的值得认真考虑的第三个问题是增强我们的推销员力量。顾客是我们这个企业的生命线,尽管他们有时不对,我们还是要态度和气地、灵活地对待他们。我们的推销员必须学会做生意,使每一次推销都有成效。公司对推销员的酬报办法是非常公正的,即使如此,我们还打算通过提高滞销货的佣金率来增加他们的奖金数额。我们想使这个意见在董事会上得到通过。但是,我们必须保住成本,这是不能改变的。

最后,我要谈谈相互配合的问题。这对我们来说比其他任何问题都更加重要。要做到这一点,非齐心不可。领导就是配合,配合就是为同一目标共同努力。你们是管理部门的代表,是领导人,我们的目标你们是知道的。现在让我们一起努力工作,并迅速地把我们的这项复杂的事情搞好吧！要记住，我们是一个愉快的大家庭。"

奥斯特曼结束了她的讲话，参加会议的人都站了起来，静立在各自的椅子旁边。奥斯特曼收起文件，离开会议室朝她的办公室走去。

问　题

1. 奥斯特曼的沟通方式存在哪些问题？构成沟通障碍的除了语言因素之外，还有什么因素？

2. 假若这次会议由你安排，你打算怎样来保证双向的沟通？

三、讨论题

1. 识别一位你认为有效的领导者。此人拥有什么特性和技能？

2. 男性和女性的领导风格不同吗？如果是，说出有何不同？男性和女性更喜欢他们老板不同的风格吗？列出理由说明。

3. 考虑一下你现在或以前的一个工作。思考一下老板如何管理你。你如何描述作为领导者的他或她？你愿意用什么来替代领导？

4. 有些大学正在实验一些新的做法，例如允许学生设计自己的专业、为这一专业设计课程表、挑选教授和课程、对学习实行自我指导和自我评估。这些是领导替代的例子，你认为这种方法会比传统方法更好吗？你是否喜欢这种方法？为什么？

四、实训题
目的
● 检查个人领导风格
● 学习领导过程本质
● 确认提高或调整你的领导风格的途径
指示
● 独立工作。完成领导风格调查并打分。
● 小组内，交流分数，计算平均分，对讨论问题展开回答。
● 整个班级在一起时，小组发言人陈述小组意见。

讨论问题
● 你的经验或缺乏经验如何影响对调查的回答？
● 学生得分和对调查项的回答如何相符合？又如何不符合？
● 你认为学生对领导态度不同的原因是什么？
● 学生如何建设性地利用调查结果？
领导风格调查
这个调查描述了领导行为的不同方面。为测试你的领导风格，假设你是一工作小组的领导，根据你可能的反应（或你认为可能的反应）回答每个陈述。

	总是	经常	偶尔	很少	从不
1. 我允许团队成员自由地用自己的方式工作。	5	4	3	2	1
2. 我不同成员商议就自己作重要决策。	5	4	3	2	1
3. 我允许成员自己决策。	5	4	3	2	1
4. 我不试图与成员交往。	5	4	3	2	1
5. 我允许成员怎么合适怎么干。	5	4	3	2	1
6. 我认为自己是团队发言人。	5	4	3	2	1
7. 我热情、友好、平易近人。	5	4	3	2	1
8. 我确信成员理解并服从所有规章。	5	4	3	2	1
9. 我证明真的关心成员福利。	5	4	3	2	1
10. 我是决定做什么,如何做的人。	5	4	3	2	1
11. 我向成员下放权力。	5	4	3	2	1
12. 我督促成员实现生产配额。	5	4	3	2	1
13. 我信任成员决策时会做出好的判断。	5	4	3	2	1
14. 我分配给特定的人特定的工作。	5	4	3	2	1
15. 我让成员建立自己的工作步调。	5	4	3	2	1
16. 我觉得不须向成员解释自己的决策。	5	4	3	2	1
17. 我试图让每个成员觉得自己的贡献是重要的。	5	4	3	2	1
18. 我建立工作日程。	5	4	3	2	1
19. 我鼓励成员参与设立目标。	5	4	3	2	1
20. 我是行动及结果导向的。	5	4	3	2	1
21. 我让成员参与决策。	5	4	3	2	1
22. 我描述必要的变革并且密切监视行动。	5	4	3	2	1
23. 我帮助团队在重要变革上达成一致。	5	4	3	2	1
24. 我密切监督以求符合标准。	5	4	3	2	1
25. 我一贯支持优秀工作。	5	4	3	2	1
26. 我将问题消灭在萌芽。	5	4	3	2	1
27. 我在决策前与团队协商。	5	4	3	2	1

第 7 章

控　制

≫　≫　≫　　　≫

■ 控制活动
■ 信息与控制系统
■ 控制手段与方法

学习目标

知识目标：了解控制的目的，控制的基本内容和基本特点；理解控制的含义、类型、过程和信息技术方法。

技能目标：掌握官僚控制、市场控制和团体控制的基本方法。

能力目标：应用所学的控制知识观察社会组织存在的控制问题，并提出自己的改良建议。

导入语

杨洋几天前被任命为一家电器公司的总经理。走马上任后，他发现这家公司存在许多问题，其中大多数问题与公司不适当的控制管理有关。例如：公司各部门的预算由各部门自行制定，前任总经理对各部门上报的预算一般不加修改就签字批准；公司内部也没有专职的财务审核人员，因此各部门的预算和预算实施情况根本就无从考核。在人事方面，生产一线人员流动率大，常有人不辞而别，行政工作人员迟到早退现象严重，而且常有人在工作时间利用公司电话炒股票。并且，原材料浪费严重，生产成本和各项费用居高不下。

公司的这些问题都没有采取有效的措施进行控制。不少中层管理者认为，公司业务不景气，生产人员想走是很正常的，行政人员在没有什么工作可做的情况下，迟到早退、自己想办法赚钱也是可以理解的，对此没有必要大惊小怪。

杨洋认为，要改变公司的面貌，就一定要加强资金、人员等方面的控制，为此，需要制定出一个综合控制的计划。

从以上案例可以看出控制是管理工作的重要职能之一，它是保证组织的实际活动与计划活动动态相一致的过程。控制工作的目的是通过确立标准、衡量绩效和纠正偏差等措施来监督计划、组织、领导、创新等管理活动的效果，保证组织的前进方向。

学习目标：掌握控制的概念和必要性；理解控制的特点和基本类型；重点掌握控制的过程和有效控制的艺术；了解在信息技术条件下控制系统的变化；掌握现代控制的信息技术

方法；掌握主要的控制手段与方法。

关键词

控制　控制系统　控制手段

7.1　控制活动

7.1.1　控制原理

7.1.1.1　控制的含义和必要性

所谓控制就是监督组织各方面的活动,保证组织实际运行状况与计划保持动态适应的过程。控制工作定义中的动态一致有两方面的含义：既包括了按照既定的计划标准来衡量和纠正计划执行中的偏差；也包含着在必要时修改计划标准,以使计划更加适合于实际情况。

在现实中,组织的内外环境每时每刻都在发生着变化,它必然要求对原先制定的计划作出相应的调整。而且,由于组织成员认识能力不同和工作能力的差异,就会造成对计划要求理解和执行的差异,因此加强对成员工作的日常控制是非常必要的。同时,随着组织规模的变化,必然会出现组织内的分权,形成组织内委托—代理的管理层级结构。分权程度越高,控制就越有必要。控制系统可以提供管理人员的工作绩效的信息和反馈,以保证授予他们的权力得到正确的利用,与组织目的相统一。如果没有控制,没有为此而建立的相应的控制系统,对于出现权力的滥用或其他情况,也就无法发现,更无法采取措施及时纠正。

7.1.1.2　管理控制的目标和特点

1. 管理控制的目标

在现代管理活动中,管理控制工作的目标主要有两个：

(1)限制偏差的累积。有效的管理控制系统应当能够及时地获取偏差信息,及时地采取矫正偏差措施,以防止偏差的累积而影响到组织目标的顺利实现。

(2)适应环境的变化。组织计划和目标在制定出来后总要经过一段时间的实施才能够实现。在这段实施过程中,组织内部的条件和外部环境可能会发生一些变化,这些变化的内外环境不仅会妨碍计划的实施进程,甚至可能影响计划本身的科学性和现实性。所以,任何组织都需要构建有效的控制系统,帮助管理人员预测和把握内外环境的变化并根据变化迅速作出有力的反应,以将组织调整到适应的状态。

2. 管理控制特点

(1)目的性。管理控制总是受到一定的目标指引,服务于达成组织特定目标的需要。控制工作的意义就体现在监督组织活动中各职能工作的效果,促使组织更有效地实现其目标。

(2)整体性。控制的整体性具有多方面的含义：首先,管理控制覆盖组织活动的各个方面,各层次、各部门、各单位以及企业生产经营的各个不同阶段的工作。组织中有对于人员的控制、财务的控制、作业的控制、信息控制、组织绩效控制等五大方面。其次,管理控制中需要把整个组织的活动作为一个整体来看待,使各方面的控制能协调一致,达到整体的优化。再次,管理控制应该成为组织全体成员的职责,而不单单是管理人员的职责,要让全体成员参与到管理控制工作中来。

(3)动态性。管理控制基本形式之一就是跟踪控制,其控制标准和方法都是随着外部环境和内部条件的变化而不断地发生着变化。同时,管理控制手段和成效都是基于外在环境与组织发展方向的基础上的。所以,管理控制是动态演化的控制。

(4)人本性。控制不仅仅是监督,更重要的是指导和帮助。通过控制工作,管理者可以帮助员工分析偏差产生的原因,端正员工的工作态度,指导他们采取纠正的措施。这样,既能达到控制的目的,又能提高员工的工作积极性和自我控制能力。

7.1.1.3 管理控制的基本类型

根据控制信息获取的情况可以将管理控制划分为前馈控制、现场控制和反馈控制三类。

1. 前馈控制。前馈控制是一种防患于未然的控制,它是在工作开始前对工作中可能产生的偏差进行预测和估计并采取防范措施,将可能的偏差消除于产生之前。

2. 现场控制。它是在计划执行进行中的控制,也称作同步控制或同期控制。现场控制主要有监督和指导两项职能。监督是按照预定的标准检查正在进行的工作,以保证目标的实现;指导是管理者针对工作中出现的问题,根据自己的经验指导下属改进工作。

3. 反馈控制。它是在工作结束或行为发生之后进行的控制,故常称作事后控制。这种控制把注意力主要集中于工作或行为的结果上,通过对已形成的结果进行测量、比较和分析,发现偏差情况,依此采取措施,对今后的活动进行纠正。

⇨【链 接 7-1】

　　天安公司是一家以生产微波炉为主的家电企业。2005 年该厂总资产 5 亿元,而 5 年前,该公司只不过是一个人员不足 200 人,资产仅 300 万元且濒临倒闭的小厂,五年间企业之所以有了如此大的发展,主要得益于公司内部的管理创新,主要是:

　　第一,生产管理创新。公司对产品的设计设立起点高,严格要求:依靠公司设置的关键质量控制点对产品的生产过程全程监控,同时,利用 PDCA 和 PAMS 方法,持续不断地提高产品的质量,加强员工的生产质量教育和岗位培训。

　　第二,供应管理创新。天安公司吧所需要采购的原材料和外购零部件,根据性能、技术含量以及对成品质量的影响程度,划分为 A、B、C 三类,并设置了不同类别的原辅材料和零部件的具体质量控制标准,进而协作协助供应厂家达到质量控制要求。

　　第三,服务管理创新。公司通过大量的市场调研和市场分析活动指定售前决策,进行了市场策划,树立了公司形象;与经销商携手寻找最佳点共同为消费者提供优质服务;公司建立了一支高素质服务队伍,购置先进的维修设备,建立消费者投诉制度和用户档案制度,开展多形式的售后服务工作,提高了消费者满意度。

⇨【即问即答 7-1】

　　你能分析说明前馈控制、现场控制和反馈控制的区别与联系吗?
　　亡羊补牢是一种控制吗,如果是,属于什么类型的控制?

7.1.2　控制的过程

完整的控制过程包括了确定绩效控制标准、衡量实际工作、纠正偏差和采取矫正措施四个步骤。

7.1.2.1　确定绩效控制标准

制定控制标准是控制工作的起点。组织中有效的控制标准一般需要具有简明性、一致性、可行性、相对稳定性和前瞻性等特点。控制标准的制定是从确定控制对象、选择关键控制点到制定控制标准的科学决策过程。

1. 确立控制对象。管理者必须对影响组织目标成果实现的各种要素进行科学的分析研究,从中选择出重点的要素作为控制对象。影响组织目标成果实现的主要因素有:关于环境特点及其发展趋势假设、资源投入、组织活动过程等。对于哪些因素应成为控制的重点,需要根据具体的情况来加以选择。在工作成果较难衡量而工作过程也难以标准化、程序化的高层管理和创新性活动中,工作者的素质和技能是主要的控制对象。而在工作方法或程序与预期工作成果之间有比较明确或固定关系的常规性活动中,工作过程本身就是主要的控制对象。

2. 选择关键控制点。关键控制点有时也被称为战略控制点。事实上,企业控制住了关键点,也就控制了全局。选择关键控制点需要注意:(1)影响整个工作运行过程的重要操作与事项。(2)能在重大损失出现之前显示出差异的事项。管理者应该选择那些易检测出偏差的环节进行控制,这样才有可能对问题作出及时、灵敏的反应。(3)若干能反映组织主要绩效水平的时间与空间分布均衡的控制点,因为关键控制点数量的选择足以使管理者对组织总体状况形成一个比较全面的把握。

3. 制定控制标准。制定控制标准常用的方法有统计性方法、经验估计法、工程方法三种。控制标准可分为定量标准和定性标准两大类。定量标准主要分为实物标准(如产品数量、废品数量)、价值标准(如单位产品成本、销售收入、利润等)、时间标准(如工时定额、交货期)。定性标准主要有关于产品和服务质量、组织形象等方面的衡量标准,如产品等级、合格率、顾客满意度等指标就是对产品质量的一种间接衡量。定性标准时常被量化使用以提高组织的控制绩效。例如:奉行"质量优良、服务周到、清洁卫生、价格合理"宗旨的美国著名的麦当劳公司,为确保其经营宗旨得到贯彻,制订了可度量的如下几条工作标准:95%以上的顾客进餐馆后三分钟内,服务员必须迎上前去接待顾客;事先准备好的汉堡包必须在五分钟内热好并供应给顾客;服务员必须在就餐人离开后五分钟内把餐桌打扫干净。这是对定性标准予以量化处理的实例。

☞【链接7-2】

经过长达15年的精心准备,耗资15亿美元的哈勃太空望远镜最后终于在1990年4月生产成功。但是,美国国家航天局仍然发现望远镜的主镜片存在缺陷。由于直径达94.5英寸的主镜片中心过于平坦,导致成像模糊。因此望远镜对遥远的星体无法像预期那样清晰地聚焦,结果造成一半以上的实验和许多观察项目无法进行。

更让人觉得可悲的是,如果有一点更细心的控制,这些完全可以避免的。镜片的生产商铂金斯—埃默公司,使用了一个有缺陷的光学模板生产如此精密的镜片。具体原因是,在镜片生产过程中,进行检验的一种无反射校正装置没设置好。校正装置上的 1.3 毫米的误差导致了镜片的研磨、抛光成了误差形状。但是没有人发现这个错误。具有讽刺一味的是,与其他许多美国国家航天局项目所不同的是,这一次并没有时间上的压力,而是有足够充分的时间来发现望远镜上的错误。实际上,镜片的粗磨是在 1978 年就开始了,直到 1981 年才抛光完毕,由此,由于"挑战者号"航天飞机的失事,完工后望远镜又在地上呆了两年。

NASA 中负责哈勃项目的官员,对望远镜制造中的细节根本不关心。事后,航天管理局中一个 6 人组成的调查委员会负责人说:"至少有三次明显的证据说明问题的存在,但这三次机会都会失去了。"

【即问即答 7-2】

如何理解定性控制标准的量化使用?

为什么要建立起一整套的控制标准?

7.1.2.2 衡量实际工作

1. 确定适宜的衡量方式。衡量实际工作就是以控制标准为尺度对实际工作加以检验,在衡量实际工作成效的过程中管理者应该明确需要衡量什么、如何衡量、间隔多长时间进行衡量和由谁来衡量等内容并作出合理的安排。

(1)衡量的项目。管理者应该针对决定实际工作成效好坏的重要特征项目进行衡量。

(2)衡量的方法。管理者可通过观察、报表、报告、抽样调查、召开会议等多种方法来获得实际工作绩效方面的资料和信息。

(3)衡量的频度。有效的控制要求确定适宜的衡量频度。衡量次数的多少取决于被控制活动的性质、被控制活动的要求。

(4)衡量的主体。衡量实绩的主体不一样,控制工作的类型也就形成差别,也会对控制效果和控制方式产生影响。例如:目标管理是一种自我控制方法,执行者在工作同时就完成对工作成果的控制和衡量,这种控制就是自动的、积极的控制。

2. 通过衡量绩效,检验标准的客观性和有效性。衡量工作成效是以预定的标准为依据来进行的。这就出现了一个问题:偏差到底是执行中出现的问题还是标准本身存在的问题?如果是前者,当然需要纠正;如果是后者,则要修正和更新预定的标准,这样利用预定标准去检查各部门、各阶段和每个人工作的过程同时也是对标准的客观性和有效性进行检验的过程。

衡量过程中的检验就是要辨别并剔除那些不能为有效控制提供信息及容易产生误导作用的不适宜标准,以便根据控制对象的本质特征制定出科学合理的控制标准。

【链接 7-3】

美国管理界有一个经典案例:杰克逊纪念大厦外墙受到腐蚀,政府采取许多措施,花了不少钱但情况仍无改善。政府非常担心,派专家组调查。调查结果为,墙壁每日被冲刷,导致受酸蚀损害严重。为什么每天要冲洗呢?因为大厦每天被大量的鸟粪弄脏。为什么有那么多鸟粪呢?因为大厦周围聚集了很多燕子。为什么燕子喜欢聚在这里?因为大厦上面有燕子最喜欢吃的蜘蛛。为什么这里的蜘蛛多呢?因为墙上有蜘蛛最喜欢吃的飞虫。为什么这里的飞虫多呢？因为飞虫在这里繁殖得快。为什么？因为这里的尘埃最适于飞虫繁殖。为什么？其实这里的尘埃也无特别之处，只是配合了从窗子照射进来的充足的阳关，特别刺激飞虫的繁殖欲。大量飞虫聚集于此超常繁殖，给蜘蛛提供了超常美食；蜘蛛超常聚集又引来燕子聚集流连；燕子吃饱了就近在大厦上方便。解决问题的结论就是拉上窗帘。

⇨【链接 7-4】

使用资本的衡量——实施经济增加值变革方案

对使用资本的衡量一直有两种截然不同的观点，要使企业的决策制定专注于股东财富的创造，经济增加值(EVA)是最佳途径之一。

EVA(Economic Value Added,经济增加值)就是税后净营运利润减去投入资本的机会成本后的所得。注重资本费用是 EVA 的明显特征。管理人员在运用资本时，必须为资本付费，就像付工资一样。由于考虑到了包括权益资本在内的所有资本的成本，EVA 体现了企业在某个时期创造或损坏了的财富价值量，真正成为股东所定义的利润。

EVA 的实质是 4 个 M，即评价指标、管理体系、激励制度和理念体系。在计算 EVA 的过程中，首先要对传统的会计数字进行一系列调整，以便消除会计扭曲，使业绩评价结果尽量与经济现状相吻合。从 EVA 的角度看，提升公司价值有三条途径：一是更有效地经营现有的业务和资本，提高经营收入；二是投资预期回报率超出资本成本的项目；三是出售对别人更有价值的资产，或者通过提高资金使用效率，加快资金流转速度，把资金沉淀从现存营运中解放出来。EVA 还是一种很好的激励制度，EVA 奖励计划能够让员工像股东一样得到报酬，可以实现员工对企业的真正所有。

7.1.2.3　鉴定偏差和采取矫正措施

对实际工作衡量后，下一步就是将衡量结果与标准进行对比。发现偏差是否在可接受的范围内。如果有较大偏差，则要分析造成偏差的原因，确定矫正措施实施的对象并采取矫正措施。

1. 分析衡量的结果，找出偏差产生的主要原因。在实施矫正措施以前，必须对偏差的性质加以认定。有些偏差可能并不会对组织的最终成果产生重要影响，而另一些偏差则可能是由于某些偶然、暂时、局部性的因素引起的。因此，要对造成偏差的原因进行深入、透彻的分析，真正透过表面现象找出造成偏差的深层原因，为"对症下药"地制定纠偏措施提供根本保证。

2. 确定矫正措施实施的对象。在管理控制过程中，造成偏差的原因无非三个方面：一是原先的计划或标准制定得不科学，本身就存在偏差；二是由于外在环境发生了预料不到的变化，原有的计划不再适应新形势的需要；三是由于组织内部因素的变化，如工作人员的懈怠等。因此，矫正措施的实施对象可能是组织所进行的活动，也可能是衡量的标准，甚至是指导活动的计划。针对矫正措施的对象和产生偏差的主要原因，就可能制定改进工作的方式或调整计划与标准的纠正方案。

3. 选择恰当的矫正措施。选择矫正措施过程中应当要注意：

(1)使矫正方案双重优化。第一重优化是要考虑采取矫正措施带来的效果是否大于不纠偏的损失。有时即使产生了偏差，但最好的方案也许是不采取任何行动。这种情况多数是发生在矫正措施的实施条件尚不成熟阶段。第二重优化是在此基础上，通过对各种经济可行方案的比较,找出其中追加投入最少、解决偏差效果最好的方案来组织实施。

(2)充分考虑历史的因素。管理者在实施管理控制中,在制定和选择追踪决策方案的时候,就需要充分考虑组织由于初始决策的实施已经消耗资源和这种消耗对客观环境造成的种种影响以及人员思想观念的转变等问题,结合企业的现状来矫正企业的流程。

(3)治标与治本并重。在选择矫正措施过程中,必须考虑对于所出现的问题是准备采取应急性矫正行动,还是永久性矫正行动。应急性矫正可以及时将出现问题的工作拉到正常的轨道上,但问题的根源可能得不到发现和根除,还可能会引致其他问题的产生,结果可能会使管理者疲于解决不断出现的各种表面问题。永久性矫正行为是找到彻底解决问题的突破口,然后针对此采取解决的行动。但是永久性矫正行为往往需要的资金、时间和其他的条件都比较苛刻,有时难以满足。实际中,一种有效的方法就是治标与治本并重。以治本先于治标;在治本的方向下,引导治标。

(4)注意消除人们对矫正措施的疑虑。管理者在选择矫正措施过程中,应考虑到对矫正措施所持的不同态度,特别注意消除执行者的疑虑,争取更多的人理解、赞同和支持这项矫正措施,以避免方案在付诸实施的时候可能出现人为的障碍。

⇨【即问即答 7-3】

在实施控制过程中,要消除偏差可能会遭遇什么样的阻碍?
是否知晓"6 西格玛——6 倍标准差"的企业高精度管理模式?

7.1.3　有效控制的艺术

管理控制并不同于物理、机械和其他领域的控制,管理控制是对组织和人的控制,它必须考虑成员的反应。只有从控制的基本原则出发,适时地、适度地、客观地和有弹性地来处理控制问题,才有可能达到有效控制。

7.1.3.1　对控制的三种潜在的反应

在现实中,组织成员并不能像机器那样按照控制系统设计者所期望的那样与期望值相符。一个控制系统如果不考虑成员对于控制系统的潜在反应就不会是有效的。

1. 机械的程序行为。组织成员有可能只做系统要求的行为,这样成员的行为就变成一种机械的、缺乏灵活性的行为。例如,在对病人的抢救中,医院没有病人所需的血液,但医务人员按照规定拒绝病人亲属的献血,结果导致抢救无效。问题实际上不在于控制标准本身,而在于控制系统被看做是机械的程序,而不是被看做管理企业的工具。

2. 策略性行为。组织成员会发现控制系统存在的各种空隙,恶意利用它们来使控制系统变得无效。最常见的策略行为是操纵信息或报告虚假的数据。人们可能故意编造出对将要发生的事情的错误预测;人们可能会有意反馈虚假的信息给管理信息系统,以掩盖错误或不良的绩效。

3. 对控制的抵制。有时人们会对新的控制系统进行强烈的抵制。因为新的控制系统可能降低了人们的自主性、威胁人们的工作保障和地位;新的控制系统可能改变专家和权力结构,从而会使得已有的权力和专家的头衔受到威胁;新的控制系统可能会改变组织的社会结构,结束过去那种融洽的合作关系,使人们进行竞争。

7.1.3.2　有效控制的艺术

有效的控制应当是依据组织的情景,做到适时控制、适度控制、客观控制和弹性控制。

1. 适时控制。组织活动中产生的偏差只有及时采取措施加以纠正,才能避免偏差的扩大。纠正偏差的最理想方法应该是在偏差未产生以前,就注意到偏差产生的可能性,从而预先采取必要的防范措施,防止偏差的产生。

2. 适度控制。控制的范围、程度和频度要恰到好处。首先,要避免控制过多或控制不足。有效的控制应该既能满足对组织活动监督和检查的需要,又要防止与组织成员发生强烈的冲突。其次,要处理好全面控制与重点控制的关系,并不是所有成员的每一项工作都具有相同的发生偏差的概率,并不是所有可能发生的偏差都会对组织带来相同程度的影响。例如,企业工资成本超出计划的 5% 对经营成果的影响要远远高于行政系统的邮资费用超过预算的 20% 来得激烈。适度控制要求企业在建立控制系统时,利用 ABC 分析法和例外原则等工具找出影响企业经营成果的关键环节和关键因素,并据此在相关环节上设立预警系统或控制点,进行重点控制。再次,要使花费一定费用的控制得到足够的控制收益。

3. 客观控制。有效的控制必须是客观的、符合企业实际的。客观的标准、态度和准确的检测手段是制定出正确的措施,进行客观控制的前提条件。

4. 弹性控制。弹性控制要求企业制定弹性的计划和弹性的衡量标准。企业在生产经营过程中经常可能遇到某种突发的、无力抗拒的变化,这些变化使企业计划与现实条件严重背离。有效的控制系统应在这样的情况下仍能发挥作用,维持企业的运营。因此,控制的标准和控制计划应该具有灵活性或弹性。

▷【即问即答7-4】

　　公司员工对控制通常会有哪些反应?
　　如何实施有效的控制?

7.2　信息与控制系统

　　有效的管理控制系统是建构在信息控制的基础上的。信息技术的高速发展与广泛应用不仅丰富了管理控制的内容和手段,改善了控制程序,而且也使信息与知识的控制成为今天改善组织绩效的有效工具。

7.2.1　信息技术与控制

7.2.1.1　信息技术与信息化的发展

　　人类在社会中生活,必须进行信息的沟通。随着计算机技术和通信技术有机结合而形成的现代信息技术的出现,组织信息化成为一种发展趋势。在组织活动过程中,人们普遍通过采用信息技术和电子信息装备,更有效地开发和利用信息资源,来提高组织的综合素质、管理能力和绩效水平。组织信息化的过程涉及组织结构、人员素质、管理方式、组织文化等多方面广泛而深刻的变化,因而,它是一个长期、复杂的过程。

　　现代信息技术在企业和各类组织中得到了广泛的运用,主要集中在下列几方面:

1. 生产过程的信息化。企业生产过程的信息化是在机械化的基础上实现监测和控制的自动化。例如在制造业中从单机的自动检测与自动控制到计算机辅助设计(CAD)、计算机辅助生产准备(CAP)、计算机辅助制造(CAM),在流程工业中从巡回检测、常规控制系统到集散控制系统(DCS)。

2. 管理过程的信息化。在现代化管理的每个环节中,信息的获取加工处理与利用是必不可少的。从 1946 年电子计算机出现以后,在半个多世纪中涌现了一批具有代表性的信息系统,如电子数据处理系统(TPS)、管理信息系统(MIS)、决策支持系统(DSS)、经理信息系统(EIS)等。

3. 办公自动化。现代办公借助信息工具完成文字处理系统、桌面出版系统、电子邮递系统、图形图像处理系统、电子日程管理、语音信箱、语音会议、视像会议等的推广应用,大大提高了办公室工作的效率和质量。

4. 集成一体化系统。把不同的应用结合成一体,构成一种多功能系统,就更能发挥信息技术的作用,如制造资源计划系统(MRPII 系统)、企业资源计划系统(ERP)、计算机集成制造系统(CIMS)和流程工业中的计算机集成生产系统(CIPS)等。

7.2.1.2 信息化及信息技术条件下的控制系统的变化

1. 从科层化控制到学习型控制的变化

琳达·M. 阿普盖特认为,传统的组织具有严格的层级关系、固定的职责、高度的正规化等特性。因此,在传统的组织中,系统的监控有了较为可靠的基础。但是,在现代竞争环境下,科层组织的机构臃肿,管理流程复杂,缺乏横向的有效沟通,信息流动速度慢等弊端已经制约了组织的发展,影响了组织效率。在现代信息技术条件下,组织向网络化和学习型转变,变得扁平、快速、灵活。组织内的充分授权使得组织向心力加大,也更加具有活力和创造力。科层化控制程序如图 7-1 所示。

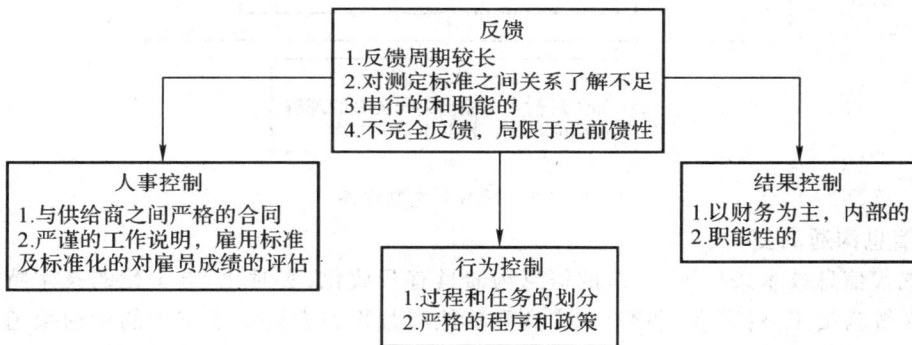

图 7-1　科层化控制程序

这样,管理控制系统的本质发生了转变,它既能维护灵活性和创造性,同时又能对组织活动实施有效的监控,将组织战略与组织活动相适应。管理控制要从科层化控制转变到学习型控制,如图 7-2 所示。为此,学习型的控制系统应当能够进行系统的思考,理解个别与整体的因果关系;能够有一种主动的发现问题的途径,反映出对于组织的发展动态;能够具有"信息学者"的控制主体,满足处理密集性信息的需要;能够通过人和技术合一,来获取、分析和存储信息,将信息作为未来组织的记忆和经验的源泉;能够具有学习型成员,将信息转换为行动。

2. 风险评估的变化

在现代信息技术条件下,伴随业务流程的改变,系统的开放性、信息的分散性、数据的共享性,极大地改变了以往封闭集中状态下的运行环境,从而改变了传统的风险控制内容和方法。信息化控制系统是一个经营运作透明化的系统,是解决做假账问题的有效手段,它可以使组织运作过程中所有环节的人、财、物的变化都可以通过财务绩效,如实、准确、适时地体现出来。

3. 监控手段的变化

在现代信息技术条件下,各种信息控制系统如 TPS、MIS、DDS、MRP、EPR、CIMS、CIPS 等提供了多种有效的监控方法和手段,增强了控制手段的多样性、灵活性、高效性,加强了内部控制的预防、检查与纠正的功能。

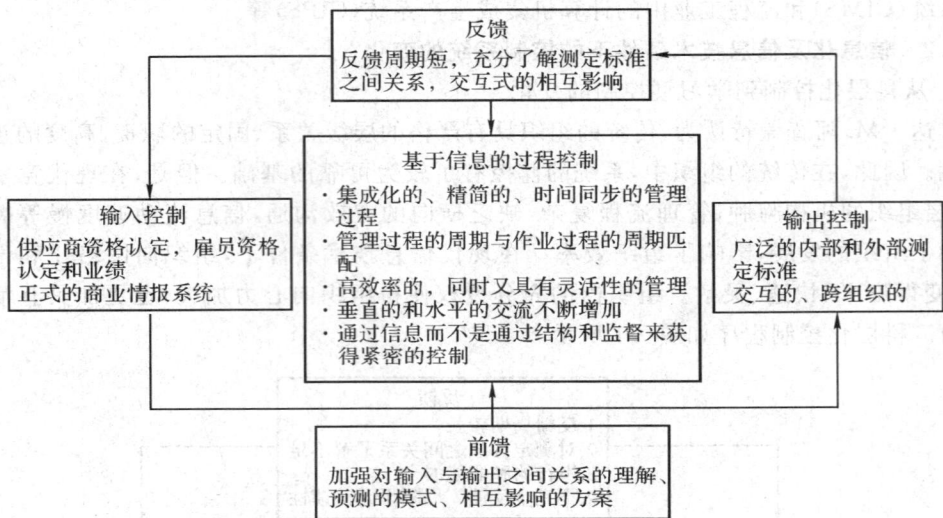

图 7-2　学习型控制程序

4. 信息沟通的变化

在现代信息技术条件下,组织的信息沟通具有开放化、实时化、电子化的技术特点。现代信息系统为员工、管理者、顾客、供应商和其他利益相关者提供了有效的沟通渠道。在组织内部,较之传统信息沟通手段,员工可以及时地、清晰地了解内部控制的规章制度并随时掌握执行与生效情况。这样,控制系统可以由顺序化向并行化发展。通过这种方式,可以使企业的设计、制造、销售、工业工程等人员并肩工作,共同控制企业的物流和信息流。

5. 控制程序的变化

基于学习性的控制系统,它的规则不仅是保证安全性和运作的平稳性,而且将控制性和灵活性、高效率和创新、稳定性和高速性有机紧密地进行统一。

⇨【即问即答 7-5】

控制系统的变化说明了什么?

信息和数据之间有何区别和联系?

7.2.2 现代控制的信息技术方法

现代控制的信息技术手段和方法可以从不同的角度加以分类。从各种信息技术方法运用于组织管理层次以及它们的发展历史来看,依次有:电子数据处理系统(EDPS)、管理信息系统(MIS)、决策支持系统(DSS)、经理信息系统(EIS)、专家系统(ES)和不同系统集成而形成的一体化系统等。

7.2.2.1 电子数据处理系统

电子数据处理系统(EDPS)也叫做事务处理系统(TPS)。它在 20 世纪 50 年代初期,将计算机应用在经营管理工作中进行数据处理,特别是会计和统计工作的数据。电子数据处理系统是用来处理一些具体电子数据,主要用于运作层的控制管理。EDPS 的结构原理如图 7-3 所示。

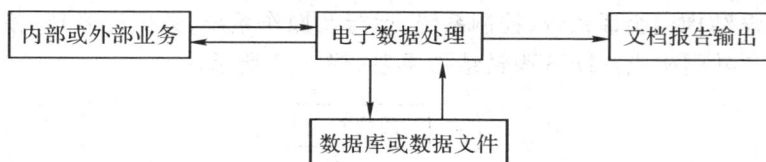

图 7-3 电子数据处理系统

EDPS 系统的主要功能是:记录、保存精确的记录;分类;数据检索;计算;汇总;产生文件、管理报告、账单等;定期生成常规的报表供检查与监督;也可能生成特别报告。EDPS 系统支持的是每日的运作:能够处理大量数据,精度要求高,逻辑关系简单,重复性强,能支持许多用户,可以用在管理的各个部门,构成独立系统或子系统,如工薪系统、订货系统、库存系统、计价系统、货运系统、销售系统、收支账目系统、总分类账系统等,处理工作是常规例行的。

总之,这类系统是面向数据的,对日常往来的数据进行常规的处理。它充分利用了计算机对数据进行快速运算和大量存储的能力,可以减轻业务人员大量重复性的劳动。因此,它是基层业务人员的得力助手,无论是大企业、大机关,还是中小企业或单位,甚至是个体从业者都可以使用。

7.2.2.2 管理信息系统

20 世纪 70 年代兴起的管理信息系统是一个由人、计算机结合的对管理信息进行收集、传递、存储、加工、维护和使用的系统。

一个组织的管理信息系统可分解为四个基本部分:(1)EDPS 部分,主要完成数据的收集、输入,数据库的管理、查询、基本运算、日常报表的输出等。(2)分析部分,主要在 EDPS 基础之上,对数据进行深加工,如运用各种管理模型、定量化分析手段、程序化方法、运筹学方法等对组织的生产经营情况进行分析。(3)决策部分,MIS 的决策模型多限于以解决结构化的管理决策问题为主,其决策结果要为高层管理者提供一个最佳的决策方案。(4)数据库部分,主要完成数据文件的存储、组织、备份等功能,数据库是管理信息系统的核心部分。

由于管理信息系统可以为各层次、各部门服务,常常是由多个子系统构成的,如库存管理子系统、生产管理子系统、人事管理子系统、财务管理子系统、销售管理子系统、决策支持子系统等。各子系统有自己的功能与输入/输出设备。在管理信息系统发展的初期,数据与信息是集中保存的,管理信息系统还有管理信息资源的任务,所以它的数据库及数据库管理系统(DBMS)比较完备。

7.2.2.3　决策支持系统

决策支持系统(DSS)是20世纪70年代初由美国M·S·Scott Morton提出,80年代迅速发展起来的管理控制系统。

决策支持系统是以管理科学、运筹学、控制论和行为科学为基础,以计算机技术、仿真技术和信息技术为手段,针对半结构化的决策问题,支持决策活动的具有智能作用的人机系统。该系统能够为决策者提供决策所需的数据、信息和背景材料,帮助明确决策目标和进行问题的识别,建立或修改决策模型,提供各种备选方案,并且对各种方案进行评价和优选,通过人机交互功能进行分析、比较和判断,为正确决策提供必要的支持。

DSS的概念结构由会话系统、控制系统、运行及操作系统、数据库系统、模型库系统、规则库系统和用户共同构成。DSS逻辑结构原理如图7-4所示。

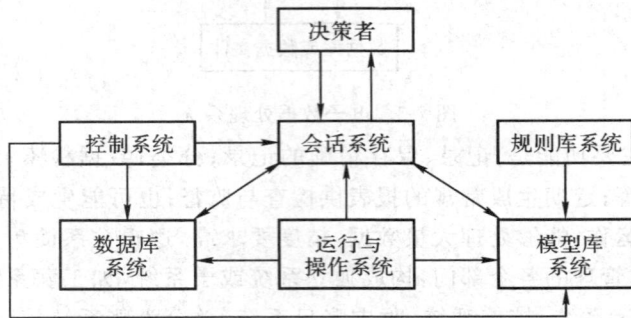

图7-4　DSS逻辑结构图

DSS运行过程可以简单描述为:用户通过会话系统输入要解决的决策问题,会话系统把输入的问题信息传递给问题处理系统,然后问题处理系统开始收集数据信息,并根据知识机中已有的知识,来判断和识别问题,如果出现问题,会话系统与用户进行交互对话,直到问题得到明确;然后系统开始搜寻问题解决的模型,通过计算推理得出方案可行性的分析结果,最终将决策信息提供给用户。

7.2.2.4　经理信息系统

20世纪80年代后期,信息控制系统又出现了为高层领导服务的经理信息系统(EIS)和经理支持系统(ESS)。它向高层领导提供的是汇总的综合信息,不仅是单位内部的信息,还有外部的信息,以及在此基础上所作的比较、评价和分析。

EIS和ESS是一个比较新的领域,到目前为止,还没有一个被大家普遍接受的定义。Watson等学者认为EIS是一个计算机化的系统,它能够帮助经理方便地存取有关的企业内部和外部的信息。而ESS除了信息支持外,还包括支持电子通信;具有数据分析能力,如查询语言支持系统等;拥有组织工具,如电子日历、自动记事簿等。

20世纪80年代末为高层管理服务的战略信息系统(SIS)也崭露头角,它能使领导者把着眼点放在全国乃至全世界的经济、科技、社会发展上,根据外界环境的变化,采取全新的方式进行经营管理,或者开拓新的业务领域。

除了组织、企业内部工作的系统外,企业还有与供应商、客户、政府机关等联系的任务,电子数据交换(EDI)等系统就是集订货、发货、运输、报关、保险、结算等为一体的商贸系统,近年来也有所发展。

7.2.3　基于信息技术的柔性作业系统

20 世纪现代信息技术的发展,突破了工业化、标准化大规模的生产模式,创造出一批柔性化的作业系统,包括准时生产(JIT)、制造资源计划(MRPⅡ)、柔性生产系统(FM)、灵捷制造(AM)、供应链管理(SCM)和企业资源计划(ERP)、计算机集成化制造系统(CIMS)等。

7.2.3.1　作业控制方式的发展

近几十年来,随着西方发达国家工业化进程的完成,人们在物质生活上得到了极大丰富,消费者的需求结构发生了根本性变化,人们已不满足于量上的需要,而更加注重追求生活品质的提高和个性化的需求。大量生产管理模式已不适用。生产管理应当对消费者需求迅速反应,追求多品种、适应性、小批量的目标。现代信息技术的发展,为企业实现定制生产提供了可能。在准时生产(JIT)、制造资源计划(MRPⅡ)、柔性生产系统(FM)、灵捷制造(AM)、供应链管理(SCM)和企业资源计划(ERP)等管理系统下,企业不仅能够迅速地低成本地进行生产,而且能够满足消费者个性化的需要。

7.2.3.2　准时生产方式(JIT)

准时生产方式是起源于日本丰田汽车公司的一种生产管理方法,也常称为"丰田生产方式"。这种生产方式的核心是追求一种零库存的生产系统,或使库存达到最小的生产系统。为此而开发了包括"看板"在内的一系列具体方法。

JIT 生产方式的基本目标就是"彻底消除浪费"。

JIT 生产方式的基本手段可以概括为下述三个方面:

1. 适时适量生产。即"在需要的时候,按需要的量生产所需的产品"。

2. 弹性配置作业人数。是指根据生产量的变动,弹性地增减各生产线的作业人数,以及尽量用较少的人力完成较多的生产。

3. 质量保证。在 JIT 生产方式中,通过"自动化"机制使得造成不良产品的"元凶"暴露出来,从而不断提高企业的生产素质,实现节约成本同时提高质量。

在实现适时适量生产中具有极为重要意义的是作为其管理工具的看板。即通过传递生产和运送的指令,集中制定生产计划,同时传达到各个工厂以及协作企业。而与此相应的日生产指令只下达到最后一道工序或总装配线,对其他工序的生产指令则通过看板来实现,即后工序"在需要的时候"用看板向前工序去领取"所需的量"时,同时就等于向前工序发出了生产指令。看板就相当于工序之间、部门之间以及物流之间的联络神经而发挥着作用。

JIT 的哲学理念是追求尽善尽美,在生产过程中,零件投入时不停顿、不堆积、不超越、按顺序、按节拍一个一个地产出;整个生产线如同一台设备,实现劳动集成同步化均衡作业、零废品率和零库存,并消除冗余无用的损耗浪费,以求企业获得更好的效益。

7.2.3.3　制造资源计划

制造资源计划(MRPⅡ)是企业对其生产系统和经营活动建立一种计划模型,并通过利用该模型把企业的制造资源和经营任务的需求进行平衡,从而保证企业目标的实现。企业制造资源既包括企业生产系统的内部资源要素，如物料、人员、设备、技术以及生产系统的非结构化要素和相应的管理体制，也包括与生产系统发生联系的企业外部资源，如产品销售和原料供应的市场资源、企业筹集资金的财政资源、企业产品开发能力和工艺加工水平的技术资源等。

在 MRPⅡ 的整个系统中，一般都要包括生产计划大纲，它是对所要生产的产品品种及其数量作结构性的决策，以平衡企业总体的生产能力、资金需求、销售任务、生产技术准备、总体物资及配套供应等，起到了总体协调企业年度经营的作用；主生产计划（MPS）是将生产计划大纲规定的产品系列或大类转换成特定的产品或特定部件的计划，据此可以制定物料需求计划、生产进度计划与能力需求计划；生产进度计划（OS）是零件或部件一级的作业进度计划；能力需求计划（CRP）是对计划的可行性进行验证并对生产所需能力进行合理配置。

任何一个生产系统，只要有一张订单，就可以产生一个 MRPⅡ 运行需求，并进行资源与任务的协调、管理。对于一个品种多、批量小的生产系统，MRPⅡ 的使用更有价值。而对于一个大批量，产品规格化的生产系统，可以借助生产线的节拍、标准的间隔期与生产周期标准来进行生产控制。

7.2.3.4 企业资源计划

企业资源计划（ERP）是 MRPⅡ 的扩展和提高，MRPⅡ 是 ERP 的重要组成部分。所谓企业资源计划（ERP），就是将企业内部各个部门，包括财务、会计、生产、物料管理、品质管理、销售与分销、人力资源管理、供应链管理等，利用信息技术整合、连接在一起。ERP 的作用是将各部门连贯起来，让企业的所有信息在网上显示，不同管理人员在一定的权限范围内，通过自己专门的账号、密码，可以从网上轻易获得与自身管理职责相关的其他部门的数据，如企业订单和出库的情况、生产计划的执行情况、库存的状况等。企业管理人员通过 ERP 可以避免资源和人事上的不必要的浪费，高层管理者也可以根据这些及时准确的信息，作出最好的决策。

ERP 管理思想的核心是实现对整个供应链和企业内部业务流程的有效管理，它的优越性主要体现在三个方面：首先，ERP 的使用给企业带来了切实的效益。ERP 的应用简化了工作程序，加快了反应速度。其次，ERP 的应用保证了数据的正确性、即时性。在 ERP 环境下，数据信息的输入只需一次，各个需要数据的部门通过公共的数据库就可实现数据信息的共享。这使得数据的管理和维护大为方便，而且数据的一致性也得到保证。最后，ERP 的应用降低了企业的成本，增加了收益。企业各环节的沟通都在网上进行，许多事务性的工作流程被消除，从而减少了管理费用，降低了经营成本。

知识链管理是 ERP 的一个发展方向。ERP 可以在 21 世纪的知识经济环境下，将企业或社会的知识资源纳入其管理之中，即把知识的创造、识别、获取、开发、分解、储存、传递、继承、共享、评判、使用等组织成一条与生产经营关联、与管理矩阵交织在一起的知识链，并进行有效而优化的管理。

7.2.3.5 计算机集成制造系统

计算机集成制造系统（CIMS）是由美国的 J. Harrington 于 1973 年首次提出的，但是直到 20 世纪 80 年代才得到人们的认可。

计算机集成制造系统（CIMS）是把产品开发、设计、生产工艺、组织管理用计算机技术及信息网络进行集成发展而成的,是形成自动化工厂的物质技术和组织管理的基础。CIMS综合生产过程中信息流和物流的运动,将市场研究、生产决策、经营管理、设计制造与销售服务等功能集成一体,使企业走向高度集成化、自动化。智能化的生产技术与组织方式,把计算机辅助设计(CAD)、计算机辅助工艺设计(CAPP)、计算机集成制造(CIM)和经营管理、决策分析、生产过程控制、自动存取系统等全部合成一个统一的整体。

CIMS的运作流程是:首先通过CAD完成产品设计,提供产品技术参数、图纸,建立零件库和产品结构数据库,构成一个联合设计环境。在产品设计中还可应用专家系统与仿真技术。然后通过计算机辅助制造(CAM)与辅助工艺设计,将设计完成的产品进行分析,合理选择工艺参数和进行工艺工程设计,并按照零件形状及工艺参数等生成数控加工代码,输入加工机床,将毛坯加工成合格的零件,装配成部件,直至最终产品。在这里,物流与信息流交汇在一起,完成设计及管理中指定的任务,并将制造现场的信息反馈到相关部门。还要通过计算机辅助生产管理对生产过程中的信息进行管理,制定年、月、周的生产计划、物料需求计划、生产能力平衡、采购计划等,把技术管理与生产管理、销售管理、财务管理等有机地结合起来,做好各种计划(技术准备计划、生产计划和财务计划等)的合理衔接,并根据下达的生产计划进行现场生产调度。信息系统把企业中的产供销、人财物统一管理起来。

一个企业采用CIMS可以提高企业的整体效率,提高产品的研制和生产能力,加强产品制造的质量和柔性,使企业的经营决策和生产管理趋于科学化。

▷【即问即答 7-6】

与传统控制系统相比,柔性作业系统在加强对企业的控制方面有什么优势?

7.3　控制手段与方法

廉姆·奥奇将对组织进行的控制在战略层次上划分为三类:官僚控制、市场控制和团体控制。官僚控制就是利用正式的章程、规则、法规和权威来规范人们的行为,它主要利用预算控制、审计控制和财务控制等手段。市场控制是用价格机制对组织的行为进行规范,它将组织内部的经济活动视为经济交易。团体控制与前两种控制不同,它是在人们相同的价值观、目标和相互信任基础上的控制。

7.3.1　官僚控制的方法

官僚控制是利用规则、权威层级、书面文件、标准等组织正式机制来进行行为和业绩的控制。预算控制、财务控制和审计控制是官僚控制的三种常见形式。

7.3.1.1　预算控制

预算就是用数字,特别是用财务数字的形式来陈述的组织中短期活动计划,它预估了在未来特定时期内的收入,也规定了各部门支出的额度。预算结合了前馈、同期和反馈控制,被广泛运用于组织的各种不同层次的控制中。

1. 预算的内容

预算要结合组织财务报表来编制,但组织由于活动的特点不同,预算表中的项目会有所不同。一般来说,预算内容包括经营预算和资本预算、现金预算、资产负债预算等。经营预算是由收入预算、支出预算组成。

(1)收入预算。收入预算是所有利润项目预算中最关键的,但也是最不确定的。它是由预期的销售价格和销售量的乘积来计算,用以衡量营销的效率。拥有大量的订单比较容易作出准确的销售预算。

(2)成本预算。传统的成本会计计量方法已经不适合今天的经济环境,因为它是以过时的组织层次划分为基础的。克莱斯勒和通用电气公司都开始采用以活动为基础的成本计量(ABC)方法。ABC法假设组织是由从事为满足客户需求的不同业务人员所组成的集合,组织是由人力资源、采购或维护三个部分组成。ABC就是对活动流程进行确认,并将成本匹配到特定的业务中去。首先,要求员工将每天的活动进行分解以定义他们的基本活动。例如,公司质量控制部门的雇员从事的活动包括统计销售订单、部件来源、工程变化和解决问题。这些活动形式就构成了ABC的基础。用传统的方法虽然也可以得到相同的成本总额,但ABC方法是根据业务活动的过程配比成本,它更直观准确地表现了成本在产品和服务中的分布情况;突出了哪些是浪费性的活动,或哪些活动发生的费用对于这种活动能对客户提供的利益来说过高。通过提供这样的信息,ABC迅速成为一种监督企业业务流程的有效方法。

(3)现金预算。现金预算是对企业未来生产与销售活动中现金的流入与流出进行预测。现金预算只能包括那些实际包含在现金流程中的项目。企业的销售收入很大,利润即使相当可观,但大部分尚未收回,或收回后被大量的库存材料或再制品所占用,那么它也不可能在目前给企业带来现金上的方便。如赊销所得的应收款在用户实际支付以前不能被列作现金收入。通过现金预算,可以帮助企业发现资金的闲置或不足,从而指导企业及时利用暂时过剩的现金,或及早筹齐维持运营所必需的资金。

(4)资产负债预算。资产负债预算是对企业会计年度末的财务状况进行预测,它可以发现企业未来的财务安全性不高,偿债能力不强等问题;可能要求企业在资金的筹措方式、来源及其使用计划上作出相应的调整。另外,通过将本期预算与上期实际发生的资产负债情况进行对比,还可发现企业财务状况可能会发生哪些不利变化,从而指导事前控制。

2. 预算的编制

预算的编制是由主管人员来负责,预算部门和预算委员会负责提供预算信息和相关技术。预算部是由总会计师负责,设计预算系统和形式,把不同部门的预算组合成整个组织的总预算,并报告预算的实际绩效;预算委员会的职能是审查预算,协调不同的观点,修改和批准预算建议书。在计划实施中,预算委员会还要审查控制报告,以监督计划实施过程,审核预算的变动。

有效预算的过程是"自上而下"与"自下而上"的结合。单纯的"自上而下"有可能会导致预算脱离实际而难以成功。因此,扩大预算制定过程的组织成员参与程度,可以提高员工的参与意识和积极性,使预算符合实际并有利于操作。

⇨ 【链接7-5】

    武钢1999年开始推行预算管理,首先在组织结构上进行了配套改革,成立了公司预算管理委员会,并利用机构改革之际,把公司的年度生产经营计划部门和公司财务管理部门合并,组建了计划财务部,优化了预算管理的组织结构。利用计划财务部这个组织结构平台,不断吸纳生产、销售、设备、运输、能源等各个专业的管理专家,使预算管理真正超越财务管理的范畴,使预算管理部门成为一个综合性的管理部门。预算委员会成员由公司董事长或总经理任免,董事长或总经理对公司预算的管理工作负总责。预算委员会制定公司总体预算目标及保障措施,审定公司总预算、分预算和专项预算。预算委员会设预算管理办公室,集团公司总会计师兼任办公室主任,负责全面预算管理工作的日常事宜。委员会下面各单位成立相应的预算管理组织,一般设在财务部门,由多个部门参加,负责本单位内部的预算编制和监督执行。预算委员会建立例会制度,定期分析预算的执行情况,督促检查预算的实施。

⇨【即问即答 7-7】

预算的主要目的、主要类型是什么?

7.3.1.2 财务控制

财务报表是用来追踪出入组织的商品和服务的货币价值,它是组织监控资产的流动性、总体财务状况和盈利能力三个主要方面的财务状况的基本工具。对组织整体绩效进行控制的两个主要的财务报表是资产负债表和损益表。

利用财务报表提供的数据,对组织整体绩效检查的方式有:

1. 偿债能力评价。衡量短期偿债能力大小的指标有流动比率、速动比率和现金比率指标。反映长期偿债能力的指标有资产负债率、负债权益率、利息保障率和长期负债与营运资金比率。资产负债率是负债总额与资产总额的比率。负债权益率是企业由债权人和股东提供的资金的相对数量,这一比率如果低于 1.5,就认为没有过度负债。

2. 营运能力评价。总资产运营能力可以用总资产周转率次数和总资产周转天数来衡量。总资产周转率次数是销售收入净值与平均资产总额的比率。总资产周转率是从周转速度来衡量企业全部资产的使用效率,总资产周转次数越多说明企业资产分布结构合理,运营能力强。

3. 盈利能力评价。盈利能力是企业偿债能力与营运能力的综合体现。它可以直接从资产结构、资产运用效率、资产周转速度以及偿债能力等各方面表现出来。总资产报酬率是指企业一定时期内利润总额与资产总额的比率。在竞争比较激烈的情况下,总资产报酬率越大,说明总资产利用的效果越好。

7.3.1.3 审计控制

审计是对反映企业资金运动过程及其结果的会计记录及财务报表进行审核、鉴定,以判断其真实性和可靠性,从而为控制和决策提供依据。审计控制分为三种主要类型:外部审计、内部审计和管理审计。

1. 外部审计

外部审计是由外部机构(如会计师事务所或审计师事务所)选派的审计人员对企业财务报表及其反映的财务状况进行独立的评估。为了检查财务报表及其反映的资产与负债的账面情况与企业真实情况是否相符,外部审计人员需要抽查企业的基本财务记录,以验证其真实性和准确性,并分析这些记录是否符合公认的会计准则和记账程序。

2. 内部审计

内部审计是对公司本身的计划、组织、领导和控制过程进行的阶段性评估。公司可以对很多因素作出评价：财务的稳定性、生产效率、销售效果、人力资源开发、盈利增长、公共关系、社会责任或其他有关组织效果的指标。审计涉及公司的过去、现在和未来。内部审计可以由财务部门的指定人员作为一项独立任务来完成。在规模较大的组织里，也可以由一个专职的内部审计小组来进行。

3. 管理审计

管理审计是一种对企业所有管理工作及其绩效进行全面系统的评价和鉴定的方法。它是利用公开记录的信息，从反映企业管理绩效及其影响因素的若干方面将企业与同行业其他企业或其他行业的著名企业进行比较，以判断企业经营与管理的健康程度。

反映企业管理绩效及其影响的因素主要有：(1)经济功能。检查企业产品或服务对公众的价值，分析企业对社会和国民经济的贡献。(2)企业组织结构。(3)企业盈利状况。根据盈利在一定时期内的持续性和稳定性来判断。(4)研究与开发。管理者对待研发的态度，新产品的比重和企业的研发储备。(5)财务政策。评价企业的财务结构是否健全合理，企业是否有效地运用财务政策和控制来达到短期和长期目标。(6)生产效率。(7)销售能力。这方面的评估包括企业商业信誉、代销网点、服务系统以及销售人员的工作技能和工作态度。(8)对管理者的评估。即对企业的主要管理人员的知识、能力、勤奋、正直、诚实等素质进行的分析和评价。

⇨【链 接 7-6】

　　　"过程"是细小的、平凡的，而卓越的终极成果恰恰出自"过程"。美国联邦航空局(AFF)在质量管理方面实行严格的"过程"控制是很有名的，他们认为好的质量和批量生产的稳定性，必须以有效的中间"过程"控制为保障。中美联合生产"麦道—82"大型客机时，申请生产"麦道"整机许可证的上海航空工业公司，就着实领教了FAA代表的严厉。例如铆接工序用的铆钉，工艺要求是淬火后放入冰箱保存，在规定时间内取出使用。在一次检查中，AFF代表发现一枚铆钉被随意丢在一个盛水的碗里，而原始记录又表明这批铆钉已全部用完。为此，AFF毫不留情，毅然中断认证检查回国。其理由是这枚铆钉的不明不白和公然违反规程的放置，已经很难使人相信"上航"生产的、需要飞行5万小时的高级客机的质量。正是AFF这种一丝不苟的过程管理，才使上航在后来终成正果。

⇨【即问即答 7-8】

　　　简要分析审计控制的三种形式和主要特点。
　　　你日常生活开支是如何控制的，你是如何控制大学学习过程的？

7.3.2　市场控制与团体控制

7.3.2.1　市场控制

与官僚控制是利用组织力量相比，市场控制则借助于经济力量，它通过价格机制来规范员工的行为。

最早提出"内部市场"理论设想的是美国麻省理工学院的 Forester 教授,他在 1965 年发表了一篇题为《一种新的企业设计》的文章,首次阐述了"内部市场"的理论构想。美国 Ackoh 教授在《创造公司的未来》一书中从管理科学的角度阐述了将"内部市场"付诸实施的主要原则:(1)将一个组织建成由大量的"内部企业"构成的机构,"内部企业"成了组织的基本"砖块"。这些"内部企业"就好像通常的企业,具有对自己企业运作的自主控制权。由于这些"内部企业"都要以其经济绩效进行核算和考核,所以它们又被称为"利润中心"。(2)组织的高层管理者集中管理组织的结构,不再是通过直接的命令来管理组织,而是把市场机制引入到组织内部中。企业管理层如同联邦政府一样,通过制定金融政策、财务政策、政治方针、激励方案等管理整个组织。(3)在"内部市场"中,要重视鼓励集体的合作精神。"内部市场"不能是一个放任自流的市场,而应该是一个"企业家社团",通过鼓励和促进各"内部企业"间的合资或联合,形成集体的资源共享,创造一种集体合作的文化。

今天在企业内部,尤其是在跨国公司内部,内部市场已经广泛存在。内部市场的形式也已经多样化了。以实物流为基础的有:内部成品市场、内部中间产品市场、内部技术情报市场等。此外,还有内部的资本市场和内部劳务市场。1987 年,美国的出口贸易中有 40% 是内部贸易,进口贸易中占了 38.9%。当今世界贸易总额的 40% 以上是公司内部的交易。企业市场控制的产生是外部市场的不完全和组织管理成本两方面压力的产物,企业内部市场化既可以节约交易费用又可以避免较高的组织费用。

引进市场机制可以使企业具有活力、精干高效,使下属部门的独立性增强。内部市场控制使得价格成为产品和服务价值的指示器,价格机制对于控制生产率的绩效可以发挥作用。(1)内部市场控制可以通过内部市场将市场竞争引入到企业的内部,能够提高企业的市场应变能力、运作效率。(2)内部市场控制能够调动下属部门和员工的积极性。利润中心能够拥有更大的经营决策权和利润分配权,充分发挥各部门的创造力。(3)内部市场控制还有助于组织结构的变革,有利于消除科层组织结构臃肿,建立网络化组织。(4)市场经济本质上是分工经济,内部市场控制也有助于提高企业的专业化水平。

内部市场控制的特点和作用可以通过公司层、部门层和个人层来表现。

在公司层,市场控制通常用于规范独立的事业单位,每个事业单位都是典型的相互竞争的利润中心。高层经理人员使用盈亏指标来进行绩效评估。

事业部门层次上的市场控制表现为公司内贸易。转移定价就是组织用市场机制调整内部交易的一种方法。转移定价法的主要原理是:当外部存在高度竞争市场时,转移价格应该等于外部市场价格。转移价格的市场控制增加了企业成本控制的压力,事业部可以通过外包来寻找外部供应商,如培训和开发既可以由内部的人力资源部门来做,也可以由外部的咨询公司来做。转移定价在跨国公司中也成为在全球范围内配置资源、避免高税收、对付东道国政府、获取高额利润的一项重要手段。

个人层次上的市场控制也可以在个人自身发挥作用,常常表现为激励制度和工资制度。以市场为基础的控制能刺激员工加强自身的技能,能够使得有较高经济价值的人更快地被晋升到较高的职位。市场控制符合当今人力资源管理的趋势,它不是简单提高员工福利,而是更加注重提高员工的可就业能力。例如,对待 CEO 的股票期权本质上是市场控制的方法,今天 CEO 一半以上的工资要依靠长期的突出业绩。

↪ 【即问即答 7-9】

　　　　市场控制产生的根据是什么?
　　　　市场控制与官僚控制的区别是什么?

7.3.2.2　团体控制

　　团体控制就是组织学习性控制的一种表现,它使用企业文化手段,如企业共享的价值观、承诺、传统、信念来控制行为。团体控制需要组织具有共享的价值观和员工之间的相互信任。

　　团体控制的本质是将个体融入团体之中,将个人自我内在价值观与组织价值观和目标相统一,通过团体的共同行为范式来实现组织成员的自我约束和自我控制。这种约束力量主要来源于个人价值观、目标和标准。因此,组织文化是团体控制的基础。

　　管理文化的团体控制其难度要比官僚控制和市场控制大得多。实践表明,文化强弱与组织绩效是一种比较复杂的关系。强的文化就是每个人都充分理解并相信公司的价值观念、目标和准则。强文化对于员工行为有着较强的影响,公司员工在行为上循规蹈矩、同心协力。但是,强文化内会形成骄娇之气、官僚主义,失去创造的活力;错误方向的强文化使得企业以同一步伐走向衰败。与强文化相对照,弱文化中不同的人有不同的价值观,目标不明确,行为不统一。严重的弱文化就是失去了对企业的控制,造成企业内的混乱和矛盾。

　　科特在《企业文化与经营业绩》中提出有效的团体控制基础应当是灵活适应型文化。这种文化追求的是适应市场变化,并在这一过程中领先于其他的企业文化。所谓的领先就是表现在核心价值观念上管理者更加关注顾客、股东、员工等企业构成要素,重视能够产生对企业发展有益的改革和改革过程;在共同行为上密切注意企业要素的变化,特别是顾客的变化,更好地为顾客、股东和公司员工服务。灵活适应型的文化中有一个共同价值观念,即总是处于不断的变革之中,长期地保持和继承企业文化适应于市场。在这种强文化控制中,管理者能够塑造核心价值观念,发挥自己在企业文化方面的领导才能,促进企业优异的长期经营业绩增长。

7.3.2.3　控制模式的选择

　　组织管理者在实际管理中选择何种控制模式,并不是随心所欲的。有效控制模式的选择是控制模式的特征与环境特性和组织结构特性之间的匹配。这种匹配的表现正如 R·达夫特指出的,每个组织中都会同时存在三种控制形式,但只有一种控制形式占据主导的地位。官僚控制是应用最为广泛的控制模式,几乎在每一个组织中都能发现某种形式的官僚控制。在环境相对稳定、技术变化较慢、组织规模较大时,官僚控制模式是最为有效的。官僚控制与科层组织结构相匹配,在官僚控制中虽然信息传递较慢,但它的纠偏的能量是其他模式所无法相比的。

　　团体控制适用于组织较小,外部环境不稳定、技术不明确的情境。团体控制中信任、共享的价值观和行为准则成为重要的资源。团体控制最适于矩阵式、网络化的横向式组织结构。团体控制本质上是学习型的,随着知识经济社会的发展,团体控制在组织控制中的比重会逐渐加大。市场控制对于技术环境、组织环境和组织的规模没有限制,但在超大型组织中应用价值更大,在跨国公司中市场控制成为普遍的形式。在产出品易于定价的和多元化经营的组织运用市场控制最为适宜。因为多元化经营中,每一个产品事业部都是一个利润中心,市场控制更有效率。实际上,控制模式的选择不是简单地挑选某种控制的形式,也包括了对于控制模式的有机组合。每个企业都要根据自己的战略、技术环境和组织定价的能力在控制形式间进行平衡,在不同的部门和不同的职业上进行适当的安排。

【即问即答 7-10】

　　官僚控制、市场控制和团体控制三者的关系如何?
　　团体控制适合哪些类型的企业?

【本章小结】

● 控制过程是与计划、组织和领导等管理职能密切相关的。管理控制的目的主要是限制偏差的积累和适应环境的变化。前馈控制、现场控制和反馈控制是控制的三种基本类型,完整的控制过程包括了确定绩效标准、衡量工作偏差、纠正偏差和采取矫正措施四个方面。

● 现代信息技术的发展为管理控制提供了新的手段和方法,使得企业的组织控制从科层化控制转向学习性控制。电子数据系统、管理信息系统、决策支持系统、经理信息系统等形成的一体化系统为组织管理提供了各种不同的信息技术方法。基于信息技术,作业系统也创造出了一批柔性化的系统,使得作业控制方法的发展取得了根本性变革。

● 官僚控制、市场控制和团体控制是三种主要的控制手段和方法。在官僚控制中,预算控制是最主要的方法,重点是落实组织的战略计划。市场控制和团体控制对官僚控制进行了有益的补充。企业内部的市场价格机制可以有效提高企业的应变能力和运作效率。通过团体的价值观念的整合、团体共同行为方式的塑造可以实现对员工的自我约束和自我控制。

【习　题】

一、简答题

1. 控制是什么? 怎样认识控制的重要性?
2. 管理控制的目标和特点是什么?
3. 简述三种基本控制的类型。它们的前提是什么? 实施过程中应当注意什么问题?
4. 如何实现有效控制过程?
5. 简述鉴定偏差和矫正措施的过程。如何选择适当的矫正措施?
6. 简述信息技术条件下控制系统的变化趋势。
7. 什么是电子数据处理系统? 它的特点和优势有哪些?
8. 什么是管理信息系统? 它的特点是什么?
9. 什么是决策支持系统和经理信息系统? 它们有何区别和联系?
10. 阐述 JIT 生产方式的基本思想和实施手段。
11. 简述企业资源计划(ERP)的三个主要思想和意义。
12. 简述 CIMS 的构成和运作流程以及它对于企业整体效率的影响。
13. 从战略层次上,控制可以分为哪些类型?
14. 预算的主要目的、主要类型是什么?

15. 官僚控制、市场控制和团体控制的含义是什么？三者的关系如何？
16. 如何才能有效地选择控制的模式？

二、案例分析

（一）查克停车公司的业务控制

如果你在好莱坞或贝弗利山举办一个晚会，肯定会有这样一些名人来参加，如尼科尔森、麦当娜、克鲁斯、切尔、查克·皮克。"查克·皮克?""当然!"没有停车服务员你不可能开一个晚会，在南加州停车行业内响当当的名字就是查克·皮克。查克停车公司有雇员 100 多名，其中大部分是兼职的，每周他至少为几十个晚会办理停车业务。在一个最忙的周六晚上，可能要同时为 6～7 个晚会提供停车服务，每一个晚会可能需要 3～15 位服务员。

查克停车公司是一家小企业，但每年的营业额差不多有 100 万美元。其业务包含两项内容：一项是为晚会料理停车；另一项是不断地在一个乡村俱乐部办理停车经营特许权合同。这个乡村俱乐部要求有 2～3 个服务员，每周 7 天都是这样。但是查克的主要业务来自私人晚会。他每天的工作就是拜访那些富人或名人的家，评价道路和停车设施，并告诉他们需要多少个服务员来处理停车问题。一个小型的晚会可能只要 3～4 个服务员，花费大约 400 美元。然而一个特别大型的晚会的停车费用可能高达 2000 美元。

尽管私人晚会和乡村俱乐部的合同都涉及停车业务，但它们为查克提供的收费方式却很不相同。私人晚会是以当时出价的方式进行的。查克首先估计大约需要多少服务员为晚会服务，然后按每人每小时多少钱给出一个总价格。如果顾客愿意"买"他的服务，查克就会在晚会结束后寄出一份账单。在乡村俱乐部，查克根据合同规定，每月要付给俱乐部一定数量的租金来换取停车场的经营权。他收入的唯一来源是服务员为顾客服务所获得的小费。因此，在私人晚会服务时，他绝对禁止服务员收取小费，而在俱乐部服务时小费是他唯一的收入来源。

问　题

1. 你是否认为查克的控制问题在两种场合下是不同的？如查克确实如此，为什么？
2. 在前馈、反馈和现场控制三种类型中，查克应采取哪一种手段对乡村俱乐部业务进行控制？对私人晚会停车业务，又适宜采取何种控制手段？

（二）苏南机械的烦恼

苏南机械有限公司是江南的一个拥有 3000 多名职工的国有企业，主要生产金属切削机械。公司建立于新中国成立初期，当初只是一个几十人的小厂。公司从小到大，经历了几十年的风风雨雨，为国家作出过很大的贡献。20 世纪 80 年代，公司取得了一系列令人羡慕的殊荣：经主管局、市有关部门及国家有关部委的考核，公司各项指标均达到了规定的要求，因此被光荣地评为国家一级企业；厂里的当家产品，质量很好，获得了国家银质奖。随着外贸体制改革，逐渐打破了国家对外贸的垄断，除了外贸公司有权从事外贸外，有关部门经考核，挑选了一部分有经营外贸潜力的国有大、中型企业，赋予它们外贸自主权，让它们直接进入国际市场，从事外贸业务。公司通过了上级有关部门的考核，获得了外贸自主权。

进入 20 世纪 90 年代，企业上上下下都感到日子吃紧，虽然经过转制，工厂改制成了公司，但资金问题日益突出，一方面公司受"三角债"的困扰，另一方面产品积压严重，销售不畅。为此公司领导多次专题研究销售工作,大部分人都认为,公司的产品销不动,常常竞争不过一些三资企业和乡镇企业,问题不在产品质量,而主要是在销售部门的工作上。因此,近几年公司对销售工作进行了几次大的改革,先是打破了只有公司销售部门独家对外进行销售的格局,赋予各分厂(即原来的各车间)进行对外销售的权力,还另外组建了几个销售门市部,从而形成一种竞争的局面,利用多方力量来推动销售工作,公司下达包括价格浮动幅度在内的一些指标来加以控制。与此同时,公司对原来的销售科进行了充实调整,把销售科改为销售处,以后又改为销售部,现在正式改为销售公司。在人员上也作了调整,抽调了一批有一定技术、各方面表现均不错的同志充实销售公司。这样一来,从事销售工作的人员增加了不少,销售的口子也从原来一个变成了十几个。当初人们担心,这样会造成混乱,但由于公司通过一些指标加以控制,所以基本上没有出现这种情况,但是销售工作不景气的状况却没有根本改变,这是近年来一直困扰公司领导的一大问题。

与此同时,公司的外销业务有了长足的发展。当初公司从事外销工作的一共只有五六个人,是销售科内的一个外销组,以后公司获得了外贸自主权,公司决定成立进出口部专门从事外销工作,人员也从原来的几个发展到了今天的 30 个:除了 12 个人在外销仓库,18 个人中有 5 个外销员,5 个货源员,其他的人从事单证、商检、海关、船运、后勤等各项工作。公司专门抽调了老王担任进出口部经理。老王今年 50 岁,一直担任车间、科室的主要领导,是公司有名的实力派人物。在王经理的带领下,进出口部的业绩令人瞩目:1996 年的外销量做到了 450 万美元,1997年达到 500 万美元,1998 年计划为 650 万美元,1 到 9 月份已达到了 500 多万美元,看来完成预定的计划是不成问题的。

成绩是显著的,但问题矛盾也不少。进出口部成立以来,有三件事一直困扰着王经理:一是外销产品中,本公司产品一直上不去。公司每年下达指标,要求进出口部出口本公司一定量的产品,如 1998 年的指标是 650 万美元的外销量,其中本公司的产品应达 350 万美元。公司的理由是:内销有困难,进出口部要为公司挑担子,虽然做公司产品,对进出口部来讲没多大利润,但这关系到全公司 3000 人的吃饭问题。因此,进出口部只得接这任务。王经理再将指标分解给外销员,即每人做 70 万美元的本公司产品,可结果总是完不成。王经理和外销员都反映,完不成的责任不在进出口部,因为订单来了,本公司分厂不能及时交货,价格也有问题,所以只能让其他厂去做,进出口部做收购,这样既控制价格、质量,又能及时交货。讲穿了,做本公司的产品,进出口部要去求分厂,而做外购是人家求进出口部,好处也就不言而喻了。公司对进出口部完成不了本公司产品的出口任务一直有意见,进出口部与各分厂的关系也搞得很僵,而且矛盾还在发展之中。二是外销员队伍的稳定问题。近几年已有几位外销员跳了槽,而且跳出去的人据说都"发"了,有的自己开公司做贸易,有的跳到别的外贸公司,因为他们是业务熟手,手中又有客户,所以都享有很高待遇。一句话,比在原来公司好多了。这又影响了现在的外销员。公司虽然在工资、奖金上向外销员作了倾斜,但比跳槽的收入还差一大截,因此总有些人心不定,有的已在公开扬言要走,王经理也听到一些消息,说是有的人已在外面悄悄干上了。面对这样的状况,王经理心里万分着急,他知道,培养一个好的外销员不易,走掉一个外销员,就会带走一批生意。他深知问题的严重性,也想了好多办法,想留住人心,比如搞些活动,加强沟通等等,但在有些人身上收效很少。该怎么办呢?这是王经理一直在思考的问题。

问 题

1. 本来 1998 年公司完成外销任务是不成问题的,为什么完不成任务?

2.为什么公司有大量销售人员外流,应如何留住他们?

三、讨论题

1.你能举出一个没有使用任何控制的组织吗?结果会怎样?

2.描述高层管理团队、中层管理者和生产工人如何参与到控制过程中的每一步。在每一步中他们的参与都一样吗?或者某些人参与某些步骤更适合一些?解释你的答案。

3.与一位工人会面以确定对他或她的工作的控制领域或层次。这位工人抗拒控制吗?为什么?

4.一家公司采用严格的绩效标准。另一家公司的标准则更灵活。两种系统的优势与劣势各是什么?

四、实训题

目的

证明时间管理与控制间的关系

指示

时间管理是指管理者安排工作优先次序、保持工作效率和合理授权的能力,这一能力在控制职能中发挥着重要的作用。也就是说,管理者可以运用时间管理技能更有效地控制自己的工作。

你是一位在小型制造企业任职的中层经理,刚刚休假回来。今天是周一,你得知你的助理今天不能上班,因为她的姑姑去世了,她要出城去办丧事。不过,她还是给你留下张纸条:

亲爱的老板:

很抱歉今天不能上班,明天我会回来。下面是一些比较重要的事项,请您过目:

1.您的老板约您下午4:00见面。

2.车间主任希望尽快同您见面,讨论工人的问题。

3.我们的大客户投诉最近的交货。

4.我们的大供应商希望同您商谈交货时间的变更。

5.商会的代表希望您周三参加一个早餐会,讨论我们的扩张计划。

6.法务部希望同您讨论职业安全保障事宜。

7.人力资源部请您安排时间面试新的主管候选人。

8.一位上月被开除的机械师最近老是在停车场附近转悠,这令一些员工感到不舒服。

练习

1.根据上述信息将任务分成三类:非常紧急、紧急和不紧急。

2.时间期限和重要性是一回事吗?

3.在对工作进行重要性分类之前还需要哪些信息?

4.如果你的助理今天上班,你的计划会有不同吗?

参考文献

1. 斯蒂芬·P·罗宾斯:《管理学》第四版,中国人民大学出版社1997年版。
2. P·F·德鲁克:《有效的管理者》,工人出版社1989年版。
3. J·P·科特:《现代企业的领导艺术》,华夏出版社1997年版。
4. 迈克尔·波特:《竞争优势》,华夏出版社1997年版。
5. P·F·德鲁克:《有效的管理者》,工人出版社1989年版。
6. 邢以群:《管理学》,浙江大学出版社1997年版。
7. 杨宏亮:《营销管理》,石油工业出版社2001年版。
8. 王利平:《管理学原理》,中国人民大学出版社1995年版。
9. 杨文士,张雁:《管理学原理》,中国人民大学出版社1997年版。
10. 阎毅:《管理学原理》,西安交通大学出版社1998年版。
11. 周健临,唐如青:《管理学教程》,上海财经大学出版社1998年版。
12. 王凤彬,朱先强:《管理学教学案例精选》,复旦大学出版社2001年版。
13. 程华:《现代企业管理学》,上海财经大学出版社2000年版。
14. 王凤彬,李东:《管理学》,中国人民大学出版社2003年版。
15. 王其文,王重鸣等:《MBA联考考前辅导·管理分册》,机械工业出版社2001年版。
16. 周三多,陈传明,鲁明泓:《管理学——原理与方法》,复旦大学出版社1999年版。
17. 陈传明,周小虎:《管理学》,清华大学出版社2003年版。
18. 里奇·格里芬:《管理学》第八版,中国市场出版社2006年版。
19. 托马斯·贝特曼,斯考特·斯奈尔:《管理学——构建新时代的竞争优势》第五版,中国财政经济出版社2004年版。

图书在版编目（CIP）数据

管理学 / 孙玮林主编. —3 版. —杭州：浙江大
学出版社, 2010.5 (2020.3 重印)
ISBN 978-7-308-07588-6

Ⅰ. ①管… Ⅱ. ①孙… Ⅲ. ①管理学 Ⅳ. ①C93

中国版本图书馆 CIP 数据核字（2010）第 083841 号

管理学（第三版）

孙玮林　主编

责任编辑	周卫群	
封面设计	卢　涛	
出版发行	浙江大学出版社	
	（杭州天目山路 148 号　邮政编码 310007）	
	（网址：http://www.zjupress.com）	
排　　版	杭州中大图文设计有限公司	
印　　刷	杭州良诸印刷有限公司	
开　　本	787mm×1092mm　1/16	
印　　张	12.25	
字　　数	298 千	
版 印 次	2010 年 5 月第 3 版　2020 年 3 月第 17 次印刷	
书　　号	ISBN 978-7-308-07588-6	
定　　价	25.00 元	
